Rabbi Yossie Goldman

•

Let My People Grow

Hillel and the Jewish Renaissance in the Former Soviet Union

Gefen Publishing House

Jerusalem

2020

Рабби Йосси Гольдман

И в пути народ мой

«Гилель» и возрождение еврейской жизни в бывшем СССР

Academic Studies Press
Библиороссика
Бостон / Санкт-Петербург
2022

УДК 37.014.521:296
ББК 86.36:77
Г63

Перевод с английского Александры Глебовской

Серийное оформление и оформление обложки Ивана Граве

Гольдман Й.
Г63 И в пути народ мой: «Гилель» и возрождение еврейской жизни в бывшем СССР / Рабби Йосси Гольдман ; [пер. с англ. А. Глебовской]. — Бостон / Санкт-Петербург : Academic Studies Press / Библиороссика, 2022. — 271 с. : 30 цв. илл. — (Серия «Современная западная русистика» = «Contemporary Western Rusistika»).

ISBN 978-1-6446980-2-0 (Academic Studies Press)
ISBN 978-5-907532-05-2 (Библиороссика)

Книга Йосси Гольдмана повествует об истории международного студенческого движения «Гилель» на просторах бывшего СССР. «Гилель» считается крупнейшей молодежной еврейской организацией в мире. Для не эмигрировавших евреев постсоветского пространства «Гилель» стал проводником в мир традиций и культуры еврейского народа. История российского «Гилеля» началась в 1994 году в Москве, — и Йосси Гольдман пишет об этом со знанием дела, на правах очевидца, идеолога и организатора.

УДК 37.014.521:296
ББК 86.36:77

© Yossie Goldman, text, 2020
© Gefen Publishing House, 2020
© А. В. Глебовская, перевод с английского, 2021
© Academic Studies Press, 2022
© Оформление и макет,
  ООО «Библиороссика», 2022

ISBN 978-1-6446980-2-0
ISBN 978-5-907532-05-2

Йосси Гольдман с семьей, декабрь 2021 года

*Посвящается Джуди,
Моей эшет хаиль, спутнице жизни и истинной любви*

*Нашим замечательным детям:
Йонит и Эрецу
Эйялю и Рони
Ронену и Сиван
Ависару и Лимор*

*Нашим изумительным внукам:
Иден, Ярден, Иехеле, Арану, Нине, Рафаэлю, Анне, Хили, Геффену, Каме*

И грядущим поколениям

10 лет, которые изменили мир

Очень часто, когда я говорю о работе, я, не задумываясь, до сих пор произношу: «Гилель». Бренд «Гилель» записался на моей подкорке, остался в моем подсознании, стал неотъемлемой частью моей жизни.

В 1990-е годы «Гилель», по словам одной из участниц первого гилелевского семинара в январе 1995 года, был «островком мира в стрессовой ситуации», местом, где люди могли почувствовать себя защищенными. Для многих это был серьезный момент самоидентификации с еврейством. Для тысяч студентов бывшего Советского Союза «Гилель» стал теплым и гостеприимным еврейским домом, а иудаизм стал частью их жизни.

В «Гилеле» было много возможностей для самовыражения и самореализации. При этом каждый студент мог не только что-то получить для себя, но и отдать другим, поделиться. Ребята ездили в регионы и приносили еврейские радости, смыслы и праздники в отдаленные общины, проводя пасхальные седеры, шаббаты, осенние праздники. Мы тогда как бы дорвались до запретного плода. Мы могли все: мы чувствовали, что можем изменить мир к лучшему, и мы делали это со всем энтузиазмом и любовью.

Мне вспоминается история, когда в середине 1990-х годов к нам в офис зашел человек и рассказал, что он приехал из Якутска, где проработал несколько лет, а теперь возвращается домой. В Якутске была маленькая еврейская община, и некому было провести пасхальный седер. Наш гость, пожелавший остаться неизвестным, заплатил за поездку студентов, дал деньги на приобретение мацы и кошерного сока, для того чтобы в тот год в якутской общине был пасхальный седер.

И я благодарна судьбе за то, что когда-то встретила Йосси Гольдмана и Йонатана Пората. Эти 10 лет изменили мою жизнь и, хочется верить, жизни многих тысяч еврейских студентов и их семей. «Гилель» внес неоценимый вклад в возрождение еврейской жизни на территории бывшего Советского Союза. Спасибо вам, Йосси, за ваше видение и помощь в строительстве еврейского будущего для многих из нас!

Женя Михалева, директор-основатель «Гилеля» в Москве

Прежде всего, хочу сказать, что для меня, как основателя «Гилеля» в Киеве и Украине, большая честь быть участником событий, описанных в этой действительно исторической книге. Когда я впервые встретился с рабби Йосси Гольдманом более 25 лет назад и он поведал мне о своей идее создания «Гилеля» в СНГ, я подумал, что он большой фантазер и мечтатель. Но, к великому счастью для нас всех, он с огромным успехом воплотил свою большую мечту и сделал ее живым свидетельством и прекрасной реальностью. «Гилель» в СНГ повлиял и продолжает влиять на десятки тысяч еврейских студентов и молодых людей в бывшем Советском Союзе. Многие мужчины и женщины, которые, возможно, никогда бы не встретили друг друга, познакомились в «Гилеле». «Гилель» кардинально изменил жизни большого количества людей, в том числе и мою. Студенты «Гилеля» в странах СНГ — и выпускники, и те, кто активен в «Гилеле» сейчас, — невероятно благодарны рабби Йосси Гольдману за его выдающийся труд и, конечно же, за то, что он открыл эту невероятную страницу еврейской истории всему миру.

Я уверен, что эта книга вызовет огромный интерес у молодежи.

Иосиф Аксельруд, региональный директор «Гилель»

Строители

В Иерусалимском Талмуде сказано: «Неблагодарный подобен еретику». Рав Стайплет в «Биркат Перец» пишет: когда мудрецы наши заявляют, что нельзя проявлять снисхождение к лишенному мудрости, они имеют в виду, что нельзя проявлять снисхождение к человеку, настолько лишенному здравого смысла, что он неспособен испытывать признательность. Эти вступительные слова я пишу, чтобы подчеркнуть, сколь многим я лично и движение «Гилель» в целом обязаны самым разным людям, без которых успех «Гилеля» в бывшем СССР оказался бы невозможным. Упомянуть стоило бы очень многих, и на последующих страницах я постараюсь воздать должное каждому. Однако особо среди этих людей выделяются те, чьими усилиями и самоотверженностью в первые десять лет нашей деятельности были заложены ее основы. Это — строители, создавшие организационную структуру «Гилеля», и без их помощи мы не смогли бы расти и развиваться. Я передаю им свой привет и выражаю свою благодарность, а также прошу прощения за то, что слов моих недостаточно, чтобы полностью воздать должное за неоценимый вклад в наше дело.

Одним из основных партнеров по нашей работе в странах бывшего СССР стал Американский еврейский распределительный комитет («Джойнт»). Рабби Джонатан Порат, сотрудник «Джойнта», который отвечал за образовательные программы и работу со студентами, был моим ключевым соратником при создании «Гилеля» в бывшем СССР. Вклад Джонатана, его усилия, советы и дружбу трудно переоценить. Джонатан — настоящий герой еврейского народа, а кроме того, мой дорогой друг; свою профессиональную жизнь он почти полностью посвятил еврейству. Успех «Гилеля» в бывшем СССР и его вклад в возрождение еврейской жизни были бы невозможны без мудрости, наставничества и самоотверженности Пората. В первые шесть самых сложных лет создания и развития нашей организации не проходило и дня, чтобы мы с Джонатаном не созвонились или не встретились и не обсудили стоявшие перед нами задачи. История «Гилеля» в бывшем СССР напрямую связана с самоотверженной и богоугодной деятельностью Джонатана. Мало на свете людей, обладающих тем же масштабом личности, цельностью и целеустремленностью; участие, дружба и любовь Джонатана и по сей день осеняют собой еврейский народ, «Гилель» и меня лично.

Ричард Джоель, в 1989–2003 годах являвшийся президентом «Гилеля» и директором по международным программам, — выдающийся лидер, который превратил наше движение в работоспособную, активную организацию, способную серьезным образом изменять жизни людей. Блистательный мыслитель и стратег, он вложил весь пыл своей души в возрождение еврейской жизни в бывшем СССР, первым поддержал нас и воодушевил. Годы деятельности Ричарда в «Гилеле» стали годами возникновения и становления организации в бывшем СССР. Его руководство и наставничество во многом способствовали нашему успеху.

С первых же дней нашей работы в бывшем СССР нам очень повезло с преданными своему делу сотрудниками на местах. Благодаря Жене Михалевой, Осику (Йосефу) Аксельруду и другим нашим коллегам мы смогли за эти годы внести весомый вклад в возрождение еврейской жизни в этой части света. Женя в Москве, а Осик в Киеве постоянно пестовали наше движение, в результате чего отделения «Гилеля» появились в 27 общинах бывшего СССР. С годами эти люди превратились в пример для подражания для тысяч молодых евреев и членов их семей. Нельзя не отметить их преданность своему делу, лидерские качества, трудолюбие.

Наши коллеги из России любят цитировать корифеев русской литературы. Хотя И. В. Сталина и не назовешь литератором, Осик часто повторял его слова: «Кадры решают все». Сталин был отвратительной личностью и ненавидел евреев, однако в одном оказался прав: надежные сотрудники — залог успеха любого предприятия.

За первые два десятилетия нашей деятельности двое наших иерусалимских сотрудников внесли неоценимый вклад в развитие «Гилеля» в бывшем СССР. Им было поручено разработать, спланировать и внедрить систему просветительской работы, которая обусловила особые свойства «Гилеля» в бывшем СССР и одновременно стала откликом на потребности всей новорожденной еврейской общины, постепенно нащупывавшей свое место в еврейском мире. Рабби Давид Эбстайн, выпускник Еврейской теологической семинарии, и рабби доктор Нахум Амсель, выпускник Йешива-университета, перебрались в Израиль после многих лет деятельности на посту раввинов в США. Оба подарили студентам из бывшего СССР свое рвение, глубокие познания и музыкальные таланты. Где бы они ни оказывались, они сразу принимались учить студентов думать, петь, танцевать, праздновать по-еврейски.

Кто-то когда-то сказал, что многие изучают историю, некоторые пишут про историю, но творить историю суждено лишь избранным.

Для меня было *зехутом*, особой привилегией сотрудничать с такими выдающимися людьми и вместе с ними строить будущее нашего народа в бывшем СССР.

Краткая историческая справка

На территории, известной сегодня как «бывший СССР», евреи с давних времен подвергались гонениям и преследованиям, что, впрочем, уравновешивается столь же долгой историей их достижений и триумфов. История деятельности «Гилеля» в бывшем СССР — микрокосм этой их истории.

Притом что на первый взгляд в 1994 году «Гилель» начал в Москве с нуля, на деле все зародилось гораздо раньше. Всю советскую эпоху зерна иудаизма лежали под спудом, однако, безусловно, сохранялись в почве и ждали подходящего момента, чтобы дать побеги и расцвести.

Откуда взялись эти зерна? И почему они столько лет не прорастали? Чтобы более или менее правильно оценить положение постсоветского еврейства, нужно обрисовать общую картину истории российских евреев в современную эпоху.

В период существования Российской империи евреи по большей части проживали в черте оседлости — на территории, куда входили часть Украины, Белоруссия, Молдавия, Литва и Польша. В российских городах евреев было немного.

К концу XIX века условия жизни российской бедноты сильно ухудшились, и широкое распространение получили революционные идеи. Жизнь была тяжелой, политическая активность постепенно нарастала. 13 марта 1881 года революционеры-народовольцы убили императора Александра II. Как это часто бывает, козлами отпущения правительство назначило евреев, населению был дан сигнал свалить на них вину за беспорядки в стране. Пресса безнаказанно развернула антисемитскую кампанию.

Накал страстей привел к погромам во многих больших и малых городах. К 1884 году погромы удалось остановить, однако к этому времени правительство успело внедрить систему дискриминации и уничижения евреев. Законодательные акты, такие как Майские правила 1882 года, вводившие квоту на прием студентов-евреев в высшие учебные заведения, и изгнание евреев из Москвы в 1891 году стали для евреев красноречивыми напоминаниями о том, что они не являются полноправными членами российского общества. Глава Святейшего Синода (министерства по делам религий) выразил надежду, что «треть евреев обратится, треть эмигрирует, а остальные умрут от голода».

Гонения имели различные последствия. Одним из откликов на постоянную дискриминацию и неустроенность стала массовая эмиграция, прежде всего в США. С 1882 по 1914 год Россию покинуло около двух миллионов евреев. Впрочем, после такого солидного оттока еврейское население не уменьшилось — высокая рождаемость среди оставшихся компенсировала число уехавших.

Еще одной реакцией на усилившиеся гонения на еврейскую общину стало возрождение еврейского национализма. До того многие молодые евреи выбирали для себя путь ассимиляции, стремясь влиться в российское общество, однако их ошеломило то, что соседи внезапно начали применять против них насилие. Понимая, что ассимиляция не спасет их от общества, которое преследует их с таким упорством, многие решили не прятать свою еврейскую идентичность, а культивировать ее.

В то же время все большее влияние приобретали революционные партии — благодаря им брожение продолжалось по всей империи. В самом начале XX века, точно так же как и двадцатью годами раньше, после событий 1880-х годов, правительство, в попытках отвести от себя гнев народных масс, вновь дало прессе зеленый свет — пусть обвинит в политической нестабильности евреев. Первым результатом такого науськивания стал Кишиневский погром, случившийся на Песах 1903 года — сорок пять человек погибли, сотни пострадали, полторы тысячи еврейских домов и лавок были разграблены. Еврейская община отреагировала, в частности, созданием отрядов самообороны, членами которых стали по преимуществу активисты из сионистских или бундистских (социалистических) организаций.

В конце октября 1905 года император издал манифест, в котором обещал населению гражданские права, а также создание парламента (Думы). Население, включая и евреев, отреагировало восторженно, однако к началу ноября празднования переросли в новые погромы. Самый кровавый произошел в Одессе — погибло 300 человек, пострадавшие исчислялись тысячами. Всего погромами оказалось затронуто 64 населенных пункта, жизни лишились 800 евреев. Впоследствии было доказано, что памфлеты с призывами к погромам были напечатаны тайной полицией, а полиция и армия преступным образом самоустранились и не стали защищать евреев от нападающих.

Первая и вторая волны погромов, в 1880-е и в начале 1900-х годов, повлекли за собой национальное пробуждение российских евреев. Были созданы еврейские отряды самообороны, в качестве радикального решения многие выступали за эмиграцию, как в США — страну безграничных возможностей, так и в Эрец-Исраэль для воплощения сионистской мечты.

В советский период (1917–1991) на еврейские общины обрушились всевозможные беды. Официальной идеологией в СССР был атеизм, отправление религиозных обрядов считалось вредным, а порой и наказуемым. Ленин не счел нужным признавать евреев отдельной национальностью, Сталин указывал на отсутствие у них единого языка, территории и экономики, — это считалось основаниями для отказа в признании их самостоятельной национальностью. Сионистская деятельность находилась под запретом, религия тоже. Евреев считали «народом», а не национальностью, что принижало их статус и роль в экономике. Пометка «еврей» в паспорте появилась в 1932 году. На многие годы она стала волчьим билетом для своего обладателя.

Реорганизация экономики в 1920-е годы, в результате которой был полностью истреблен средний класс, превратила множество евреев в нищих. В попытке улучшить экономическое положение масс и удовлетворить чаяния националистов в 1934 году советское правительство объявило о создании на Дальнем Востоке Еврейской автономной области со столицей в Биробиджане и идишем как официальным языком. Но уже в 1936 году еврейское руководство Биробиджана было распущено, а еврейский характер области сведен практически к нулю.

С началом Второй мировой войны СССР и нацистская Германия подписали пакт о ненападении, однако в 1941 году Германия нарушила его и внезапно напала на СССР. Тут же началось истребление евреев. В СССР, в отличие от Западной Европы, нацисты не сдерживались, поскольку их не волновала реакция местного населения. Уничтожение евреев происходило стремительно. Создавались гетто, но они становились лишь временными пунктами содержания еврейской рабочей силы, которую впоследствии убивали. Зачастую массовые казни проходили прямо на окраинах больших и малых городов, например в Бабьем Яру под Киевом. Многих советских евреев депортировали в лагеря смерти в Польше. До войны на оккупированной немцами территории проживало четыре миллиона евреев. Из них погибло около трех миллионов; из тех, кто попал под оккупацию, не выжил почти никто.

В годы Второй мировой войны процент бойцов-евреев, служивших в советской армии и погибших, был чрезвычайно высок. Еврейские общины Москвы и Ленинграда пострадали несильно, а вот украинские — особенно киевская — исчезли почти полностью. Сразу после войны Сталин возобновил свои усилия по уничтожению еврейской национальной жизни. Некоторые историки считают, что только смерть Сталина в 1953 году спасла евреев от крайне масштабных, фактически беспрецедентных преследований.

К 1960-м годам большинство советских евреев перебралось в большие города, особенно в РСФСР — в городах был выше уровень модернизации, больше возможностей для получения образования и для профессиональной самореализации. Еврейская культура и религия оставались в тени, хотя в страну тайно ввозили еврейские книги и предметы культа. Большинство евреев не имело доступа к этой контрабанде. Те, которые все-таки участвовали в еврейском движении, нередко становились отказниками: их преследовали, часто арестовывали, отказывали в праве покинуть страну.

К 1970-м годам евреи стали самой образованной нацией СССР. Еврейское население больших городов росло, усиливалось его участие в ключевых секторах экономики и культуры. Типичные советские евреи, представители среднего класса, все больше ассимилировались, уходили от еврейских ценностей к ценностям и стилю жизни среднего класса.

В 1960–1970-е годы альтернативным способом реализации еврейского самосознания стала алия. Советские евреи предпочитали книги на иврите (официально им недоступные) и иврит, несмотря на советские представления о том, что еврейским этническим наследием является идиш. Идиш и Биробиджан считались «мертвяками», неспособными соперничать в притягательности с Израилем и не отвечающими потребностям этнического пробуждения высокообразованного и культурного советского еврейского населения. Сионизм представлялся альтернативой, свободной от советского наследия и привязки к государству.

В конце 1960-х годов советскому режиму пришлось бороться со стремлением евреев к эмиграции — сначала в Израиль, а потом в США. У государства не было продуманной политики относительно евреев, оно занималось манипуляторством, не заглядывая далеко вперед: с вопросами воссоединения семьи, активистами алии и индивидуальными заявлениями на выезд разбирались в индивидуальном порядке; речь не шла о работе с еврейским населением в целом.

К концу 1980-х годов религия стала важным инструментом проявления непокорства, особенно в среде отказников. Они пытались жить еврейской жизнью, отдельной от советского общества: создавали небольшие еврейские общины, пытались вести в них деятельность с помощью собратьев с Запада. Религия представлялась им выразительным антикоммунистическим жестом, одним из способов заявить о своей оппозиции правительству и коммунистической идеологии. Однако после падения коммунизма религия быстро утратила привлекательность. Когда синагоги открылись официально, евреев, желающих их посетить, оказалось немного, — возможно, потому что теперь их посещение не воспринималось как акт неповиновения.

После краха СССР были восстановлены свобода слова, печати и вероисповедания. Однако до того евреев притесняли на протяжении жизни двух поколений, и теперь им почти нечего было выражать. И вообще, каково значение слова «еврей», записанного у них в паспортах? Как молодой еврей, житель бывшего СССР, мог вдохнуть в это слово жизнь, наполнить его личным смыслом?

1
Зарождение

Тьма перед рассветом

Погожим весенним утром 1988 года двадцатидвухлетняя студентка-отличница Московского государственного университета Женя Михалева пришла на встречу со своим научным руководителем. Эта встреча перевернула ее жизнь.

Женины родители были евреями, но она, как и большинство ее сверстников, выросла в светском русском окружении, ни разу в жизни не бывала в синагоге, не справляла еврейских праздников. Израиль значил для нее не больше, чем Индия. Еврейство для нее начиналось и заканчивалось словом «еврейка», записанным в ее документах. Официально она считалась еврейкой, сама же себя воспринимала как молодую русскую интеллигентку, будущего ученого.

Женя не сомневалась, что сможет поступить в аспирантуру. Она получила диплом с отличием и полагала, что научная карьера для нее гарантирована.

Планы ее разбились в то роковое утро, все ее мечты уничтожила холодная и суровая реальность советского антисемитизма. Научный руководитель сообщил Жене: с ее стороны наглость вообще подавать документы в аспирантуру. «Невозможно, — сказал он ей, — чтобы еврейка смогла полностью оценить богатство и глубину русской литературы. Пушкин, Достоевский и другие великие русские писатели и поэты совершенно недоступны пониманию евреев, которые были и навсегда останутся здесь чужаками».

Женино заявление в аспирантуру не приняли. Университетское образование оказалось ей доступно лишь до определенного уровня. Ее научный руководитель сформулировал это так: «Вы должны ценить великодушие советской системы, которая и так дала вам незаслуженно много».

После того как потрясение уступило место гневу и негодованию, Женя стала искать логичные рациональные объяснения, но их не было. Поиски вывели ее на подпольную еврейскую программу в Москве — тут и зажглась первая искра ее возвращения к еврейству.

Семьдесят пять лет коммунистического правления подходили к концу. Советская империя разваливалась. Наконец-то открылись двери свободы. Сотни тысяч евреев собирали чемоданы, уезжали в Израиль и другие страны. Некоторые оставались — у каждого были на то свои личные причины. Считается, что на данный момент в бывших республиках Советского Союза проживает около двух миллионов евреев.

Исход продолжался, в страну хлынули всевозможные еврейские организации, чтобы посодействовать эмиграции тех евреев, которые решили уехать, и оказать социальную, религиозную и образовательную помощь тем, кто оставался. В основных центрах проживания евреев открывались воскресные школы и программы обучения для взрослых. Американский еврейский распределительный комитет («Джойнт») особенно активно оказывал вспомоществование бедным и пожилым.

В 1990-е годы Женин интерес к русской литературе уступил место интересу к еврейскому образованию. Она воспользовалась представившимися возможностями, овладела в совершенстве ивритом, принялась изучать еврейскую традицию и культуру. Благодаря педагогическим способностям, познаниям и интересу к еврейской жизни она вскоре добилась признания, ее пригласили на полугодовую учебную программу Мелтона в Педагогической школе Еврейского университета в Иерусалиме. По возвращении в Россию Женя получила предложение возглавить театральную студию недавно открывшегося Московского еврейского университета. Эти новые обязанности добавились к работе с детьми в воскресной школе.

Женя вернулась из Иерусалима в июне 1993 года, а в декабре мы с ней познакомились в Москве.

Трехчасовое чтение — начало всего

Сам я включился в борьбу советских евреев за свои права в начале 1970-х годов. На активные действия меня подвигло прочтение «Евреев молчания» Эли Визеля, где описывались трагические реалии жизни евреев в СССР. Редко случается, чтобы трехчасовое чтение навсегда изменило вашу жизнь. Визель описывает тысячи глаз евреев, которые он видел в СССР:

> ...на улицах и в гостиницах, в метро, концертных залах, в синагогах — особенно в синагогах. Они ждали меня, куда бы я ни пошел. Порой мне казалось, что вся страна состоит из одних глаз, будто они собрались туда со всех концов диаспоры, сошли с древних свитков отчаяния. <...> Еврейские глаза, в которых отражена странная неприкрытая реальность, за гранью времени, дальше самого далекого далека. <...> Наверное, такие глаза были у самого Бога. И Он тоже ждет воздаяния.

Память об этих глазах и о том, что они пытались сказать, осталась со мной — и мне захотелось по мере сил помочь своим братьям.

Я родился в Тель-Авиве, но после бар-мицвы переехал вместе с семьей в США. Мое мировоззрение, как и мировоззрение многих моих сверстников, сформировал холокост. Мой отец был одним из пятнадцати детей почтенной семьи из Венгрии, его же отец был известным судьей раввинистического суда и одним из глав общины. В 1937 году отца призвали в венгерскую армию, где он подвергся таким жестоким антисемитским нападкам, что дезертировал и на первом подвернувшемся судне отплыл в Палестину. Именно это стечение обстоятельств его и спасло. Из всей его семьи холокост пережили только две сестры: одна еще до войны уехала из Европы — последовала за возлюбленным в Мексику, а еще одна уцелела в Освенциме; все остальные погибли. В Палестине отец встретил мою маму Белу, вскоре они поженились и вырастили троих детей: Энди, Рейчел и меня.

Не помню, чтобы дома у нас говорили о холокосте. О том же рассказывают и мои сверстники, взрослевшие в то время в домах родителей из Европы. О трагедии, унесшей жизни стольких родственников, речь заходила редко. Люди будто бы стыдились того, что уцелели. Но хотя разговоров и не велось, тема, видимо, витала в воздухе — первые мои воспоминания о ней относятся к раннему детству, когда я с азартом собирал марки. Мне подарили немецкие марки с портретами Адольфа Гитлера. Помню, с каким удовольствием я их сжег. Мне тогда было пять-шесть лет — видимо, рассказы о холокосте уже тогда произвели на меня сильное впечатление. «Пусть не повторится» навсегда стало моим девизом.

В студенческие годы и впоследствии, когда я стал молодым раввином, я научился применять тот же девиз — «Пусть не повторится» — к положению евреев в СССР. Мне не хотелось, чтобы этих евреев постигла та же судьба, которая постигла их собратьев почти повсюду в Европе во времена моих родителей.

В двадцать семь лет я, с девятнадцатью коллегами-раввинами, попал в полицейский участок Сан-Франциско. Мы приковали себя к воротам советского консульства, чтобы привлечь внимание всего мира к невыносимым условиям, в которых живут евреи в СССР. Мы выкрикивали: «Let my people go!»[1] — эти слова успели стать боевым кличем всех свободолюбивых людей по всему миру. Шел 1973 год, я проходил второй год обучения на раввина в Консервативной синагоге мозаичного закона в Сакраменто, штат Калифорния. Я был раввином-«активистом»: помимо служения занимался общественной работой и поддерживал Государство Израиль и угнетенных евреев. Большинство моих

---

[1] Цитата из Книги Бытия (5:1) — слова Моисея, обращенные к фараону, с требованием отпустить евреев из Египта. В русском переводе — «отпусти народ мой».

прихожан одобряли эту мою внеслужебную деятельность, но были и такие, кто открыто выражал свое неудовольствие. Но я продолжал этим заниматься все тринадцать лет, которые прожил в Сакраменто.

Алия

С самого дня своего знакомства в «Раме», еврейском лагере в Массачусетсе, где можно было остановиться на ночь, мы с Джуди начали обсуждать наше общее желание переселиться в Израиль. Даже в приглашении на нашу свадьбу отразились наши сионистские устремления: мы с гордостью сообщали, что брак наш состоится 20 сентября 1970 года, то есть в четвертую годовщину воссоединения Иерусалима. Через два года мы перебрались в Сакраменто, где я занял пост раввина в Конгрегации мозаичного закона. Мы с Джуди рассчитывали, что за два года моего служения сможем скопить достаточно денег на то, чтобы потом начать жизнь в Израиле. Не скопили, но «достаточно» — это сколько? Помимо прочего, мы не приняли в расчет, что нас могут задержать семейные и иные дела. При всех наших добрых намерениях и самодисциплине, нам не удалось оперативно сняться с места и уехать в Израиль. Запланированные два года растянулись на тринадцать прекрасных, очень продуктивных лет, проведенных в Сакраменто. Когда в 1983 году члены совета синагоги завели со мной речь о пожизненном договоре, мы с Джуди решили: пора в дорогу. Мысль остаться в Сакраменто до самой пенсии выглядела соблазнительно, но нам хотелось осуществить свою мечту, и мы поняли, что пора переходить от слов к делу. С великой радостью, к которой примешивался некоторый трепет, мы с Джуди, а с нами четверо наших детей, Йонит, Эйяль, Ронен и Ависар, совершили в июле 1985 года алию в Израиль. Теперь, через много лет, оглядываясь вспять, я понимаю, что переезд в Израиль стал правильным решением для нашей семьи, и хотя жизнь здесь порой и нелегка, мы не хотели бы жить ни в каком другом месте.

Мозаика

Каждое последующее событие — важное, судьбоносное (о них речь пойдет далее) — становилось кусочком мозаики, которая, складываясь, в итоге возродила мой интерес — некоторые называют его маниакальным — к деятельности на благо советских евреев. Все эти переживания так или иначе укрепили мою решимость найти способ поучаствовать в борьбе советских евреев, в их поисках свободы и возможности уехать из страны.

Слова Моисея, обращенные к фараону, властителю Египта, «Отпусти народ мой», стали кличем борьбы за права советских евреев; по созвучию с ними образовано и оригинальное заглавие этой книги.

Когда мы приехали в Израиль, было неясно, как мы будем кормить семью. Мы решили открыть свой бизнес — «Жилье в Израиле». Мы предлагали туристам, приезжавшим в нашу страну, недорогой ночлег, давая им координаты людей, у которых была свободная комната и которые хотели ее сдать. По счастью, я довольно скоро нашел работу в Еврейском университете — стал руководителем летних и специальных учебных программ, а бизнесом осталась руководить Джуди.

В феврале 1986 года я получил телеграмму от одной ирландской пары: они собирались приехать в Еврейский университет на летнюю программу, им нужно было снять жилье в Иерусалиме. Я просмотрел газету «Джерусалим пост» и подыскал квартиру на эти даты. Позвонил туда, ответила женщина, говорившая с сильным венгерским акцентом. Я сообщил ей, что моя семья тоже из Венгрии. В конце разговора она задала мне, на первый взгляд, странный вопрос: «Вы — из Гольдманов? Ваша семья из Венгрии? Вы из коэнов (членов клана жрецов)?» Я спросил, почему ей это интересно, хотя прекрасно знал ответ. Она ответила: отец когда-то сказал ей, что, если ей встретится Гольдман из Венгрии и при этом коэн, это ее родственник. Я ей ответил: отец велел мне задавать при случае тот же самый вопрос. Клара Фридер сорок лет проработала кассиром в банке «Мизрахи», на ее пути встречалось много Гольдманов, но ни один не оказался членом *мишпохи*.

Дальше нам нужно было разобраться, в каком мы с ней родстве. Оказалось — дедушки наши были братьями. Их семья жила в городе под названием Кошице в Словакии, рядом с венгерской границей и городом моих предков Бодрогкережтуром. Клара вспомнила, что перед войной у них гостила двоюродная сестра из Бодрогкережтура. Она приехала повидаться с братом, венгерским солдатом, служившим в тех краях. В доме у них она прожила два с лишним месяца, молодые женщины крепко подружились. Клара поинтересовалась, знал ли я эту родственницу — звали ее Адель.

Адель — моя тетка, она выжила в Освенциме, где погибла семья Клары. После войны Адель переехала в Лос-Анджелес, вырастила там прекрасных детей. Одна из двух ее дочерей, Джуди, совершила алию и теперь жила вместе с семьей в Тивоне, под Хайфой. Через несколько месяцев, когда Адель приехала в Израиль навестить дочь, двоюродные сестры встретились после полувековой разлуки.

Меня очень тронула эта история — обретение давно потерянной родственницы, почти чудесное воссоединение семьи, разлученной холокостом: напоминание о том, что в отдельной жизни каждого еврея случаются непредсказуемые повороты, взлеты и падения, но всем нам дан Богом дар помогать другим, определять и формировать будущее — и свое, и общее.

Секретное задание

Вскоре после нашего приезда в Израиль мне представилась возможность посетить СССР. В марте 1988 года мой друг и коллега рабби доктор Шауль Файнберг пригласил меня присоединиться к выполнению секретного задания в Москве, Ленинграде и Минске для тайной на тот момент организации «Лишкат ха-кешер» (Бюро по связям), более известной как «Натив», — она действовала под эгидой канцелярии премьер-министра. Под видом американского университетского преподавателя и бизнесмена, совершающих туристическую поездку по СССР, мы должны были ввезти в страну запрещенные просветительские материалы для евреев, установить контакты с еврейскими активистами, прочитать перед небольшими аудиториями лекции о евреях и Израиле.

Началась поездка с перелета из Тель-Авива в Лондон, где в гостинице мы встретились с сотрудницей «Натива». Она передала нам американские паспорта — по ним невозможно было сказать, что мы как-то связаны с Израилем. Кроме того, она вручила нам несколько предметов культа и всевозможные материалы, которые мы должны были ввезти в СССР, — в том числе и видеомагнитофон для передачи одному человеку в Москве. Я очень удивился и заметил: «Видеомагнитофон — не такая маленькая вещь. Как мы ввезем его контрабандой в СССР?» Сотрудница кратко ответила: «Что-нибудь придумаете».

Мы прибыли в московский международный аэропорт Шереметьево — темный, угрюмый, неприятный, в чем-то даже пугающий. Встали в длинную очередь на таможню, зная, что багаж наш просветят рентгеном. Я пытался придумать, что делать с видеомагнитофоном, и тут вспомнил, как нас инструктировали в Тель-Авиве: изображайте из себя заносчивых американцев — сварливых, нетерпеливых и наглых. Когда пришла моя очередь класть багаж на рентген, я намеренно стал все делать очень медленно — вещи на ленту ставил по одной, дожидался, когда предыдущий предмет появится с противоположной стороны, и только тогда ставил следующий. Понятное дело, люди в очереди заворчали и стали возмущаться; таможенник прикрикнул на меня по-русски, чтобы я пошевеливался, а я в ответ рявкнул на него по-английски, укрепив, к собственному сожалению, представление о том, какие бывают «противные америкашки»; все это время я ногой потихоньку подталкивал вперед коробку с видеомагнитофоном. Таможенник продолжал упоенно орать, чтобы я не валял дурака, он был полностью поглощен своей злобой; в результате все мои вещи оказались на другом конце ленты, видеомагнитофона таможенник так и не заметил. Я на миг задумался, не сделаться ли мне профессиональным контрабандистом.

В СССР первым пунктом посещения должен был стать Ленинград. Из международного терминала московского аэропорта нас перевезли во внутренний, оттуда мы полетели в Ленинград. Мы были единственными американцами на внутреннем рейсе, нас посадили на первый ряд кресел. Полет, в ночной темноте, длился около часа, а потом пилот сообщил, что самолет начал снижение и прибывает в Ленинград. Он, как всегда, говорил по-русски, а потом, в честь американских пассажиров, добавил по-английски: «Дамы и господа, просьба держаться за свои места (очень уместно, потому что ремней безопасности не было), потому что мы сейчас *провалимся* в Ленинград». По счастью, управлять самолетом пилот умел лучше, чем говорить по-английски, и мы *приземлились* без всяких приключений.

Спустившись с трапа, мы увидели на полосе черный автомобиль, а перед ним — двух сурового вида мужчин в черных костюмах. Мужчины в черных костюмах выкрикнули наши имена: «Гольдман, Файнберг» и жестом пригласили нас сесть в машину. Мы решили, что «Интурист» заказал нам трансфер, залезли в машину, сели на заднее сиденье. К нашему удивлению, машина в терминале не остановилась. У нас не попросили документов, из аэропорта машина вырулила на темное шоссе. Через некоторое время мы попытались спросить у водителя и сидевшего с ним рядом: «Кто вы такие? Куда нас везете?» Но общего языка мы не знали, поэтому и ответа не получили. Я сказал Шаулю: «Все, мы пропали. Теперь — тюрьма, Сибирь, каторга». Наконец один из мужчин произнес: «Москва». «Какая Москва? Мы только что оттуда прилетели! Мы хотим в Ленинград!» В итоге выяснилось, что мужчины в костюмах — действительно из «Интуриста», они просто отвезли нас в ленинградскую гостиницу «Москва». Ура!

За две недели в Ленинграде, Минске и Москве мы успели пообщаться со множеством евреев — отказников и других диссидентов — и многому их научить.

В итоге нам с Шаулем удалось передать контрабандный видеомагнитофон Ури Соколу из Москвы. Сокол был высокопоставленным офицером Советской армии, и за тридцатипятилетнюю безупречную службу получил звание Героя Советского Союза. Он оказался культурным образованным человеком, свободно говорил по-английски и делился с заграничными гостями своими представлениями о мировоззрении советских евреев. Родился он в Харькове и раньше считал себя украинцем, хотя родители его были евреями и многие члены их семьи погибли в Бабьем Яре, где фашисты уничтожили десятки тысяч евреев. Сам он пять раз был ранен за время Второй мировой войны. Собственным еврейским происхождением заинтересовался, прочитав книгу Леона Уриса «Исход», которую ему дал сын. После этого он прочитал «Источник» Джеймса Миченера — и начал задаваться простыми вопросами, связанными с еврейской историей: почему в ходе войны было убито шесть миллионов евреев? В чем суть сионизма? Сокол утверждал, что большинство евреев в СССР скрывают свое еврейство — боятся властей. На протяжении трех поколений советские евреи были оторваны от своего языка, истории, традиций и культуры. «Теперь мы должны хоть как-то помочь другим евреям стать евреями», — говорил он гостям. Сокол начал коллекционировать еврейские книги, и собрание его вскоре превратилось в музей на дому. В этом музее он организовал кружок, на что власти дали свое неофициальное согласие, видимо, потому что не могли отказать человеку с таким героическим прошлым. Ури Сокол был очень признателен за видеомагнитофон, проделавший столь дальний путь — правда, чтобы им пользоваться, нужно было еще купить телевизор.

В Минске нам удалось выйти на организованную группу евреев-интеллигентов, о которой в «Нативе» пока не знали. Во главе ее стояли Саша и Ольга Рейхманы; члены группы, 50–60 представителей местной интеллигенции, работали над тем, чтобы публиковать и распространять материалы о евреях и Израиле. У них была подпольная типография, они печатали ежемесячный бюллетень, копировали недоступные и запрещенные тексты. Наш доклад о существовании этой группы вызвал сильное воодушевление в Израиле.

Теперь советские евреи стали для меня не просто дальними родственниками, живущими в угнетении и нуждающимися в помощи. Мне довелось съездить туда, выпить с ними по чашке чая, вместе прочитать по странице из Торы, обсудить древнюю историю — все это изменило наши взаимоотношения. Советские евреи перестали быть для меня аморфной группой; теперь это были знакомые лица и имена. «Let my people go!» теперь звучало как призыв ко мне лично.

2
«Гилель»

Еврейский университет

Через несколько месяцев после алии в Израиль (мы совершили ее летом 1985 года) я ответил на объявление в «Джерусалим пост»: в Еврейском университете освободилась вакансия директора «Гилеля», требовался новый сотрудник. Конкурс был большой: подали более 120 заявлений, но мне повезло — выбрали меня. Пост директора я занял в августе 1986 года. Первый год работы в «Гилеле» я посвятил возрождению программы, которая постепенно сходила на нет с тех пор, как рабби Джек Коэн, всеми уважаемый и почитаемый директор, отработавший на этом посту более 25 лет, ушел на пенсию. Следующие три года его преемник был больше озабочен благоустройством здания, чем обеспечением качественного просвещения студентов. Заметив, что в здании «Гилеля» почти не осталось ни просвещения, ни студентов, администрация Еврейского университета предложила свернуть деятельность «Гилеля» в кампусе, назвав его «белым слоном», которого следует утилизировать, а его помещения использовать в лучших целях. Соответственно, выбор светскими и религиозными представителями «Бнай-брит Гилель» и университета стал последней попыткой возрождения: после этого «Гилелю» предстояло почить в мире. По счастью, нам быстро удалось доказать всем заинтересованным лицам, как «Гилель» важен и нужен для студентов, преподавателей и университета — вопрос о закрытии был снят с повестки дня.

В начале 1990-х годов в нашем центре «Гилель» в Еврейском университете оказалось много студентов-иммигрантов из бывшего СССР. Меня задевали за живое и воодушевляли истории их жизни. Я часто задавал им вопрос: «Что я могу сделать, как нам помочь тем, кто приехал в Израиль, и тем, кто решил остаться в бывшем Советском Союзе?»

В 1991 году мы получили частичный ответ на этот вопрос, когда иерусалимский «Гилель» был слит с «Минха ха-студентим», одним из департаментов израильского Министерства абсорбции: перед нами стояла задача облегчить социальную, культурную и эмоциональную интеграцию более чем тысячи недавно прибывших в страну иммигрантов — студентов Еврейского университета. Команда советников из «Гилеля» стала оказывать иммигрантам помощь — эта работа продолжается и по сей день. Двумя годами ранее, в 1989-м, мы создали оркестр «Гилель», которым руководила Анита Камьян. Оркестр разросся до шестидесяти человек, в большинстве своем — новых иммигрантов. Стипендии Фонда Ротшильда и других организаций позволяли нам предлагать финансовую помощь в форме стипендий сотням прибывших в страну музыкантов.

Зеленый свет

Мы все активнее оказывали помощь студентам-иммигрантам, но на душе у меня было неспокойно — мне хотелось что-то сделать и для тех евреев, которые решили остаться в бывшем СССР. Я проявил настойчивость и в сентябре 1993 года организовал в Нью-Йорке встречу с Ричардом Джоелем, директором «Гилеля» по международным программам.

Начиная с 1988 года я каждый год летал в Нью-Йорк, чтобы на Рош-ха-Шану и Йом-Кипур проводить службы в маленькой консервативной синагоге в центре города. В Конгрегацию Бэттери-Парк входят евреи, которые так или иначе связаны с финансовым районом Уолл-стрит, а также те, кто живет поблизости. Мне всегда нравилось прилетать в Нью-Йорк за несколько дней до праздников, чтобы повидаться с сестрой Рейчел и ее мужем Лью, пообщаться с их детьми Бет и Биллом, с внуками. Между Рош-ха-Шаной и Йом-Кипуром я часто летал в Лос-Анджелес, где посещал своих (ныне покойных) родителей Эдмунда и Белу Гольдман, своего брата Энди с семьей. Но на сей раз я остался в Нью-Йорке, чтобы встретиться с Ричардом и получить его благословение на разработку студенческих программ «Гилеля» в бывшем СССР. Ричард был очень занят восстановлением деятельности «Гилеля» в США — организация находилась на грани финансового краха и исчезновения. Усилия его увенчались головокружительным успехом: североамериканская еврейская община единодушно поддержала «Гилель». Однако в ходе нашей встречи в сентябре он, естественным и законным образом, был озабочен тем, что моя работа в бывшем СССР дополнительно истощит и без того скудные финансовые ресурсы международного «Гилеля». Я пообещал Ричарду, что к осуществлению планов «Гилеля» в бывшем СССР перейду только после того, как найду для этого стороннее финансирование.

Все годы создания «Гилеля» в бывшем СССР Ричард неизменно оказывал нам помощь и поддержку. Я очень ценил его советы и указания.

В Иерусалим я вернулся из США после Йом-Кипура, и мне сообщили, что звонил мой друг и коллега рабби Джонатан Порат, хотел со мной поговорить. Мы с Поратом когда-то вместе учились в Американской теологической семинарии. Евреями в СССР он заинтересовался еще в школе, сохранил интерес и в Университете Брандеиса, где изучал русский язык и историю. СССР Порат впервые посетил в 1965 году, начиная с 1969-го работал руководителем групп в USY (United Synagogue Youth — Объединенная верующая молодежь, организация, аффилированная с консервативным движением) — они возили подростков в паломничества по странам Восточной Европы, в том числе и в СССР. В 1973 году он опубликовал книгу под названием «Евреи в России: последние четыре столетия». Это был первый учебник по истории российского еврейства для старшей школы и образовательных программ для взрослых. В «Третьем еврейском каталоге» была опубликована его статья под названием «Спасти советских евреев». У нас с Поратом нашлось много общих интересов, оба мы провели по 13 лет за кафедрой раввина, прежде чем совершить алию. Порат теперь работал в иерусалимском отделении «Джойнта». Он был сотрудником отделения «Джойнта», отвечавшего за Советский Союз (SUT), в круг его обязанностей входили учебные и студенческие программы в бывшем СССР.

Мы встретились по ходу *хол ха-моэд суккот* и выяснили, что, каждый своим путем, пришли к одной и той же мысли: «Гилель» должен вести работу в бывшем СССР. Порат отметил, что, возможно, «Джойнт» заинтересуется этим проектом, и представил меня Ашеру Острину, директору программ «Джойнта» в СССР. Я вскоре выяснил, что Острин — подлинный визионер и отличный администратор. Под его руководством «Джойнт» проложил важные пути в бывший СССР и многое сделал для обеспечения жизни и благополучия тамошних евреев. После встречи с Острином было решено, что мы с Поратом посетим в декабре Москву и Санкт-Петербург, изучим и усовершенствуем студенческие программы в их общинах.

Творя историю

Мы не стали откладывать: 26 декабря 1993 года мы с Джонатаном отправились в Петербург и Москву. Нас ждало сильнейшее переживание, память о котором я сохраню на всю жизнь. По ходу визита в Россию я постоянно чувствовал рядом незримую тень истории. Никогда еще мне не доводилось такого испытывать. Служа раввином в Сакраменто, я знакомился и общался с известными людьми, в том числе с президентами Рейганом и Картером. Я принимал участие в работе национальных съездов раввинов Объединенного еврейского призыва и «Израильских облигаций», встречался со многими известными еврейскими лидерами. В Израиле, в качестве директора «Гилеля» в Еврейском университете, я принимал премьер-министров Шамира и Рабина, президента Вейцмана и других видных политических и религиозных деятелей. Но никогда я не чувствовал важности исторического момента с такой силой, как по ходу этой поездки в Россию. Я вспомнил слова, сказанные Теодором Герцлем в швейцарском Базеле: «Сегодня я основал еврейское государство». *Лехавдил элеф гавдалот* (удержимся от сравнений), я далеко не Герцль, однако в России у меня возникло ощущение, что если я добьюсь успеха, то усилия мои могут кардинальным образом изменить будущее евреев в бывшем СССР. Какая колоссальная ответственность и какая великая привилегия!

Я люблю истории — люблю их и слушать, и рассказывать. Мне очень нравится история про великого и почитаемого реба Зуси, жившего на Украине в XVIII веке. Рассказывают, что реб Зуси лежал на смертном одре в окружении учеников и горько плакал. Удивленным ученикам он пояснил, что расстраивается не потому, что умирает, — он переживает из-за небесного суда. «Меня не станут спрашивать, почему я не стал Моисеем, пророком Исаией или Маймонидом, ибо я ни тот, ни другой и ни третий. Но я боюсь, что меня спросят, почему я не стал ребом Зуси». Люблю я эту историю и поставленный в ней вопрос. Он постоянно звучит у меня в голове и подталкивает к тому, чтобы совершать, создавать, строить. Слова реба Зуси вдохновляют меня, и я надеюсь, что, когда придет мое время покинуть этот мир, я смогу оглянуться на прожитую жизнь и сказать, что совершенствовал и применял свои знания, таланты и способности на благо своей семьи и своего народа.

Один из важных уроков Талмуда, который очень уместно здесь вспомнить, заключается в наличии связи между пророчеством и глупостью. Раввины учат, что после разрушения Иерусалимского храма всякий, кто мнит себя пророком, по сути — глупец. Я, разумеется, не претендую на пророческий дар, однако искренне верю, что человек может, если захочет, заглянуть в собственное будущее. Как? Создав его самостоятельно! Ведь наша личная судьба и судьба нашего народа, по большому счету, в наших руках; свое будущее мы так или иначе творим сами. Чтобы в этом преуспеть, нужны целеустремленность, талант, упорство, отвага в претворении намеченного в жизнь. Мне виделось, что будущую еврейскую жизнь в бывшем СССР можно представить в воображении и создать заново. Как писал мудрый и прославленный физик Стивен Хокинг, «лидер — тот, кто отваживается шагнуть в неведомое». Вот мы и шагнули.

В начале нашей работы в бывшем СССР у нас не было готового плана. Территория эта казалась неведомым миром, скрытым от глаз железным занавесом. Да, там действовали «Джойнт» и Еврейское агентство, но и они брели на ощупь, выискивая правильный путь. Чтобы преуспеть, нужно было проявить упорство, сосредоточиться на нужных идеях и методом проб и ошибок проверить их на жизнеспособность. Мы с моим партнером Джонатаном Поратом часто напоминали друг другу — особенно когда поднимала свою уродливую голову *эйцер-хара* избыточной самоуверенности — старую поговорку на идише: «Человек планирует, а Бог смеется».

Путь, на который «Гилель» собирался вступить в бывшем СССР, обещал быть нелегким. Я чувствовал, что готов, и мне не терпелось принять вызов. Перед нами открывался новый мир, в бывшем СССР происходили кардинальные перемены. Здесь ощущались открытость и свобода, которых в этой части света не ведали многие десятилетия. Но мы опасались, что темные силы, ранее правившие этой несчастной страной, по-прежнему таятся за закрытыми дверями, дожидаясь возможности вернуться. Русские тосковали по тем дням, когда Афганистан еще не убил моральный дух самой многочисленной армии в мире, когда Чернобыль еще не ударил по репутации страны, когда гласность и перестройка еще не развалили экономику Союза. Может, темные силы просто отошли в тень, чтобы перегруппироваться и вернуться, преумножив свою мощь? Мы ощущали, что перед нами открылось узкое окно возможностей, но опасались, что оно может закрыться в любой момент. Соответственно, мы решили последовать мудрому совету древних, которые придумали эту фразу, — *festina lente*, то есть «поспешай медленно». Решив сполна использовать окно возможностей, мы поспешили создать центры «Гилеля» по всему бывшему СССР, но делали это размеренно, осмотрительно, взвешенно. Впрочем, я забегаю вперед, рассказывая историю «Гилеля» в бывшем СССР.

По возвращении в Иерусалим я написал доклад для коллег из «Гилеля» и «Джойнта»:

> Изменение условий в бывшем Советском Союзе создало беспрецедентные возможности для организации еврейских студенческих программ. У студентов из бывшего СССР множество вопросов и сомнений по поводу их еврейства. Многие хотят вернуться к корням и к своему еврейскому самосознанию, поскольку большинство было полностью оторвано от всяких связей с еврейством. «Гилель» проводит свои программы более чем в 450 кампусах по всему миру, это уникальная организация, способная с учетом своего профессионального опыта заняться созданием студенческих программ в бывшем СССР. Для тысяч студентов из бывшего СССР «Гилель» может стать связующим звеном с их еврейством, а одновременно и важным подспорьем для всего тамошнего еврейского мира.

Я продолжал:

> Наши цели и задачи состоят в том, чтобы создать неформальную позитивную и располагающую еврейскую обстановку для большого числа студентов-евреев, поблизости от университетских кампусов или на их территории, по всему бывшему СССР. Мы предлагаем начать с пилотной программы «Гилеля» в Москве, совместно с московским Еврейским университетом, одновременно запустив программы для студентов и преподавателей в других вузах. Предлагаемый метод — нанять и обучить сотрудников на местах, усилить их деятельность имеющимися у нас профессиональным опытом и навыками по разработке программ и подготовить группу лидеров, талантливых и ответственных, заинтересованных в развитии еврейской жизни. Цель наша состоит в том, чтобы сформировать организацию, где упор будет сделан на ответственность, новации и творческий подход. Конечная цель этой пилотной программы в России — вовлечь в нашу деятельность студентов, которым небезразлично их еврейство, равно как и тех, кто на данный момент не осознает и не ценит свои еврейские корни и наследие.

Закончил я свой доклад просьбой:

> Сегодняшние студенты-евреи по всему бывшему СССР — это завтрашняя еврейская община. То, кто они, как они мыслят, как относятся к своему наследию и к своим связям с другими евреями, способно определить будущую еврейскую жизнь в СССР на многие годы вперед. Мы не можем игнорировать их потребности. Перед нами открылась историческая возможность, и мы действительно можем повлиять на ход событий.

В докладе я попытался кратко описать общины, которые мы посетили, и изложить то, что нам удалось выяснить. Петербургскую общину я назвал разрозненной: ее лидеры тратили бóльшую часть времени и скудных ресурсов на борьбу за последователей и влияние. В ходе визита в единственную синагогу я вспомнил старый анекдот про еврея на необитаемом острове. Он там один, и все же строит две синагоги. В одной он будет молиться, а с другой будет в *брогес* и, соответственно, туда ни ногой. В Петербурге мы столкнулись с русским вариантом этого бородатого анекдота, очень симптоматичного для местной еврейской общины. В единственной синагоге было два раввина с очень разными взглядами. Они сформировали две отдельные, независимые друг от друга религиозные и образовательные программы, был также президент/менеджер со своими собственными понятиями. Каждый претендовал на здание, и там царил тяжелый дух зависти, враждебности и интриг.

Если и было в Петербурге что-то хорошее, так это Санкт-Петербургский еврейский университет, которым руководил легендарный Илья Дворкин. Трудно было получить точные данные касательно числа студентов, участвовавших в его работе, но было ясно, что речь идет о влиятельном, очень полезном и важном еврейском учебном заведении. Много лет спустя, когда мы предпринимали первые шаги по открытию «Гилеля» в Петербурге, мы пригласили на должность директора одного из преподавателей истории в Еврейском университете — Мишу Левина.

Следующей остановкой стала Москва, и тамошняя еврейская община сильно отличалась от петербургской. Возможно, в связи с тем, что это такой большой, поистине необъятный город, часть местных еврейских лидеров выразила готовность к сотрудничеству и совместной работе. После петербургского опыта их расположенность к нам нас буквально окрылила. Здесь тоже функционировал Еврейский университет, он оказывал значительное влияние на жизнь общины.

Московский еврейский университет

Московский еврейский университет основал несколькими годами ранее достопочтенный, всемирно известный рабби Адин Штейнзальц. Университет располагался на верхнем этаже факультета журналистики МГУ. Иерусалимский центр рабби Штейнзальца руководил этим начинанием и финансировал его совместно с «Джойнтом».

С профессором Мишей Гринбергом, президентом Еврейского университета, мы познакомились в его тесном московском кабинете. Миша Гринберг — высокий полный человек с длинной нечесаной бородой, фигура воистину впечатляющая. Мне он показался похож на казака, каким я себе его представлял. Впрочем, в его образе было одно отличие — Миша носил кипу. Нас приняли очень тепло — я вскоре выяснил, что *асканим*, еврейские функционеры, всегда с большой теплотой принимают представителей «Джойнта». Еврейские организации в бывшем СССР неустанно искали способы пополнить свои скудные фонды, а «Джойнт» часто и охотно поддерживал достойные проекты. Гринберг несколько раз ездил в США и даже участвовал в ряде программ «Гилеля». Особенно его поразил «Гилель» в Стэнфордском университете — он даже показал мне свою фотографию рядом с вывеской этой организации.

— Я хочу, чтобы «Гилель» появился в нашем университете, — сказал он, — и буду помогать вам, не жалея сил.

Гринберг с энтузиазмом порекомендовал нам на пост директора московского «Гилеля» Женю Михалеву.

С Женей мы уже познакомились раньше тем же утром в офисе «Джойнта». Арие Гойхман, руководитель московского представительства «Джойнта», представил нам ее, после того как мы попросили порекомендовать кандидатуру на пост руководителя местного «Гилеля». В течение следующих двух дней мы провели с Женей восемь с лишним часов. Нас сильно впечатлили сила ее характера, очевидная любовь к студентам и преданность им. Рекомендация Гринберга только подкрепила наше ощущение, что Женя — подходящий человек.

Первые шаги и ошибки

Доклад о нашей поездке в Россию был подан Ашеру Острину в Иерусалиме и Ричарду Джоелю в Вашингтоне. Мы рекомендовали запустить студенческую программу в Москве, в Петербурге же отложить ее запуск, пока в местной общине не разрешатся некоторые внутренние противоречия.

Изучив наш доклад, Острин сообщил, что «Джойнт» готов профинансировать пилотную программу «Гилеля» в Москве. Он согласился привезти Женю Михалеву в Иерусалим для прохождения интенсивного тренинга в «Гилеле». Порат предложил совместить тренинг и работу Жени в иерусалимском «Гилеле» с программой Бунхера, назначенной на июнь. Эта программа для лидеров еврейских общин спонсируется «Джойнтом» и предназначена для обучения тех, кто будет вести общинную деятельность. Такая модель включения программы Бунхера в подготовку новых сотрудников «Гилеля» в бывшем СССР оказалась очень эффективной и полезной. На следующий год мы так же поступили с Мишей Левиным, который потом стал директором петербургского «Гилеля».

Планируя визит Жени в Иерусалим, мои старшие иерусалимские коллеги из «Гилеля», Йосси Хец-Охана и Эстер Абрамович, а с ними и я, продумали амбициозную и насыщенную программу ее подготовки. Женя оказалась очень внимательной, она готова была учиться, впитывать наши материалы, совершенствовать язык. Меня очень радовали ее отношение к делу и ее энтузиазм.

Программа Бунхера началась сразу после тренинга в «Гилеле» — и тут посыпались сложности и неприятности. Почти сразу до нас дошли слухи, что у Жени возникли серьезные личные конфликты с другими участниками программы. Женя замкнулась, почти перестала разговаривать. Мы изо всех сил пытались дознаться, что произошло, с целью ей помочь. Вскоре выяснилось, что на нее давит администрация Московского еврейского университета (МЕУ). Как оказалось, профессор Миша Гринберг, президент МЕУ, дал своим сотрудникам — участникам программы Бунхера — установку игнорировать и избегать Женю. Они сильно портили ей жизнь всякими сплетнями и инсинуациями. Озадаченный, я потребовал организовать встречу между профессором Гринбергом и иерусалимскими директорами МЕУ.

Джонатан Порат пошел вместе со мной на встречу с профессором Гринбергом и деканами МЕУ в их иерусалимском офисе. Встреча оказалась одной из самых тяжелых и мучительных за всю мою жизнь. Гринберг торжественно заявил, что требует уволить Женю, и предложил на ее место другую кандидатуру. Он сказал, что, по его мнению, у Жени нет ни способностей, ни квалификации, чтобы руководить студенческими программами в МЕУ. Гринберг вел себя вызывающе и смотрел на нас сверху вниз. Он дал понять, что решение его окончательно и он ни при каких обстоятельствах не позволит Жене нормально работать с его студентами.

* * *

После этой встречи я долго пытался понять, что случилось с Гринбергом, который несколькими месяцами раньше так хвалил Женю, считал ее лучшей кандидатурой на должность руководителя «Гилеля» и сам ее нам рекомендовал. В голову мне пришло одно: Гринберг боится потерять часть контроля и власти. Вероятно, ему казалась неприятной и даже пугающей мысль, что Женя как профессионал из «Гилеля» будет вести самостоятельную политику, — и он выражал свои страхи таким вот образом. Тем не менее — хотя мы тогда этого не знали — Гринберг непреднамеренно оказал «Гилелю» величайшую услугу. Его отношение заставило нас задуматься о том, чтобы развивать московский «Гилель» в другом направлении; в результате мы опробовали новую, общинную модель «Гилеля», и она оказалась очень удачной. Кстати, вскоре после этого инцидента Гринберг лишился своего поста в МЕУ, и хотя точно я утверждать не могу, я не удивлюсь, если окажется, что наша встреча стала началом его итогового падения.

Мы с Поратом поняли, что у нас есть два варианта. Первый — подчиниться требованиям Гринберга и уволить Женю, но нам такой план казался немыслимым. Был другой вариант — сменить направление и развивать «Гилель» как общинный центр для всего московского студенчества. Для «Гилеля» такая модель была новой, раньше не опробованной, так что у нас не было ни данных, ни предыдущего опыта. Тщательно все обдумав и взвесив, мы решили опробовать второй вариант и дали Жене соответствующие указания.

Местные кадры

В июле 1994 года, окончив обучение в Иерусалиме, Женя вернулась в Москву, имея при себе мандат на планирование студенческих программ. То, что именно она стала первым директором «Гилеля» в бывшем СССР, пошло на пользу и самой Жене, активному и хорошо обученному лидеру, и общине, у которой появился местный руководитель, готовый заниматься своим делом постоянно, в отличие от приезжавших на время еврейских представителей из-за границы. Местный лидер лучше понимает нужды своей общины, он больше заинтересован в ее долгосрочном возрождении. Женя как местный лидер могла вдохновлять своих студентов изнутри.

Модель поиска лидеров на местах была на тот момент новым подходом для еврейских организаций, работавших на территории бывшего СССР. До тех пор все международные еврейские организации, включая и «Джойнт», и Еврейское агентство, посылали в бывший СССР *шлихов* (эмиссаров), которые работали там определенный период времени. Эмиссары приезжали со своими профессиональными знаниями и, в качестве людей со стороны, оказывали всевозможные услуги местной еврейской общине. «Гилель» пошел собственным путем: мы решили заняться подготовкой местных лидеров, которые будут строить свои общины изнутри. Очень многие в профессиональных кругах в ответ только пожимали плечами, наш подход вызвал возражения у большинства других работавших на местах организаций. Через несколько месяцев после открытия центра «Гилель» в Москве мне предложили выступить в Иерусалиме перед руководителями отделения Еврейского агентства в бывшем СССР. На этой встрече меня сурово критиковали за то, что я отклоняюсь от традиционной практики отправки за границу *шлихов*. Алла Леви, руководитель проектов Еврейского агентства в бывшем СССР, особенно резко выразила свое неудовольствие, заявив, что модель «Гилеля» не сработает: местные не готовы брать на себя роль лидеров. По ее мнению мы безответственно транжирили еврейские ресурсы. Несколько лет спустя та же Алла призналась мне, что была не права: подготовка лидеров на местах — лучшая модель формирования нового передового контингента в бывшем СССР, и «Гилель» оказался в этом смысле первопроходцем.

Мы планировали, что «Гилель» будет проводить в бывшем СССР культурные, религиозные, образовательные, досуговые и социальные программы для еврейского студенчества. Помимо этого «Гилель» должен был находить и воспитывать еврейских лидеров, работать с теми, кто пока не осознал своего еврейства, способствовать росту еврейского самосознания. Еще одна его задача состояла в том, чтобы мобилизовать студентов из бывшего СССР на борьбу с антисемитизмом, защищать интересы евреев, поддерживать Израиль. «Гилель» собирался содействовать созданию связей между студентами, их ровесниками, преподавателями и представителями еврейства в более широком смысле. Кроме того, «Гилель» консультировал, поддерживал в кризисной ситуации — делал все, чтобы помочь студентам пережить тогдашние бурные времена стремительных перемен.

Попытки «Гилеля» просвещать студентов из бывшего СССР касательно их еврейского наследия натолкнулись на горы ложной информации касательно евреев, которая копилась и распространялась все семьдесят лет существования СССР — речь идет об антисемитских высказываниях, которые даже после падения коммунизма часто звучали в кругах нееврейского населения. Задача перед нами стояла непростая.

3
Начало

Первое празднование Рош-ха-Шаны

Первым нашим испытанием стали осенние праздники. Как провести эти священные дни должным образом, чтобы они нашли отклик в сердцах студентов, которые — и это в лучшем случае — имеют лишь приблизительное представление о традиционных еврейских ритуалах? На каких элементах праздников сосредоточиться, чтобы достучаться до еврейской молодежи и восстановить ее связь с народом и наследием предков?

После долгих размышлений мы решили принять двоякий подход, который включал в себя однодневный обучающий семинар, а также масштабный публичный «хэппенинг» в связи с праздником.

Обучающий семинар, посвященный осенним праздникам, провели преподаватели иешивы Штайнзальца в Москве, его посетили около двадцати пяти студентов. Первое наше просветительское мероприятие оказалось не слишком успешным. Преподаватели переоценили подготовленность студентов в плане еврейской тематики — им было попросту неинтересно. Студенты по большей части были умные, толковые, но, к сожалению, не слишком сведущие по еврейской части. Впоследствии, планируя образовательные мероприятия, мы научились подстраиваться под уровень аудитории.

Праздничный «хэппенинг», который мы проводили совместно с реформистским движением, состоялся на следующий вечер после Рош-ха-Шаны, на него собралось около двухсот студентов.

Это было первое наше масштабное мероприятие. Проходило оно в помещении Российского автомобильного клуба, где реформисты очень любили устраивать свои встречи. Женя пригласила к участию свою студенческую еврейскую театральную студию, собрала группу студентов, которые исполняли песни на иврите и идише. Рабби Джоэл Осерин, руководитель реформистских проектов в бывшем СССР, дул в шофар и объяснял, в чем смысл Рош-ха-Шаны и Йом-Кипура. Вечер завершился по традиции яблоками и медом. Через несколько дней, по возвращении в Иерусалим, Осерин позвонил мне и сказал, что это, без сомнения, было самое значимое еврейское студенческое мероприятие из всех, о каких он слышал и в каких участвовал в Москве.

Уже на этой ранней стадии мы пригласили к сотрудничеству с «Гилелем» реформистское, консервативное и ортодоксальное движения. Мы и в дальнейшем придерживались того же плюралистического подхода и постоянно давали общине понять, что готовы работать со всеми еврейскими организациями, вне зависимости от их политической и религиозной ориентации.

Свобода под угрозой

Одно из важнейших утверждений во всей раввинистической литературе содержится в пасхальной агаде. Оно напоминает нам: *«Бхор дор ва-дор хайав адам лирот ацмо кеилу ху йаца ми-Мицраим»* («В каждом поколении каждый человек должен считать, что он лично совершил Исход из Египта»). Идея того, чтобы заново пережить прошлое и обрести связь с теми, кто жил до нас, дает ощущение корней, принадлежности, понимания того, что ты — часть чего-то большего, чем твое «я». Именно этими мыслями были пронизаны наши встречи со студентами и лидерами общин в бывшем СССР. Поскольку все мы повязаны памятью о прошлом, то и будущее наше повязано общей судьбой.

Более того, наши раввины и мудрецы единодушно учили нас тому, что «Египет» — это не просто географическое понятие. «Египет», в абстрактном смысле, — это реальность, которая посылает евреям и иудаизму сигнал об опасности. Он символизирует собой порабощение тела, разума и души, отсутствие физической свободы, еврейской духовности и знания. Сегодня на Западе слово «Египет» может описывать ассимиляцию, невежество в области еврейской традиции, угасание еврейского самосознания. Хотя после краха СССР евреи получили личную свободу, в плане своего еврейства они были обеднены за счет отсутствия знаний и самоощущения. Можно сказать, что сохранение еврейского образа жизни в бывшем СССР находилось в первых строках списка того, что обречено на вымирание. 75 лет коммунистической тирании не прошли даром: еврейская среда в этой нищей стране напоминала пустыню, где не росло ничего еврейского, а то немногое, что еще существовало, стремительно чахло и умирало. В библейской легенде об Исходе говорится, что потребовалось вмешательство Бога, чтобы спасти евреев и иудаизм из «Египта». В бывшем СССР в те годы снова возникла нужда в Его помощи и личном вмешательстве. По счастью, молитвы эти были услышаны, и Он послал нам Шустерманов.

Ламед-вавники

Чарльз и Линн Шустерманы, филантропы из Талсы в штате Оклахома, присоединились к нам в качестве партнеров. Поскольку они всегда заботились о благополучии евреев, они готовы были отдать все запасы своей энергии и материальных средств на благие дела для своих собратьев. Чарльз разбогател на разработке нефтяных скважин, он часто бурил «сухие дыры», которые его конкуренты объявляли бесперспективными. Шустерманы воплотили в жизнь американскую мечту: достигнув материального благополучия, они стали ведущими деятелями международной еврейской общины.

СССР они впервые посетили в 1985 году — во время круиза оказались в Ленинграде. Там, по предварительной договоренности, они встретились с несколькими отказниками — евреями, выброшенными советской системой на свалку за то, что они подали заявление на выезд. Шустерманов до глубины души тронула история этих людей. Семья Чарли происходила из черты оседлости в Российской империи, семья Линн жила в США на протяжении шести поколений. Оба они были людьми чрезвычайно великодушными, выживание и процветание еврейского народа были для них личным приоритетом. У Чарльза сложилась собственная философия: необходимо поддерживать некое минимальное число евреев — он называл его «критической массой» — для того чтобы в мире сохранился еврейский народ; если мы допустим исчезновение еврейского населения в СССР, мы лишимся этой критической массы и пострадает весь еврейский мир. «Мы должны бороться за их освобождение от коммунистической тирании и угнетения, а когда они получат свободу — вернуть их в лоно еврейского народа».

После посещения СССР в 1990 году Чарли узнал, что тяжело болен — больше он путешествовать не мог. Когда в 1991 году пал коммунистический режим, Чарли понял, что открылось окно возможностей, но оно может закрыться в любой момент: «Мы должны немедленно протянуть руку помощи евреям в СССР».

В 1993 году в Киеве открылся Международный университет Соломона — первый еврейский университет в бывшем СССР. Линн Шустерман была на Украине по другим делам и посетила университет; ее очень воодушевила встреча с молодыми евреями и тронуло их желание изучать собственное наследие. В марте 1994 года, когда, через посредство Ашера Острина, Чарльз и Линн познакомились со мной и с замыслом создания отделений «Гилеля» в бывшем СССР, Линн с жаром заявила Чарльзу: «Вот она, наша возможность. Мы можем многое изменить». Убедить Чарли оказалось несложно — они с женой находились на одной волне. Они внесли очень щедрый финансовый вклад в запуск одной из программ сперва в Москве, а потом и по всему бывшему СССР. Ашер Острин сказал Чарли: «Вы крайне великодушны, еврейский народ благодарит вас. А если у нас ничего не выйдет?» На это Чарли ответил: «Я бурил сухие скважины. Какие-то оказывались пустыми, но в некоторых мы находили нефть». Он считал, что «Гилель» в бывшем СССР, может, и начнется как сухая скважина, но в итоге превратится в богатое еврейское месторождение.

В скором времени «Гилель» произвел на Чарли такое впечатление, что он укрепился в своем намерении способствовать успеху нашего проекта. В 1998 году, когда Чарльз и Линн приехали ко мне домой в Иерусалиме послушать доклады студентов из Северной Америки, которые вернулись с Украины по завершении проекта «Песах», они оба были тронуты до слез эмоциональными рассказами студентов об этой поездке.

Чарли был неколебимым противником коммунизма и возрождение еврейской жизни в СССР считал важным этапом его искоренения. В возрождении еврейской жизни он видел очередной шаг к свободе для всех россиян.

За те годы, в которые мне выпало счастье общаться и работать с Чарльзом и Линн, меня постоянно согревал и воодушевлял их безграничный *идишкайт*. Сравниться с ним могли только их скромность, чуткость и деликатность. После первого знакомства с Линн и Чарли я вспомнил истории про *ламед-вавников*, которые узнал в детстве. Меня эти истории всегда завораживали, я никогда не уставал их читать. Существует еврейская легенда, что каждое достойное поколение благословлено рождением тридцати шести праведников, *ламед-вавников*, которые поддерживают существование нашего мира своим милосердием, любовью и добротой. Благодаря им Бог прощает нам все наши прегрешения и дарует нам еще один шанс на *чуву*. Эти тридцать шесть столь добры и безгрешны, что сами не сознают своего особого статуса. Познакомившись с Чарли и Линн Шустерманами, я понял, что это не легенда, а быль. Эти прекрасные люди — подлинные *ламед-вавники*, хотя сами они этого не знают. Чарли оказался очень прозорливым человеком и был уверен в успехе наших начинаний. В один из его приездов в Израиль я заехал за ним в гостиницу и отвез его в канцелярию Еврейского университета на горе Скопус, чтобы познакомить с сотрудниками «Гилеля» из бывшего СССР и показать материалы, которые мы подготовили для использования там. Чарльза искренне тронули и впечатлили наши сотрудники и программы, и он сказал мне: «У успеха много отцов, а вот неудача — сирота. Знай, Йосси, — добавил он, — что, если все пройдет успешно, найдутся люди, которые попытаются присвоить себе достижения "Гилеля" в бывшем СССР и свести твою роль к минимуму». К сожалению, он оказался прав!

В декабре 2000 года Чарли скончался после долгой и героической борьбы с раком. После его смерти я дал руководителям отделений «Гилеля» в бывшем СССР поручение повесить его портрет в каждом из наших центров, в знак нашей признательности этому выдающемуся человеку. Линн и по сей день продолжает их священный труд, удвоив усилия по возрождению еврейской жизни в бывшем СССР, Израиле и Северной Америке.

Первые программы

По окончании осенних праздников пришла пора планировать Суккот. Женя организовала трехдневный праздничный выезд для 25 студентов. Они посетили разные еврейские достопримечательности в Москве и ее окрестностях — синагоги, кладбища, другие интересные места. Еще был поход по лесу, строительство сукки, празднование. В один из вечеров Суккота около 150 студентов собралось в Московском еврейском университете — намечались концерт, театральное представление и дискотека, однако минут через пятнадцать после начала программы в здании вспыхнул пожар. Всех эвакуировали, и студенты много часов ждали снаружи — на случай, если понадобится их помощь. На следующий день все пришли делать уборку после пожара. Студенты уже ощущали определенную ответственность за свой новый дом — «Гилель».

Через неделю около 200 студентов набилось в актовый зал Еврейского университета в Москве, где «Гилель» проводил мероприятие, посвященное завершению праздника Симхат-Тора. Йосси Хец, мой иерусалимский координатор израильских студенческих программ, был тогда в Москве и сообщил, что собравшиеся с большим воодушевлением восприняли открытие «Гилеля» и студенты с энтузиазмом посещают его мероприятия. Среди ранних мероприятий «Гилеля» были проведение Онег-Шаббата, создание театральной труппы, а также ансамбля песни и пляски.

«Гилель» предоставлял студентам из бывшего СССР новые возможности, у еврейских студентов появились собственный адрес и собственная площадка, которых не было раньше. Что поначалу привлекало студентов из бывшего СССР в «Гилеле»? По большей части они приходили ради новых встреч, возможности пообщаться, познакомиться с другими евреями. Однако, начав с этого, они часто возвращались для участия в программах с серьезным еврейским образовательным и духовным компонентом.

Аня, студентка-активистка, объясняла в письме к одному журналисту:

> «Гилель» — место привлекательное и располагающее, его отличает интеллектуальная открытость, политическая нейтральность, искренняя духовность и разнообразие. Как еврейский студенческий центр «Гилель» работает со все более глубокими потребностями студентов-евреев из бывшего СССР. Он помогает им строить связи с другими евреями, делая акцент на еврейской идентичности и образовании.

В «Гилель» приходили не только евреи; бывали здесь и неевреи, подозревавшие, что в семье от них скрыли их истинное происхождение, — их подозрения впоследствии подтвердились. Некоторые студенты самостоятельно выискивали у себя еврейские корни, поскольку дома даже не знали или не могли сказать с уверенностью, евреи они или нет. Существовала «подпольная книга», использовавшаяся для генеалогических изысканий, в нее было внесено 20 тысяч еврейских фамилий. Многие молодые люди заглядывали в эту книгу на железнодорожных вокзалах и в других подобных местах, чтобы найти там свои фамилии и выяснить, есть ли у них связи с еврейством. Бывали случаи, когда такие студенты-неофиты впоследствии записывались на один из семинаров в «Гилеле». В итоге некоторые стали его активными членами.

По словам Джонатана Пората, еврейско-студенческая среда в бывшем СССР середины 1990-х годов представляла собой *tabula rasa*. Все казалось новым, захватывающим. В отличие от того, с чем мы не раз сталкивались в западном мире, в России никто не считал, что «Гилель» — это что-то скучное; «Гилель» никого не разочаровывал. Ни у кого из здешних студентов раньше не было неудачной бар- или бат-мицвы, от которой осталось бы неприятное впечатление об иудаизме, потому что у них вообще не было никакой бар- или бат-мицвы: «Присутствует ощущение наивности и открытости; все выглядит новым и замечательным. Их изумляет сама мысль, что еврейская молодежь может заниматься еврейскими делами».

Ноябрь и декабрь 1994 года стали для московского «Гилеля» особенно деятельными — мы продолжали закладывать основы движения. Состоялось две пешеходных экскурсии по «еврейской Москве», которые провела Ирина Асташкевич. Устраивались встречи со студентами и преподавателями еврейских институтов — обсуждали совместную работу с «Гилелем». Эли Таран из Еврейского агентства провел встречу с примерно 40 студентами Еврейского университета, речь шла о будущем еврейской молодежи в России. На Хануку студенты собрались вместе, пели песни, зажигали свечи, ели *суфганиот* и *латкес*. Разговоры об истории Хануки навели на разговор об ассимиляции в современном мире. Студенты из «Гилеля», которым всегда было интересно послушать про Израиль, посетили Израильский культурный центр, где встретились с членом израильского Кнессета и героем Шестидневной войны Авигдором Кахалани.

В декабре 1994 года Женя участвовала в Конференции для сотрудников «Гилеля» в Нью-Джерси. Впервые перед ними выступила российская коллега. Женя обратилась к примерно 300 участникам, рассказала об особых потребностях студентов-евреев в России и о том, что московский «Гилель» делает с целью удовлетворить эти потребности. И до и после конференции Женя посетила несколько отделений «Гилеля» на восточном побережье США.

Поначалу у московского «Гилеля» не было собственного помещения, вся деятельность осуществлялась из квартиры, в которой Женя проживала вместе с матерью. Ситуация далеко не идеальная, однако, как это бывает в большинстве новых организаций, Женя неплохо справлялась несколько месяцев, а потом появилось более подходящее помещение. В рамках молодой программы «Гилеля» уже возникло два творческих коллектива: театральная труппа, которая собиралась у Жени на дому, и певческая группа, которой руководила Маша Самойлова — они собирались в Еврейском университете.

Еврейские лагеря

Когда мы начали разрабатывать концепцию деятельности в бывшем СССР, я вспомнил о своих поездках в летние лагеря. Вне всякого сомнения, еврейский лагерь — это один из самых эффективных просветительских инструментов в деле формирования еврейской идентичности, воспитания самоуважения и нравственных качеств. Цель лагерей — в буквальном смысле вытащить молодых людей из повседневности и дать им возможность некоторое время пожить в простой и свободной обстановке. Суть лагерей именно в том, что там вы оторваны от дома. Находясь в безлюдной местности, ты как бы ощущаешь себя в другом мире. Что происходит вовне, тебя почти не касается, а значит, мысли по необходимости сосредотачиваются на внутреннем мире: на самом себе, группе, общине. В еврейских лагерях можно заниматься просвещением, нацеленным на то, чтобы поменять стиль поведения и образ мысли. Подобные программы способны изменить жизнь молодых людей, потому что здесь они погружаются в полностью еврейскую атмосферу. В этом своеобразном мирке ощущение, что ты еврей, становится центральным и естественным, а не маргинальным и навязанным извне; здесь им пропитано все вокруг. Лагерные программы собирают вместе харизматичных евреев, служащих ролевыми моделями, и симпатичных сверстников, с которыми молодые люди могут подружиться, — а вместе получается живая община. Когда правильное и воодушевляющее чувство собственного еврейства передается вам посредством обучения как словом, так и делом, эффект получается невероятный. Люди в такой обстановке полностью открыты к тому, чтобы изменять свою жизнь и систему ценностей.

Я часто проводил летние месяцы в лагерях «Рама» в Калифорнии и в Массачусетсе. Именно опыт пребывания в лагере сильнее, чем какие-либо другие факторы, подтолкнул меня к еврейской общественной работе и укрепил мое еврейское самоощущение. Именно в лагере «Рама» я познакомился со своей ненаглядной женой и лучшим другом Джуди, с которой мы с 1970 года живем счастливой общей жизнью и вырастили четверых замечательных детей: Йонит, Эйяля, Ронена и Ави.

Я был уверен: если мы сможем предложить тот же опыт студентам-евреям из бывшего СССР, он окажется бесценен для формирования нового поколения лидеров. У студентов появятся стремление и мотивация участвовать и в программах «Гилеля», и в еврейской общинной жизни. Я знал, что действовать нужно именно так, но где взять средства на такую программу? Ашер Острин, директор отделения «Джойнта» в СССР, решил проблему, посвятив в этот проект наших *ламед-вавников* — Шустерманов. Линн с Чарльзом согласились профинансировать первый зимний семинар для студенческих лидеров «Гилеля», который состоялся в Домодедово, сонной деревушке примерно в ста километрах от Москвы, — там теперь находится один из четырех международных аэропортов города.

Получив финансирование, мы с Женей потратили несколько месяцев на то, чтобы по телефону и факсу спланировать программу семинара. Я сомневался, что ей хватит опыта справиться с технической стороной задачи. Во-первых, нам нужны были помещения. Кроме того, необходимо было обеспечить кошерное питание и кошерную кухню. Нужны были автобусы, охрана, врач и прочие ключевые сотрудники. Справится ли Женя со всем этим? Я не был в этом уверен и не хотел рисковать. Слишком многое зависело от успеха этого начинания.

Поскольку я еще не полностью доверял Жениному административному опыту, я обратился за помощью в «Мидрешет Иерушалаим». В начале 1990-х годов я в качестве светского волонтера участвовал в Иерусалиме в программе «Шехтер бейт-мидраш». Шехтер — основной образовательный центр консервативного движения в Израиле, он тесно связан с Еврейской теологической семинарией в Нью-Йорке. Он осуществляет много важных образовательных проектов, в том числе и в бывшем СССР через «Мидрешет Иерушалаим». В 1995 году меня избрали председателем правления «Бейт-мидраш». В результате я узнал об их замечательной работе в бывшем СССР, прежде всего с учениками начальных школ и их семьями. У «Мидрешет Иерушалаим» было уже несколько лет опыта организации успешных семинаров и лагерей в бывшем СССР. Памятуя обо всем этом, я обратился к ним и предложил провести зимний студенческий семинар «Гилеля» совместно. Их вкладом будет технический опыт; кроме того, они смогут пригласить на семинар своих преподавателей. План оказался толковым и полезным для обеих организаций. Именно он обеспечил успех нашего семинара, а «Мидрешет Иерушалаим» получил возможность решить некоторые собственные задачи. Несколько студентов-преподавателей из «Мидрешет» впоследствии стали активными членами «Гилеля», Женя же приобрела ценный опыт. На следующее лето она уже смогла провести десятидневный семинар самостоятельно.

Семинар состоялся в конце января 1995 года в Домодедово. После часовой поездки на поезде из Москвы студенты шагнули на холод, в сильный снегопад. В семинаре участвовало 150 студентов, представителей 50 разных университетов. Большинство — из Москвы, но некоторые приехали из Санкт-Петербурга, Киева, Черновцов. Семинар проходил на огороженной территории, где находилось несколько двухэтажных зданий общежитского типа. В России в домах обычно очень сильно топят, а здесь это чувствовалось в особенности. Здание, где находились кухня, столовая, лекционный зал и клуб, отстояло от спальных корпусов примерно на 300 метров, всем приходилось закутываться и бегать туда-обратно по улице. Стремительный переход от жары в здании к десятиградусному морозу — верный путь к простуде. Я был очень рад, что мы привезли с собой врача.

Все студенты из других городов очень хотели знать, планирует ли «Гилель» открыть студенческий центр в их общине. Когда я сообщил, что мы действительно собираемся открывать новые центры, студент из Петербурга сказал: «Йосси, вы знаете знаменитые слова Наполеона, обращенные к его генералам: "Нам необходимо завоевать Москву, Петербург и Киев"? Тем самым, полагал Наполеон, будет дан сигнал к окончанию сопротивления и его армия сможет занять всю Европу и Азию». Студент имел в виду, что в дни Наполеона три этих города являлись стратегическими центрами — да так все и осталось. Мы действительно собирались открыть свои отделения в Петербурге и Киеве. В этих городах было особенно значительное еврейское население, и мы надеялись, что «Гилель» поможет местным студентам установить связи с иудаизмом и с другими евреями.

Среди участников семинара был Лев Клугерман. Он приехал из Омска — города в Сибири, где проживало около десяти тысяч евреев. Он рассказывал о еврейской жизни в Омске, просил помощи с созданием отделения «Гилеля» у него в университете. Льва тревожила судьба еврейских студентов из Омска, он рассказал, что большинство его сверстников оторвано от еврейской жизни и еврейского народа. Его призыв о помощи отражал печальную реальность жизни многих еврейских общин, больших и малых, по всему бывшему СССР. Через несколько месяцев я узнал, что Льву все-таки удалось организовать в Омске студенческую группу, и он назвал ее «Гилель». Программа «Гилеля» в Омске по-прежнему существует и процветает, хотя Лев с семьей через два года совершил алию. Он зашел ко мне в наш иерусалимский офис через несколько месяцев после алии и признался, что участие в семинаре «Гилеля» помогло ему осознать, что ему, еврею, место в Израиле.

Общая тема семинара была такова: «На пути к переменам: осознать прошлое, обеспечить будущее». Каждый из шести дней был посвящен отдельной подтеме, в частности обсуждались вопросы, связанные с повседневной жизнью студентов. Тема понедельника была такая: «Традиция и изменения: исторический опыт евреев»; мы рассматривали исторические события и личности через призму еврейства. Завязалась дискуссия о том, какими путями студенты обретают еврейское самосознание. Во вторник мы говорили о ролевых моделях из Библии и о том, каким лидерским качествам можно научиться у людей вроде Моисея. В среду состоялась экскурсия по историческим местам Москвы и ее окрестностей. В четверг обсуждалось понятие «мир» — внутри себя, в семье, в общине, между евреями и арабами, между евреями и народами мира. Тема была: *«Шалом алену*: ценность мира в еврейской жизни». Тема пятницы — *«Наасех ва-нишма*: роль обрядов и учения в изменении жизни евреев»; мы рассматривали такие еврейские ценности, как изучение Торы, святость, честность и сострадание, а также традиции — Шаббат, кашрут, их способность обогатить жизнь еврея.

Александр Синельников провел семинар по еврейской истории, сосредоточившись на периоде от Античности до раннего Средневековья. Страницы еврейской истории он сопоставлял с актуальной современной тематикой. Например, возвращение евреев в Иерусалим из вавилонского плена он сравнил с возвращением российских евреев в Израиль в наши дни. Студентов очень заинтересовал разговор об ассимиляции — как об ассимиляции евреев в народы, среди которых они проживают, так и об ассимиляции и включении иностранных народов в еврейский. Особенный интерес вызвало обсуждение смешанных браков, обращения в иудаизм, определения того, «кто есть еврей», генеалогии по материнской линии, алии, абсорбции в израильское общество.

Шаббат стал новым опытом для многих, едва ли не для всех участников семинара. Тема этого дня звучала так: «Миссия выполнима: преемственность и перемены в еврейской жизни бывшего СССР». Я объяснил, что на Шаббат положено одеваться соответствующим образом, нельзя курить и играть на музыкальных инструментах на публике, нужно собраться с друзьями и родными, изучать Тору, желать друг другу «Шаббат шалом». Участники с энтузиазмом следовали всем этим новым для них правилам.

По ходу Шаббата Джонатан Порат рассказывал студентам о своей работе в СССР, о том, какие тяготы их родителям и дедам пришлось претерпеть при коммунистической тирании, о кардинальных переменах последних пяти-шести лет. Он сказал:

«Я помню ваших родителей в вашем возрасте». В первые свои приезды в СССР, в 1965 и 1968 годах, Порат изумлялся, встретив десятки тысяч молодых людей, которые отчаянно стремились к выражению своего еврейства; они пели *Иерушалаим шель захав* («Золотой Иерусалим») по-русски, в открытую пели о том, что никого не боятся, причем даже находясь в двух кварталах от Красной площади. Они каждый вечер слушали запрещенную израильскую радиостанцию *«Кол Исраэль ла-голах»*. Студенты 1990-х годов очень воодушевились, услышав, что их поиск еврейской идентичности сравнивают с поиском, который вело поколение их родителей.

Еженедельный отрывок из Торы, который читался в тот Шаббат, — «Терумах», где описывается, как в пустыне все евреи участвовали в строительстве Скинии Завета, делая для этого индивидуальные приношения. Было проведено сравнение с евреями из бывшего СССР, которые в наши дни вносят свой вклад в возрождение еврейской жизни в своих общинах.

Мы хотели приучить студентов к обрядам и решили, что будет уместно каждый день завершать занятия короткой службой. Перед едой читалось *хамоци* — благословение хлеба, после еды — *биркат-амазон*, благодарственная молитва. К концу семинара все уже знали эти молитвы. Маша Самойлова, руководитель московского хора «Гилеля», разучила с участниками еврейские песни, и за едой они каждый раз пели и танцевали.

Каждый день мы посвящали полтора часа изучению и обсуждению еврейских текстов, привязанных к теме дня. Среди руководителей семинара была команда из четырех психологов. Они ежедневно проводили тренинги по лидерству, коммуникации, взаимоотношениям в группе и способам разрешения конфликтов. Тогдашние молодые люди из бывшего СССР были порождением общества, где приказы и распоряжения сверху считались нормой. Им редко доводилось высказывать собственное мнение. Здесь у них появилась возможность, в формате игры и тренинга, высказывать свои мысли безопасным образом, понимая, что их с уважением слушают другие евреи. Одновременно они осваивали навыки и техники лидерства.

По вечерам устраивались веселые творческие посиделки. Один вечер мы посвятили искусству на еврейские темы — рисовали виды Иерусалима, изготавливали хасидских куколок из раскрашенной глины. В другой вечер студенты брали интервью у руководителей семинара, а потом на основе этих интервью выпустили собственную газету. Также у нас проходили викторина, вечер еврейской песни и танца с последующей дискотекой, шоу талантов. На заключительной вечеринке победителям выдали призы.

Одним из гостей этого семинара стал Ральф Гольдман. Он всю жизнь оставался еврейским активистом и лидером, а теперь стал душой и сердцем «Джойнта». С 1940-х по 1960-е годы он был помощником Давида Бен-Гуриона в деле основания и построения Государства Израиль. После этого, в 1970-е и 1980-е, работал исполнительным вице-президентом «Джойнта». Ральф познакомился со студентами и руководителями семинара, его очень воодушевило то, что он увидел и испытал. Его поддержка новорожденного «Гилеля» была просто неоценимой, она нас ободрила и придала нам силы продолжать свою усердную работу.

В конце семинара мы собрали всех руководителей на подробный разбор, показали им опросники, заполненные студентами. Нас очень радовало, что и студенты, и руководители называли случившееся «событием, изменившим их жизнь», «еврейским праздником смысла, гордости и радости». Мы хотели услышать конструктивную критику программы, но сотрудники отделались простым: «Все было идеально!» Я-то знаю, что так не бывает, но как будешь спорить с людьми, которые понимают, что наконец-то обрели давно утраченную идентичность и еврейскую гордость? Вернувшись в Иерусалим, мы с Джонатаном осознали, что многое можно улучшить, набросали идеи для следующего семинара. Впереди ждала трудная дорога: как не дать этому энтузиазму угаснуть? Как расти в смысле количества и качества, в ширину и вглубь? Как привлечь еврейскую молодежь к работе и в других формах, кроме семинаров? Ведь эти люди в буквальном смысле только вчера обнаружили, что они евреи. Как окружить их любовью, уважением к нашим традициям, наследию и народу?

Зачем нужны друзья?

Утром в Шаббат, примерно за месяц до поездки в Москву на семинар, я сидел в своей обычной синагоге в районе Рамот — как всегда, рядом со своим другом Ларри Прайсом. Я поделился с Ларри, профессиональным кинорежиссером и продюсером, своим энтузиазмом по поводу деятельности «Гилеля» в бывшем СССР и нашими планами провести в январе студенческий семинар. Ларри заинтересовался и, не раздумывая, выпалил: «Я бы с удовольствием присоединился к вам в России». Как можно было упустить такую возможность? Я тут же предложил Ларри взять его с собой, в обмен на профессиональные услуги. Мы ударили по рукам, и Ларри провел съемку семинара — в результате получилась короткая, но замечательная видеозапись.

Мы с Ларри полетели из Тель-Авива в Москву, провели в городе несколько дней, завершили подготовку семинара. Однажды мы ночевали в гостинице «Интурист» совсем рядом с Красной площадью. На следующее утро я постучал в дверь Ларри — пригласить его на чашку кофе. Войдя в номер, я с удивлением обнаружил, что к стене приклеена скотчем белая подушка. Не каждый день видишь подушку на стене, а не на кровати, где ей самое место. Оказалось, что ночью Ларри разбудила музыка из радиоприемника. Собственное его радио было выключено, он открыл дверь в коридор — вдруг охранники в холле слушают радио. Оказалось — нет. Тогда он стал прикладывать ухо к стенам и выяснил, что в соседних номерах тоже не слышно никакой музыки. Потом он заметил вентиляционное отверстие над дверью, забрался на стул послушать, не оттуда ли доносится музыка. К своему удивлению, в вентиляции он обнаружил микрофон, и музыка действительно звучала оттуда. Он не испугался того, что за ним шпионят — он был в комнате один, да и в любом случае не было у него никаких секретов, но музыка мешала ему спать. Тогда он взял скотч, который возил для своего оборудования, и заткнул вентиляцию подушкой, чтобы заглушить звук. Он решил, что в микрофоне что-то сломалось — вместо того чтобы принимать звук из номера, он передавал радиопрограмму. Было это в 1995 году, через четыре с лишним года после падения коммунистического режима, и все же мы постоянно получали такие вот напоминания о дурных прошлых временах.

Создание попечительского совета

Мне хотелось, чтобы новорожденная программа «Гилеля» в Москве пользовалась как можно более широкой поддержкой общины. Одна из наших задач состояла в том, чтобы создать из признанных и пользующихся уважением еврейских лидеров попечительский совет «Гилеля». Я проконсультировался с «Джойнтом» и другими в Израиле, попросил Женю сделать то же самое в Москве. В итоге у нас набралось пятнадцать потенциальных кандидатов. Я дал Жене задание подыскать банкетный зал или ресторан, где мы могли бы заказать кошерный или вегетарианский ужин и провести первое заседание совета. Потенциальным его членам были отправлены факсы с приглашением на первую встречу, Женя дополнительно их всех обзвонила.

Вечером в четверг, 2 февраля 1995 года, мы с Женей приехали из нашего домодедовского лагеря в Москву в сопровождении Ларри Прайса — он должен был вести видеосъемку исторической первой встречи членов будущего совета. Когда мы вошли в ресторан «Яакуб», у меня сразу возникло очень неприятное чувство. Было в этом месте нечто сюрреалистическое. Ресторан выглядел пристойно, был украшен «еврейскими» и израильскими плакатами, очень громко играла хасидская музыка. Вид у официантов был не слишком довольный, они нас приветствовали у входа без улыбки. Нас провели в центр зала, где стоял длинный стол, а на нем — какие-то рыбные блюда на тарелках. Других посетителей в ресторане не оказалось.

Ларри Прайс начал расставлять оборудование, но официанты тут же заявили ему, что съемка в ресторане запрещена. Женя попыталась с ними спорить, но это не помогло, им плевать было, кто мы такие, они потребовали за съемку 150 долларов. Я не собирался платить им ничего и сказал Ларри, чтобы он не обращал внимания и снимал дальше, разве что без использования подсветки.

Прибыли гости, я приветствовал их как членов совета, рассказал про задачи «Гилеля» в Москве. Все говорили об исторической важности нашего начинания и выражали готовность помочь нам в нашей работе. В тот вечер я осознал, что эти прекрасные люди совершенно незнакомы с западным понятием «попечительский совет». Ближайшим для них примером «совета» был какой-нибудь райсовет. Райсовет — это представительный орган коммунистической партии, этакая резиновая печать правящей хунты. Я сразу понял: если я хочу, чтобы из этих людей сформировался эффективно работающий совет, придется вложить в это очень много времени и сил. Однако в тогдашних обстоятельствах это не было первоочередным делом, и я решил пока оставить их в резерве. Потребовалось 20 лет, но теперь в России существует замечательный, активный, прекрасно функционирующий попечительский совет «Гилеля».

Мы предполагали, что на этой встрече участники смогут высказаться, задать вопросы, поднять важные темы. В ресторане было пусто, мы были единственными посетителями, но друг друга не слышали. Фоновая хасидская музыка звучала очень громко — говорить было невозможно. Я подошел к стереосистеме, чтобы приглушить звук, но на меня тут же набросился официант — мол, я не имею права это делать. Это их ресторан, их музыка, если нам не нравится — наша проблема. А должен вам сказать, что даже в дурные старые дни в благословенной памяти нью-йоркских забегаловках на Сорок второй улице официанты так не хамили клиентам. Это было что-то невозможное, невероятное. Я даже подумал, что это место — просто прикрытие для чего-то другого под видом ресторана. Как еще объяснить поведение официантов и отсутствие других посетителей в вечернее время? Да и кухней, похоже, пользовались очень мало. Потенциальные члены совета — все они были активными членами московской еврейской общины — в один голос заявили, что никогда раньше не бывали в этом «еврейском ресторане» и не знают никого, кто ходил бы сюда постоянно.

Когда мы возвращались на машине на семинар, Женя долго извинялась. Я пытался ее утешить, смеялся над происшествиями этого вечера. Я сказал: то, что группа таких выдающихся людей пришла на эту встречу, выразила восхищение нашей программой и согласилась ее поддержать, — это признание ее заслуг.

Зимний студенческий семинар прошел с огромным успехом и в последующие месяцы послужил важным основанием для развития деятельности «Гилеля». Женя, окрыленная и воодушевленная этим успехом, продолжала внедрять новые студенческие программы, и все больше российских евреев узнавало о молодом, но чрезвычайно успешном студенческом центре.

Позднее, летом 1995 года, московский «Гилель» переехал из Жениной квартиры в съемный офис в «Мидрешет Иерушалаим», представительство консервативного движения в бывшем СССР, на пятый этаж здания на Новослободской улице. Офис состоял из двух комнат и кухни, стоил этот «дворец» 1200 долларов в месяц. Поначалу «Гилель» платил 800 долларов, а «Мидрешет Иерушалаим» — 400, однако через три месяца «Мидрешет Иерушалаим» закрылся, так что «Гилелю» пришлось платить аренду полностью. Мы приобрели у «Мидрешет Иерушалаим» мебель, холодильник, кухонную и офисную технику. Это было начало, причем чрезвычайно воодушевляющее.

4
Скучать не приходится

Поездки по бывшему СССР

Передвигаться по бывшему СССР было сложно и неудобно. Воздушные перевозки советское правительство организовало так, что лететь всегда приходилось через Москву, куда бы ты ни направлялся. В начале 1990-х годов существовала единственная авиакомпания — «Аэрофлот». Большинство советских самолетов были старыми, с обшарпанными салонами, без ремней безопасности, сверху вместо закрытых полок была сетка. Самолет скрипел, дребезжал, мне часто казалось, что он вот-вот развалится. Хуже того, из системы кондиционирования воздуха, почти всегда текущей, постоянно капала вода, и к месту вы прибывали, промокнув до нитки. Никогда я не произносил *тфилат ха-дерех*, молитвы о благополучном путешествии, с такой искренностью и истовостью, как во время этих перелетов. Ходила мрачная шутка, что у «Аэрофлота» нет программы для постоянных клиентов — по понятным причинам.

У всех, кто в те годы летал «Аэрофлотом», есть свои истории. Поделюсь своими: по ходу одного из перелетов я заметил, что бортпроводники особенно энергично взялись за дело — из кухни доносится звон посуды. В салон проникли приятные запахи. Позвякивали столовые приборы. После этого нагруженные подносы пронесли мимо застывших в ожидании пассажиров и торжественно подали экипажу. Пассажиров раздразнили, но так и не покормили.

Во время другого перелета нам подали жестяные баночки с яблочным соком, но открывашку экипажу найти не удалось. И что? Они воспользовались топориком из эвакуационного набора и стали передавать нам слегка ржавые баночки с зазубренными отверстиями сверху.

Однажды, на заснеженной взлетной полосе, сидевший со мной рядом нервный пассажир посмотрел, как бушует ледяной ветер, и спросил у стюардессы, будет ли самолет перед взлетом обработан от обледенения. «Не переживайте, — сказала стюардесса, — мы как разгонимся, лед сам отвалится».

Как-то в Петербурге было минус 25, а из-за пронизывающего ветра казалось, что еще холоднее. Выходя из автобуса, который подвез нас к трапу, я заметил, что на земле стоят несколько человек (и наверняка замерзают), но нас посадили первыми. Я только потом сообразил, что дожидались пассажиры первого и бизнес-класса — им посадку разрешили только после того, как заполнится салон эконом-класса. Вообразите себе — платить за билеты больше, а после этого получить вот такое: никакой вам радости от богатства.

В начале 1990-х годов Россия переживала тяжелейший экономический кризис, начавшийся на деле несколькими десятилетиями раньше. Не хватало основных продуктов питания и потребительских товаров. С раннего утра жители выстраивались в очереди у продовольственных магазинов в надежде купить хлеб, молоко и другие необходимые продукты. Свежие фрукты и овощи можно было достать только на черном рынке или если у вас была валюта и вы могли ходить в специальные долларовые магазины, предназначенные для привилегированного класса.

В те дни ходил такой анекдот: коммуниста из Красноярска за многолетнее служение партии премировали дорогой поездкой в Москву. Жена, понимая, что сама никогда не сможет позволить себе такой роскоши, попросила мужа записывать в дневник все, что он увидит. Куда бы он ни пошел, он отмечал отсутствие основных продуктов и честно все это записывал: «Нет молока, мяса, мыла, обуви и пр.». Это продолжалось три дня, а на четвертый к нему подошел незнакомец и представился офицером КГБ.

«Вы шпион, — объявил ему офицер КГБ, — я давно слежу, как вы ходите по нашим магазинам и что-то записываете. Считайте, что вам повезло: пять лет назад за такое государственное преступление вас бы арестовали и расстреляли». Гость из Красноярска честно записал в дневнике: «Нет патронов».

Был и другой популярный анекдот — про человека, который долго копил деньги, чтобы купить машину российского производства. В очередь он встал 4 апреля, и ему сказали, что за машиной он может прийти через пять лет, 18 апреля, в 11 утра. Сверившись с записной книжкой, покупатель попросил перенести ему время на более позднее в тот же день, ближе к трем часам, потому что на 11 он вызвал водопроводчика.

И слушатели, и рассказчики покатывались со смеху, однако в истории этой была не одна крупица правды.

Традиции

В период становления московского отделения «Гилеля» я научился ценить давние русские культурные традиции — кто-то, возможно, назвал бы их суевериями. На входе в московский «Гилель» всегда стояла батарея домашних туфель. В России при входе в помещение всегда снимают уличную обувь. В доме ходят исключительно в домашней. Даже если вы пришли в гости, вам положено разуться в прихожей. Как правило, русские держат в доме лишние пары домашней обуви для гостей. Если на всех гостей обуви не хватило, можно ходить в носках. Помещения «Гилеля» в Москве были не просто студенческим центром, но домом. Российские студенты зачастую ютились в тесных квартирках вместе с родителями, бабушками, дедушками и другой родней, а в «Гилеле» хватало места, чтобы пообщаться со сверстниками в домашней обстановке. Тапочки на входе в «Гилель» свидетельствовали о гостеприимстве, о том, что это место открытое и дружественное. Студенты усматривали в этих тапочках нечто очень уютное.

После того как «Гилель» проработал в Москве год, мы задали студентам вопрос: «Что вас привлекает в "Гилеле"?» Студенты ответили, что «Гилель» — это «островок покоя» в море стресса, из которого состоит их повседневная жизнь. Один студент сказал Жене, что мать его только что уволили с фабрики, где она проработала 25 лет, и теперь семье не на что будет жить. «Гилель» был для таких студентов вторым домом, уютным местом, куда можно прийти, заняться интересным делом, укрыться от повседневных проблем, пообщаться со сверстниками.

Кошки для россиян — не просто домашние животные. Они члены семьи, с ними в дом входит чувство изобилия, радости, покоя. Переезжая в новое жилище, люди, как правило, первым впускают туда кота «на удачу», а потом уже входят сами. Считается, что, увидев черного кота, нужно дотронуться до пуговицы, чтобы отпугнуть злых духов. В первое свое посещение Москвы в 1988 году я был в доме у отказников и был поражен (даже шокирован), когда хозяйка позволила кошке ходить по обеденному столу и совать морду в тарелки. Я в тот вечер не смог ничего есть и отговорился тем, что у меня болит живот. В России коты — как коровы в Индии, их почитают и оказывают им уважение. Неудивительно, что на логотип московского «Гилеля» мы поместили кошку.

В середине 1990-х годов в еврейских общинах бывшего СССР происходили стремительные перемены. Многие евреи решили покинуть страну и обосноваться в Израиле, США и Германии. Это отражалось и на «Гилеле»: студенты приходили к нам, чтобы почувствовать себя евреями, а потом уезжали из бывшего СССР. Когда одного из студентов из «Гилеля» спросили, как он относится к этому потоку уезжающих, он привел очень интересное сравнение между Галилейским морем (*ям-Киннерет*) и Мертвым (*ям-ха-Мелах*). «В Киннерет впадает множество рек, и множество из него вытекает, это море свежее, чистое, оно дает Израилю воду. А вот в Мертвое море втекает много рек, но из него ни одной не вытекает — и там нет жизни». Таким ему виделся «Гилель», свежим и живым, как и Киннерет, — потому что потоки в него и втекали, и вытекали из него.

5
Держись, Наполеон!

Киев

Студент, процитировавший слова Наполеона о том, что ключ к завоеванию Европы лежит в трех городах — Москве, Петербурге и Киеве, — точно предугадал первый этап экспансии «Гилеля» в бывшем СССР. К концу 1995 года настало время открыть отделение «Гилеля» и в Киеве, помимо Москвы и Петербурга.

Еврейской общине Киева более тысячи лет, она перенесла много страданий, в том числе татаро-монгольское завоевание 1200-х годов, казацкие бунты 1600-х, декрет Николая I о выселении евреев из больших городов в начале 1800-х, погромы конца 1800-х и начала 1900-х, ужасы нацистской оккупации. В 1941 году более 100 тысяч евреев были убиты и закопаны в землю эсэсовцами и местными коллаборационистами в Бабьем Яре под Киевом. В советские времена украинское общество было отравлено антисемитизмом, что привело к исходу евреев с Украины сразу после того, как стала возможна эмиграция. Однако в 1991 году Украина объявила себя независимой, была возвращена свобода вероисповедания, и еврейская община начала восстанавливаться.

* * *

Итак, мы сосредоточили свои усилия на Киеве, где проживала третья по численности еврейская община в бывшем СССР после Москвы и Петербурга; я посетил город после Песаха в 1995 году.

Меир Зизов, обаятельный и энергичный местный представитель «Джойнта», принял меня в Киеве и показал мне город. Мы посетили верховного раввина Яакова Блейха, руководителей Еврейского агентства и «Натива», директоров всех местных еврейских организаций. Выяснилось, что в Киеве уже функционирует как минимум пять молодежных организаций: клуб «Макор», который спонсирует рабби Блейх, молодежная группа Еврейского агентства, программа «Натива», спортивный клуб «Маккаби» и клуб «Авив», спонсируемый Международным университетом Соломона. Наши собеседники считали, что еще одна молодежная организация Киеву совершенно ни к чему.

Клуб «Авив» показался мне наиболее организованным. Руководил им Йосеф (Осик) Аксельруд, серьезный молодой специалист, сумевший завоевать любовь и уважение других членов клуба. При этом «Авив» напоминал мне университетский студенческий клуб: жесткие правила и процедуры приема, упор на социальные программы.

В начале 1995 года в Международный центр «Гилеля» в Вашингтоне пришло письмо от Аркадия Монастырского, который назвался общинным лидером из Киева и просил рассмотреть вопрос об открытии студенческой программы «Гилеля» в его общине. Письмо переправили мне в Израиль, я на него ответил, выразив надежду, что рано или поздно в Киеве появится отделение «Гилеля». Когда мы с Аркадием встретились весной 1996 года, он напомнил мне о своем письме и предложил всестороннюю помощь и содействие в этом начинании. Монастырский стал ключевым еврейским лидером в Киеве, человеком, которого стремились сделать своим представителем очень многие западные еврейские организации. Он с гордостью перечислил все организации, которые на тот момент представлял или в которых председательствовал. Я про себя подумал, не является ли он одновременно и президентом, и всеми наличными членами.

Меня заинтриговала фамилия Аркадия — Монастырский, я спросил о ее происхождении. Он ответил, что изначально фамилия их была Коган, поскольку они ведут происхождение от клана жрецов Израиля. Несколькими поколениями раньше они сменили фамилию на «Монастырские», чтобы защититься от антисемитизма; этим рассказом он намекал на то, что предки его были видными религиозными деятелями.

Эта история напомнила мне случай в Нью-Йорке с шофером моей сестры Рейчел, Октавио. Октавио эмигрировал из Португалии. В каждый мой приезд в Нью-Йорк он за рулем делился историями о своей юности и семье. Я рассказал ему о пребывании евреев в Испании и Португалии, о том, что это был золотой век нашего народа, о том, как всё трагически завершилось в 1492 году изгнанием евреев с Иберийского полуострова. Я сказал Октавио, что некоторые евреи стали марранами: они вынуждены были креститься, но втайне продолжали придерживаться еврейской веры. Однажды, вернувшись из поездки в Португалию к родным, Октавио удивил меня, поведав, что провел исследование и отыскал у своей семьи еврейские корни. Его фамилия по-португальски означает «груша», а евреи из этой части страны, принимая христианство, брали в качестве фамилии названия фруктов, тем самым подавая другим тайным иудеям сигнал о своей идентичности. В фамилии Аркадия Монастырского в очередной раз повторился стандартный эпизод из еврейской истории.

Единственными киевлянами, заинтересованными в открытии в городе отделения «Гилеля», оказались Аркадий и Мейр Зизов. Профессор Александр Розенфельд, ректор и основатель Международного университета Соломона в Киеве, по ходу моего к нему визита проявил редкостную галантность, однако без обиняков предложил мне пойти с моим «Гилелем» куда подальше. Осик Аксельруд, директор студенческого клуба «Авив», предложил мне встретиться с его руководителями. Они вели себя любезно, однако решительно заявляли, что вполне довольны существующим клубом и не хотят никаких перемен.

Я уже готов был собрать вещи и с пустыми руками отправиться восвояси, вот только по ходу разговоров с другими студентами и с руководителями общины мне стало ясно, что без «Гилеля» здесь никак. Я осознал, что заручиться поддержкой общины смогу лишь в том случае, если так или иначе сумею убедить студентов из «Авива», что «Гилель» им нужен. Но как это сделать? Чтобы найти ответ на этот вопрос, потребовалось еще раз прилететь в Киев через Москву.

В октябре 1995 года я провел три замечательных дня со студентами из московского «Гилеля». То, что еще год назад казалось невозможным, претворялось в Москве в реальность: с помощью «Гилеля» разрозненное еврейское студенческое сообщество превращалось в единую, деятельную, гордую собой общину. Следующей остановкой стал Киев. В самолете я сообразил, что могу показать киевским студентам московский «Гилель» — тогда они наверняка захотят, чтобы «Гилель» был и в Киеве. Я сказал Осику и его товарищам, что готов полностью оплатить перелет, проживание и питание семи активистам «Авива», отвезти их на четыре дня в Москву, дать возможность пообщаться со студентами из «Гилеля». От такого предложения они не смогли отказаться. Для украинцев провести четыре дня в Москве — все равно что для израильтян съездить в Диснейленд, а тут еще и совершенно бесплатно! Успех моего плана превзошел самые смелые ожидания. Вернувшись из Москвы, эти семеро студентов не успокоились, пока не убедили всех — студентов, Осика, профессора Розенфельда и прочих, что «Гилель» им необходим. Путь был свободен. Держись, Наполеон!

27 ноября 1995 года я объявил об открытии в Киеве отделения «Гилеля» под руководством Йосефа Аксельруда. Местные еврейские лидеры выразили свою полную поддержку и с нетерпением ждали начала деятельности «Гилеля» в их городе.

Я принял Осика в семью «Гилеля» и возложил на него задачу «обеспечить в Киеве выживание евреев как евреев через наполнение их жизней *идишкайтом*». В письме к Осику я указал, что мир «Гилеля» в бывшем СССР зиждется на трех столпах: еврейский народ, еврейские традиции и культура, еврейское государство. Киев был родиной мечтателей, героев, строителей еврейского государства. Здесь или поблизости родились и жили многие из тех, кто оставил важный и незабываемый след в истории нашего народа и в возрождении Государства Израиль, в том числе Голда Меир и Шолом-Алейхем. Нам нужно было придумать, как склонить умы и души здешней молодежи к бережному, уважительному отношению к земле и народу Израиля.

Первым заданием Осика стал поиск в Киеве физического дома для «Гилеля». Он начал присматривать квартиру — нашлась подходящая, с комнатой под кабинет и второй под общие встречи. Располагалась она неподалеку от метро, но далеко от соседей, которых могли бы побеспокоить шумные студенческие мероприятия. Официальное открытие состоялось в феврале и приняло общегородские масштабы: были приглашены члены правительства и лидеры еврейской общины. По Киеву были распространены рекламные листовки, в которых описывались цели и деятельность «Гилеля».

Превращение «Авива» в «Гилель» заняло некоторое время: старые привычки не изменишь в одночасье. Закрытому клубу «Авив» пришлось учиться открывать свои двери для всех. Осик оказался одним из самых творчески одаренных, мудрых, деятельных и трудолюбивых профессионалов, с которыми мне выпало счастье работать. Со временем он стал мне как кровный брат — это человек выдающейся внутренней целостности и талантливый лидер, к которому я отношусь с бесконечным доверием и в котором не сомневаюсь. Для студентов Осик — своего рода Гамельнский дудочник, заботливый опекун, предмет восхищения и любви. Под его руководством киевский «Гилель» креп и мужал, сделавшись флагманом еврейского ренессанса на Украине. Киевское отделение, как и московское, стало испытательной площадкой для новаторских инициатив, впоследствии распространившихся по всему бывшему СССР. Школа *мадрихов*, где готовили и воодушевляли студенческих лидеров; «Ханох ла-нар» — программа, где обучали основам профессии достойных юношей и девушек, которые собирались посвятить себя служению еврейской общине; семейный клуб для родителей активистов «Гилеля», где им преподавали основы еврейской жизни, — это лишь несколько примеров успешных новаторских программ, которые родились в киевском «Гилеле».

За годы существования киевского «Гилеля» у него было несколько благодетелей. Оценив в итоге нашу инициативу, профессор

Розенфельд помог нам тем, что призвал студентов Международного университета Соломона к нам присоединяться. У Розенфельда сложились уникальные отношения со своими студентами; речь шла о дружестве, какого я до того никогда не наблюдал между учащимися и представителями администрации. Наши отношения тоже постепенно крепли, и весной 2001 года, во время официальной церемонии в Киеве, профессор Розенфельд присвоил мне звание почетного профессора Международного университета Соломона; я очень ценю этот титул и весьма им горжусь.

Еще одним героем «Гилеля» стал Мейр Зизов, руководитель отделения «Джойнта» в Киеве. Мейр помогал нашей новорожденной организации, содействовал запуску нашего проекта «Песах» на Украине, проложив ему путь к успеху. Через много лет Мейра перевели в кавказский регион, и там тоже его помощь и поддержка оказались для «Гилеля» неоценимыми.

Володя Глозман, который заменил Мейра на посту руководителя «Джойнта», всегда был для нас с Осиком чем-то бóльшим, чем просто партнером, другом и коллегой. Он раз за разом изыскивал возможности помочь «Гилелю». Я часто слышал от него: "«Гилель» и есть община, и успех "Гилеля" равнозначен успеху общины". Володя, ныне живущий в Израиле, — визионер, человек с ясной головой и строитель: поддержку, которую он оказывал «Гилелю» на протяжении многих лет, трудно переоценить.

Саша и Даша

В итоге двое киевских студентов-активистов стали штатными сотрудниками «Гилеля». Александр (Саша) Койфман сперва координировал проект «Песах», а потом два года работал заместителем директора киевского «Гилеля». В «Гилеле» он познакомился со своей будущей женой Леной, а после рождения дочери они совершили алию в Израиль. В первые пять лет жизни в Израиле Саша работал в нашем иерусалимском отделении в качестве директора программы вовлечения (так называемых «жирафов») в бывшем СССР. В сентябре 2004 года Сашу приняли в программу подготовки раввинов в иерусалимском кампусе Еврейского союзного колледжа. Впоследствии он стал очень востребованным гидом.

Дарина (Даша) Привалко, обладающая выдающимися лидерскими качествами, была любимой переводчицей с английского у всех наших гостей. Даша, чрезвычайно умная, с хорошо поставленной речью, всегда оставалась звездой «Гилеля». После получения университетского диплома она подрабатывала тем, что переводила образовательные материалы «Гилеля» на русский язык. В августе 2003 года Дашу назначили директором по вовлечению в «Гилель» на Украине, в Молдове, Беларуси, Узбекистане, Азербайджане и Грузии. Через несколько лет Даша совершила алию в Израиль, где принимает активное участие во всевозможных образовательных проектах.

На данный момент более десяти выпускников «Гилеля» работают на разных должностях в киевской еврейской общине, в том числе в «Джойнте», в общинных центрах, благотворительных хеседах, в Еврейском агентстве, школах при синагогах и пр. Более того, в большинстве общин именно выпускники «Гилеля» занимают ключевые посты, тем самым внося значительный вклад в формирование будущего евреев.

Именно в Киеве я в очередной раз понял, что не все в этом мире является тем, чем кажется. На открытии «Гилеля» один из студентов с гордостью показал мне первую газету «Гилеля», и я заметил на обложке слово, которое прочитал как *ham* — ветчина. Я очень удивился: откуда свинина в еврейской газете? Только потом мне объяснили, что это часть призыва «присоединяться к *нам*».

Санкт-Петербург

Михаил (Миша) Левин, 25-летний петербургский специалист по еврейской истории и еврейский активист, получил задание открыть отделение «Гилеля» в здешней общине. У Миши были обширные связи, и программу он запустил без промедления.

Главной проблемой в первый год оставалось отсутствие подходящего помещения; «Гилель» скитался из одного временного пристанища в другое, так что расти и развиваться было сложно. Миша, спокойный и обычно невозмутимый интеллигент, сумел создать ядро из очень активных и целеустремленных студентов, которые видели в расширении программ «Гилеля» возможность укрепить свою идентичность и связь с еврейским народом. Однако чтобы развивать программы и выполнять нашу задачу по вовлечению в процесс максимального числа студентов-евреев, нужно было обзавестись постоянным домом с помещением для проведения мероприятий. Ответ на наши молитвы пришел после моего посещения хеседа «Авраам» — центра помощи пожилым и больным людям — в январе 1996 года.

Второй ежегодный зимний семинар «Гилеля» было решено провести в Петербурге в конце января 1996 года. Меня часто спрашивали, почему мы устраиваем семинары в самый разгар суровой российской зимы. Ответ заключается в том, что студенческие каникулы в бывшем СССР приходятся на последнюю неделю января и первую февраля. Полагаю, власти выбрали именно этот период, потому что в это время в России стоят суровые холода, а отапливать аудитории дорого. Дети дома — значит, система образования может сэкономить. Соответственно, студенты свободны и могут посещать семинары «Гилеля», то есть у них появляется возможность собраться вместе с другими евреями, поучиться, попраздновать.

Та зима оказалась особенно суровой, температура опускалась ниже минус 25 градусов. В помещении, которое мы сняли, топили плохо, и порой мы сильно мерзли. Студенты по этому поводу особенно не переживали — видимо, неполадки в системе отопления были для них обычным делом. Когда я сказал Мише, что, если бы такое произошло в Израиле или США, участники подняли бы страшную бучу, он предложил очень интересное объяснение: студенты так ценят возможность принять участие в нашем мероприятии, что холод их особо не смущает.

Мой русский не слишком хорош — да и это, пожалуй, некоторое преувеличение. Многие студенты и сотрудники из России знают английский, а теперь некоторые даже выучили иврит. Но порой не обойтись без помощи переводчика. На семинаре мне представили 17-летнюю переводчицу и новую участницу программы «Гилеля», которая великолепно владела английским. Эта девушка, Анна (Аня) Пуринсон, со временем стала лицом «Гилеля»: ее скромные манеры, впечатляющие познания в иудаике, организационные таланты и страсть ко всему еврейскому позволили ей стать руководительницей нескольких разных направлений в петербургском «Гилеле». В 2000 году Анна была назначена заместителем директора петербургского отделения, а когда в 2002 году она окончила Санкт-Петербургский государственный медицинский университет, мы заговорили с ней о профессиональной карьере в «Гилеле». В августе 2003 года Аня временно оставила медицинскую карьеру и стала директором всех центров «Гилеля» в России.

По ходу того семинара нашему врачу не приходилось скучать — пришлось посылать машину в город за дополнительными лекарствами для заболевших. Я за долгие годы научился уважать российских врачей: те, с которыми мне довелось иметь дело, оказались чуткими, заботливыми и компетентными. Меня особенно поражала их способность к импровизации в отсутствие надлежащего оборудования и медикаментов. Чуть ли не каждый раз, когда я приезжал в Россию зимой, у меня начинало болеть ухо. Лишь на третий раз я подметил эту закономерность и стал заранее покупать в Израиле капли. У местных врачей, которые лечили меня в первые годы, не было никаких отоскопов, они просто заглядывали мне в уши. А потом изобретали лекарства, в том числе смоченную маслом вату, которую вставляли мне в ухо, и прочие экзотические средства вроде горячего полотенца — на Западе это попало бы в разряд «бабушкиных народных средств». К чести врачей надо сказать, что через несколько дней ухо у меня переставало болеть.

Долгие годы я на всякий случай приезжал в бывший СССР с собственным запасом антибиотиков и шприцов — вдруг понадобится сделать мне укол. В России все еще пользовались многоразовыми шприцами. Кроме того, «Джойнт» покупал мне особую туристическую медицинскую страховку «S.O.S.», которая покрывала, в частности, эвакуацию по воздуху в экстренном случае. Вот уж чего совсем не хотелось, так это попадать в местную больницу.

Путешествовать по постсоветской территории, проводя по неделе и даже дольше в отдаленных местах, было довольно сложно. В ранний период нашей работы в бывшем СССР купить на месте еду было почти невозможно. Я брал с собой консервы — тунец, сардины, *мана-хаму* (израильский суп быстрого приготовления, он довольно вкусный, если добавить кипятка), сухарики, орехи и сухофрукты. В бывшем СССР не продавали минеральную воду, приходилось и ее везти с собой, а она сильно утяжеляла чемоданы. Было множество проблем со связью. Тяжело было находиться вдали от семьи и чувствовать себя полностью оторванным от родных, поэтому я очень ценил, что на каждой остановке мне давали возможность воспользоваться телефонами в офисах «Джойнта». Сейчас, в эпоху мобильных телефонов, эта проблема далеко не так остра: поддерживать контакт можно практически откуда угодно.

Шидух

На третий день зимнего семинара я уехал в город, чтобы встретиться с лидерами общины и директорами еврейских организаций. Я надеялся заинтересовать их программой «Гилеля» и заручиться поддержкой для ее развития. Самая важная и исторически значимая встреча произошла в хеседе «Авраам» с его директором Леонидом Колтиным. Леонид устроил мне обстоятельную экскурсию по хеседу, объяснил, какие они осуществляют замечательные программы помощи пожилым и больным евреям. Об уходе за пожилыми людьми я кое-что знал. В 1970-е и 1980-е годы в Лос-Анджелесе мой отец руководил несколькими больницами для выздоравливающих и центрами для пожилых. Программа, действовавшая в Петербурге, была куда масштабнее всего, что я видел на Западе. Помимо замечательной медицинской службы, в центре имелись портной, сапожник, прачечная. Кухня, столовая и гостиная очень впечатляли. Расспросив подробнее, я узнал, что по вечерам центр закрыт, и тут у меня родилась идея: а нельзя ли студентам из «Гилеля» пользоваться столовой и гостиной для вечерних мероприятий? Леонид тут же дал свое согласие. В тот же вечер я вернулся за город и поделился радостной новостью с Мишей: по вечерам «Гилелю» будут предоставлены помещения хеседа «Авраам». Миша тоже очень обрадовался, а через два месяца у «Гилеля» появилась еще и комнатка в центре, используемая под офис. Так зародилось легендарное сотрудничество «Гилеля» и хеседа — благотворительной организации, действующей в бывшем СССР под эгидой «Джойнта»; сотрудничество это вышло за пределы Петербурга и послужило на благо как пожилым, так и молодым евреям по всему бывшему СССР.

Еврейские дела

На протяжении многих лет по ходу проведения семинара я днем в субботу примерно в течение часа выступал перед его участниками. Тема всегда была одна и та же — надеюсь, что она не теряла свежести. Я ее называл «Дальнейший путь». В том году на семинаре в Петербурге я поприветствовал новых членов международной семьи «Гилеля» и заговорил о том, что они должны быть примером для остальных. Поскольку я люблю рассказывать истории, я поведал участникам такую притчу: в местечко впервые прибыл поезд, и хасиды решили показать своему ребе это достижение прогресса. Ребе подошел к станции и увидел длинную шеренгу черных холодных мрачных вагонов, прикрепленных друг к другу. Впереди стоял паровоз и изрыгал пламя. Дым поднимался в небо. Внезапно черные облака дыма с оглушительным ревом устремились ввысь, паровоз тронулся, а вслед за ним и цепочка вагонов. «Ребе, ребе, как вам это восхитительное зрелище?» — стали расспрашивать его хасиды. Ребе ответил: «Видите, одна горячая, горячая штуковина в состоянии тянуть за собой столько холодных!» Притча проста, но содержит важную мораль, и студенты потом принялись ее обсуждать. Я попытался втолковать им, что особенно сейчас и в бывшем СССР один яркий лидер в состоянии оказать влияние на множество людей. Один человек, горящий любовью к еврейской жизни и еврейскому народу, может потянуть за собой множество других, холодных и оторванных от общины. Будущее еврейской общины в их руках!

Кроме того, я зачитал студентам девиз «Гилеля»: «Наращивать число евреев, которые будут заниматься еврейскими делами с другими евреями». Когда я закончил выступление, студенты воодушевленно аплодировали стоя. Через несколько дней некоторые из сотрудников попросили разрешения поговорить со мной наедине. Они объяснили, откуда взялась эта овация. Похоже, многие студенты восприняли девиз «Гилеля» буквально и решили, что это призыв в ту самую ночь заняться друг с другом известным делом — в постели. Ой-вей!

6
Период становления

Проект «Песах»

Пасха имеет особое значение для советских евреев. Темы рабства и освобождения, семьи и общины звучат с особой силой во времена потрясений и гонений. Если в советскую эпоху они что и знали об иудаизме, так это то, что на Песах евреям полагается есть мацу. При этом вряд ли им было известно, что в течение всего праздника запрещено есть квасной хлеб; не ведали они и о других обрядах, связанных с празднованием Песаха, а вот про мацу знали. Разумеется, большинству советских евреев маца была недоступна, хотя порой власти и разрешали синагогам ее печь.

Когда с приходом к власти Горбачева в конце 1980-х годов произошла определенная либерализация, советские евреи получили свободный доступ к маце. В городах с большим еврейским населением открылись, с санкции властей, новые пекарни. Помимо этого, мацу тоннами завозили из других стран в качестве даров от евреев свободного мира.

После краха коммунистической системы евреи всех стран объединили свои усилия, чтобы поддерживать и наставлять недавно вышедших из рабства евреев Советского Союза. Влиятельные организации, которые в советский период оказывали поддержку советским евреям подпольно, такие как Американский еврейский распределительный комитет («Джойнт»), Еврейское агентство для Израиля («Сохнут») и израильское правительство, действовавшее через «Натив», открыли свои представительства в больших и малых городах по всему бывшему СССР. К ним присоединились благотворительные организации — они присылали в бывший СССР своих сотрудников и гуманитарную помощь, реагируя на насущные социальные, образовательные и религиозные потребности советских евреев.

Тысячи евреев узнали о еврейских праздниках, которые большинству из них были неизвестны в советский период: им не терпелось потрогать, попробовать, воссоединиться со своим давно утраченным и поруганным наследием. Из Израиля и с Запада приехали раввины, студенты иешив и другие знающие люди — они проводили праздничные обряды. Праздники, которые принято справлять в кругу семьи, такие как Шаббат, Ханука и Песах, разумеется, были большинству евреев неведомы; соответственно, первоначально (да так оно и осталось) для большинства евреев из бывшего СССР они приняли форму празднеств общинных. Заезжие просветители и религиозные лидеры из-за границы собирали евреев в ресторанах, банкетных залах и досуговых центрах, и там они отмечали праздники. По ходу этих общинных программ упор делался на старое/новое еврейское культурное наследие; в них входили песни, танцы и театральные постановки, раскрывающие библейские и праздничные темы. Приезжие лекторы, как правило, рассказывали собравшимся через переводчика о смысле данного праздника, потом с кратким приветствием и благословением выступали местные знаменитости. Такая модель празднования до сих пор в ходу во многих общинах бывшего СССР.

Главное событие еврейской Пасхи — седер, когда семья или община собирается вместе в первый и второй вечера праздника, все вспоминают исторические события из жизни еврейского народа с помощью текста агады; на стол подается особая еда, исполненная символического значения. Чтобы провести седер, нужно обладать специальными познаниями и навыками, какими не обладают другие собравшиеся. В начале 1990-х годов большинство пасхальных эмиссаров составляли евреи-ортодоксы, которым приходилось изощряться, придумывая, как провести седер, следуя предписанному тексту агады, и удержать при этом внимание своих слушателей. Поскольку для большинства евреев из бывшего СССР это был первый такой опыт, им не хватало терпения и внимания на длинные тексты из агады. Многие эмиссары не говорили по-русски и вынуждены были проводить седер через переводчика.

К 1996 году большинство иностранных благотворительных организаций испытывало сложности со сбором средств на финансирование тех программ в бывшем СССР, которые не были связаны с экстренной социальной помощью. Основная задача заключалась в том, чтобы накормить голодных и позаботиться о пожилых. Средства были ограниченны, и считалось недопустимым отрывать их от важнейших общественно-экономических потребностей и тратить на оплату дороги эмиссара на седер. Именно в этой связи на меня и вышел Ашер Острин, руководитель программ «Джойнта» в СССР: он спросил, не может ли «Гилель» оказать им помощь.

Как проводить седер

В то время ресурсы «Гилеля» в Северной Америке, Израиле и бывшем СССР были крайне скудны. «Гилель» никак не мог себе позволить оплатить приезд эмиссаров на Песах. Я предложил запустить программу по подготовке местных активистов «Гилеля» из Москвы, Киева и Петербурга — пусть учатся проводить седер в своих общинах. Нам удалось найти средства для этой цели, и в марте 1996 года мы пригласили шестьдесят человек, по двадцать из каждого города, в Петербург на четырехдневную программу подготовки к проведению пасхального седера. Тренинг проводили израильский «Гилель» и специалисты из «Джойнта» под руководством Макса Визеля. Из шестидесяти студентов лишь одному раньше довелось бывать на седере, для остальных речь шла о первой Пасхе в их жизни.

Все эти первые годы перед нами постоянно вставал вопрос об участии неевреев в программах «Гилеля». В первый раз он был поднят по ходу программы подготовки к Песаху — я выяснил, что у троих участников из Киева нет еврейских корней. Киевскому «Гилелю» было лишь несколько месяцев от роду, большинство членов нам досталось по наследству от его предшественника — клуба «Авив» в Международном университете Соломона, куда принимали как евреев, так и неевреев. Так что было совершенно естественно, что Йосеф Аксельруд, нынешний директор «Гилеля» и бывший — «Авива», выбрал в качестве кандидатов на тренинг самых многообещающих студентов, не обращая особого внимания на их корни. После тренинга в Петербурге мы объяснили сотрудникам, что «Гилель» — еврейская студенческая организация, и хотя мы и не закрываем свои двери для неевреев, к участию в общенациональных и интернациональных программах приглашаем только студентов с еврейскими корнями.

Тогда решение это вызвало настоящий взрыв в администрации Международного университета Соломона — нашего партнера по созданию «Гилеля» в Киеве. Они не понимали и не желали принимать наше решение отказывать людям, не имеющим отношения к еврейству («Гилель» не считает неевреями лиц, у которых были отец или дед еврей или бабушка-еврейка), в праве принимать полномасштабное участие в нашей деятельности. По ходу следующего своего визита в Киев я несколько часов обсуждал этот вопрос с профессором Александром Розенфельдом, ректором университета.

Профессор Розенфельд — выдающийся руководитель, ученый и мой друг; вдвоем с Романом Шапшовичем они в 1993 году создали Международный университет Соломона, превратив его в один из самых престижных вузов на Украине. Я объяснил, что, хотя мы в «Гилеле» понимаем и осознаем необходимость создания центров общения для всех студентов из бывшего СССР, мы — еврейская организация, ресурсы наши не безграничны и предназначены для поддержки студентов-евреев. Более того, задача «Гилеля» — содействовать возрождению еврейской жизни в бывшем СССР, взращивать и укреплять еврейскую идентичность студентов, помогать им устанавливать связи с нашим народом, нашим культурным и религиозным наследием, землей наших предков. Кажется, я не убедил профессора Розенфельда, однако после этого разговора он больше не высказывал публично неудовольствия по поводу нашего решения.

Ненормальный раввин

Как оказалось, приезд студентов в общины для проведения там пасхального седера стал одним из высочайших достижений «Гилеля» в бывшем СССР. Теперь это называлось «проект "Песах"», и он оказал колоссальное влияние на жизнь тысяч евреев. Наши студенты, вооруженные новыми знаниями, блюдами для седера, бокалами для вина, мацой, экземплярами агады и благословлением лидеров «Гилеля», провели в своих общинах множество седеров. Я как директор и официальный раввин «Гилеля» в бывшем СССР нацеливал студентов на то, чтобы они проводили седеры в любом месте, в каком окажутся во время Пасхи. Традиционно седеры проходят только в первый и второй вечер праздника. Но я считал, что в бывшем СССР ситуация чрезвычайная, требующая нестандартных решений, необязательно полностью соответствующих нормам Галахи. «Проводите седеры утром, днем и вечером по ходу всей пасхальной недели, — призывал я студентов. — Постарайтесь донести радость и смысл Пасхи до максимального числа евреев». Они так и поступали.

Поначалу многие мои коллеги-ортодоксы решительно возражали против моего «галахического» решения, и вскоре поползли слухи о том, что в их среде завелся ненормальный раввин. Мне звонили и выражали свое неудовольствие, некоторые повадились при всякой возможности меня поносить. Однако со временем подход «Гилеля» стал в бывшем СССР почти универсальным, и его признали многие раввины-ортодоксы — «седер в любое время» они проводили под видом просветительского мероприятия.

Входит семья Рудинов

Рост текущих расходов в связи с открытием новых отделений «Гилеля» и расширением уже существующих привел к тому, что бюджет наш начал трещать по швам. Нас щедро поддерживали Фонд Шустермана и «Джойнт», но этого не хватало. Для того чтобы запустить проект «Песах» по всему бывшему СССР, нам нужны были дополнительные средства.

Помощь свою предложил Льюис Рудин, строитель из Нью-Йорка, лидер своей общины и филантроп. Лью, помимо прочего, мой зять: он женат на моей сестре Рейчел. В самом начале нашей деятельности в бывшем СССР Лью и Рейчел организовали несколько приемов и встреч в Нью-Йорке и во Флориде — это способствовало осуществлению ряда других проектов «Гилеля» в бывшем СССР. При содействии брата Лью Джека и его жены Сьюзан мы смогли получить дополнительные средства, и был запущен пасхальный проект Самуэля и Мэй Рудинов.

Рейчел и Лью успели оценить воздействие проекта «Песах» на студентов из бывшего СССР в первые годы существования нашей программы, однако, к сожалению, в сентябре 2001 года Лью не стало. Рейчел, вся наша семья и все, кому довелось с ним соприкоснуться, — все мы до сих пор по нему тоскуем.

Майя Коэн, наша близкая подруга и участница первой миссии «Гилеля» в бывшем СССР, оказала нам большую помощь в поиске спонсоров и средств. Без помощи этих замечательных людей мы не смогли бы организовать столь успешные программы.

Тогда мы и представить себе не могли, сколь важен проект «Песах» окажется для тысяч его участников-студентов, их семей и общин. Проект заложил основу для аналогичных инициатив, связанных с другими праздниками, и продемонстрировал, какой это мощный и эффективный инструмент — мобилизация студентов.

Мы выслушивали рассказы студентов, возвращавшихся с проекта, и как бы мысленно присутствовали при этих изумительных событиях. Александр Койфман, студенческий лидер, а впоследствии — штатный сотрудник «Гилеля», рассказал, как прошел седер в украинском городе Щорсе — он состоялся в здании, где в советские времена располагался райком партии. Показывая особый кубок пророка Илии, Койфман растолковывал его символический смысл и читал молитву о пришествии Мессии. Вокруг недоверчиво смеялись, и тогда Саша спросил: «Если мы сегодня празднуем седер в здании, которое еще пять лет назад было символом коммунистической власти и тирании, кто сказал, что пришествие Мессии невозможно?» Это произвело сильное впечатление.

Артем Людный, двадцатилетний студент киевского Международного университета Соломона, описывал, как он провел седер в украинских Сумах. Седер должен был состояться в театре, все собрались перед входом в предвкушении, но, к сожалению, никто не позаботился о еде для праздничного стола. Представителям «Гилеля» пришлось проявить находчивость, и они решили провести седер, «как актеры на сцене. Все были нам так благодарны, у всех было такое отличное настроение, будто они получили первый приз. По ходу всей поездки я ощущал, что мы — представители будущего евреев на Украине».

Джонатан Порат отметил, что программы «Гилеля» в целом и проект «Песах» в частности «изменили представления русского еврейства о себе и многое нам открыли касательно нас самих». В советские времена любая общественная или общинная деятельность навязывалась сверху; теперь молодежь из бывшего СССР училась отказываться от эгоистических представлений и заботиться о своих братьях по общине. А сотрудники «Гилеля» учились создавать инфраструктуру для масштабных программ, таких как проект «Песах», привлекать студентов, не имеющих опыта проведения еврейских мероприятий, не только к участию, но и к самостоятельному проведению таких программ. В самом скором времени студенты «Гилеля» появились во всех отделениях «Джойнта» в бывшем СССР. Порат любил повторять: «Ребятки из "Гилеля" — краеугольные камни общин».

Закладывая основы

В июле 1996 года нашим сотрудником стал рабби Давид Эбстайн из Иерусалима — он был назначен руководителем образовательных программ «Гилеля» в бывшем СССР. Я отправил его в поездку по только что основанным центрам «Гилеля» и по уже функционирующим тоже.

Мы уже проводили по два больших семинара в год: один зимой, другой летом. Кроме того, были и менее масштабные встречи студенческих лидеров на местах, посвященные развитию лидерских качеств и разработке новых программ.

Рабби Давид Эбстайн отвечал за планирование августовского семинара в Москве. Тема семинара звучала так: «Еврейская идентичность и Шаббат». В первую очередь мы хотели разобраться с антипатией россиян к религии. Давид обсудил тему с Женей, Осиком и Мишей — директорами отделений «Гилеля» в Москве, Киеве и Петербурге. Они начали с того, что слово «религия» обладает для российских студентов отрицательными коннотациями, и задались вопросом, почему это так. Один ответ: возможно, потому, что у студентов из бывшего СССР нет еврейских «корней» — наследия, которым они могли бы гордиться. Было предложено вместо слова «религия» употреблять слово «традиция». Одна из задач «Гилеля» состояла в том, чтобы просветить студентов-евреев касательно прошлого, о котором почти никто из них ничего не знал. Было важно не принуждать студентов к религиозным практикам, если они сами того не хотят. Подход мы избрали такой: «постепенность, такт без насилия, традиция вместо религии, еврейская культура и идентичность в противоположность Галахе». Еврейская молодежь из бывшего СССР не выросла с теми переданными ей отцами и дедами традициями, которые евреи Запада принимают как данность. Отношение к Богу и иудаизму у этих молодых людей либо отсутствовало совсем, либо было отрицательным. «Гилелю» оставалось одно: обучать, обучать и обучать. «Пусть это и не то же самое, что узнать про *идишкайт* от родителей и дедов, — говорил Эбстайн, — сидя с ними за обеденным столом или наблюдая за ними на кухне, но это лучшее, что мы можем предложить».

Координатором летнего семинара, который прошел 15–22 августа 1996 года в Домодедово, была назначена Женя Михалева. Давид Эбстайн отвечал за образовательный и еврейский аспекты, а Осик Аксельруд готовил вечерние программы и был ответственным за участников из Киева. В свете успеха проекта «Песах» мы решили попробовать организовать в ходе летнего семинара похожий проект и с его помощью внедрить практику Шаббата в разных общинах. Кроме того, на семинаре предполагалось подчеркнуть центральную роль Израиля в еврейской жизни и рассказать студентам о возможностях обучения в Израиле. В программе, как всегда, были предусмотрены семинары с психологами — студентов обучали эффективно руководить большими группами.

По ходу семинара мы обсуждали обычаи, связанные с Шаббатом: зажигание свеч, понятия *«мелаха»*, *«киддуш»*, *«гавдала»*, субботние песни, историю Шаббата, его уникальность как особого дня недели. На творческих семинарах мы занимались рисованием, ролевыми играми, израильскими народными танцами, театральными постановками, готовили газету, наряды и украшения к Шаббату, устраивали английское чаепитие с американским акцентом. Не все у нас шло по плану, бывали и откровенно опасные ситуации. Однажды работники местной кухни, явно нетрезвые, сожгли несколько сидуров (молитвенников) и сорвали нам учебный процесс. Милиция отреагировала быстро и выдворила двоих мужчин из здания. Трудно сказать, что это было: обычный вандализм или откровенный антисемитизм. Мы в очередной раз убедились в необходимости хорошей охраны.

Вне конкретной связи с предыдущим инцидентом — хотя, возможно, он подстегнул их интерес — студентов из бывшего СССР очень волновала еще одна тема — антисемитизм: почему он существует, чем можно объяснить холокост? Что интересно, лишь немногих студентов тревожило то, будут ли евреи в бывшем СССР вступать в смешанные браки, что грозит им исчезновением. Их куда сильнее волновала проблема антисемитизма и противостояния злу в целом. Они хотели понять, что стало причиной *шоа*, почему нацисты и вообще представители других народов так сильно ненавидели евреев, почему антисемитизм столь живуч. Мы обсуждали разные причины этого явления: экономическое неравенство, поиски козла отпущения, недоверие к чужакам, зависть к еврейскому единству, происки нацизма, нелюбовь к непохожим, поощрение антисемитизма христианской Церковью. Разумеется, на следующем этапе нужно было рассказать студентам, как с антисемитизмом бороться.

* * *

В августе того же года 12 студентов из бывшего СССР приняли участие во встрече студенческих лидеров, которую Шустерманы и «Гилель» проводили в Пенсильвании. Для студентов с постсоветского пространства это была бесценная возможность познакомиться с деятельностью «Гилеля» в США.

В ноябре 1996 года, при совместном спонсорстве «Гилеля» и Еврейского агентства, прошел второй семинар студенческих лидеров: двадцать активистов из «Гилеля» в бывшем СССР приехали в Израиль на трехнедельную учебную программу. Студенты путешествовали по стране, осматривали ее, встречались с израильтянами, развивали свои лидерские качества. Цель семинара и состояла в совершенствовании этих качеств, плюс предполагалось, что его участники больше узнают о Земле Израиля, увидят, как работает местный «Гилель», проникнутся любовью к стране, научат других студентов ощущать ответственность за будущее еврейской общины.

7
Расширение

Вторая фаза расширения деятельности «Гилеля» в бывшем СССР должна была официально наступить в конце января 1997 года, в ходе Конгресса студентов-лидеров в Москве. Разумеется, подготовка к ней началась много раньше. Действующие и потенциальные студенческие лидеры со всего бывшего СССР, особенно с периферии, были приглашены на мозговой штурм с целью выявления нужд их общин. Мы ориентировались на территории, соответствующие следующим критериям: значительное еврейское население и наличие местной инфраструктуры «Джойнта» и Еврейского агентства, которые смогут оказать нам поддержку. Рассматривались общины в Беларуси, Молдове, на Волге, на Восточной, Центральной и Южной Украине, Урале, в Сибири и на Дальнем Востоке. Мы собирались открыть двадцать новых отделений «Гилеля». В некоторых местах уже возникли неформальные еврейские организации, и студенты просили «Гилель» включить их в свою структуру. Мы запланировали региональные семинары с целью просвещать и готовить студенческих лидеров, а также давать им возможность пообщаться друг с другом. Мы надеялись, что по итогам этого проекта будет создана сеть студенческих центров «Гилеля», которые смогут вести работу в своих общинах и обеспечивать будущее евреев в бывшем СССР. Нам казалось, что это окажет значительное воздействие на возрождение еврейской жизни в сообществе, которая оставалась одной из самых многочисленных в мире. Среди прочего планировалось ежегодно оценивать их деятельность с целью понять, удается ли нам достичь поставленных «Гилелем» целей по развитию еврейского самосознания, вовлечению студентов, созданию лидерского ядра и подталкиванию студентов к тому, чтобы организовывать собственные программы, направленные на удовлетворение религиозных, культурных, общественных и иных потребностей евреев.

Одним из новых центров стал Минск, где студенты, вдохновленные участием в конгрессе «Гилеля», взяли инициативу в свои руки и запустили собственную программу. В состав «Гилеля» их организация вошла осенью 1996 года. Они встречались в кампусе Минского государственного университета и начали свою деятельность с издания собственной газеты. Мы наняли им в помощь (на неполный рабочий день) двух профессиональных директоров.

Еще один пример рождения нового центра «Гилеля» мы увидели в начале июля 1996 года, когда группа московских студентов из «Гилеля» поехала в Саратов помочь местным молодым евреям расчистить тамошнее еврейское кладбище. Саратовская община была очень благодарна москвичам за помощь. По вечерам студенты знакомились на программах, посвященных холокосту, на *каббалат-шаббат*, на еврейских танцах. После этого группа студентов объединилась в отделение «Гилеля».

В Харькове уже велась общинная деятельность в форме еврейских школ. В городе не было отделения «Джойнта», который мог бы оказать «Гилелю» содействие, как это было в других городах. Харьков — второй по величине город Украины с населением около трех миллионов человек; там проживало 60 тысяч евреев, в том числе около шести тысяч еврейских студентов. Инна Коган была помощницей директора школы Григория Шойхета и уже организовала неформальное отделение «Гилеля» с ядром из пятидесяти человек. Шойхет всячески поддерживал «Гилель» и позволял Инне использовать для ее деятельности школьный телефон, факс и ксерокс. Студенты собирались на территории школы после окончания школьных занятий и посещали студию народных танцев. Шойхет и Инна были очень заинтересованы в том, чтобы студенты участвовали в деятельности хеседа: Шойхет являлся, на добровольных началах, председателем совета местного хеседа и, соответственно, мог устроить дело так, чтобы пользу получили и нуждающиеся, и студенты-волонтеры.

* * *

В Екатеринбурге уже имелось отделение «Джойнта», которое готово было помочь созданию центра «Гилеля». Новым представителем «Джойнта» был Илья Пестриков — на его попечении находилось десять тысяч евреев, из которых триста активно участвовали в деятельности общины. Бнай-Иешурун, консервативная конгрегация из Нью-Йорка, стала общиной-побратимом екатеринбургской; в результате в городе удалось открыть синагогу, а предметы утвари один за другим переправили в Россию морем. Пестриков подал идею создать отделение «Гилеля» — первый еврейский студенческий клуб на Урале.

Деятельность «Гилеля» в Екатеринбурге началась с *каббалат-шаббат*, культурных и религиозных программ для взрослых и студентов — посещений музеев, концертов, еврейской библиотеки, спектаклей; проекта по уборке на местном еврейском кладбище и воскресной школы искусств для детей, где преподавали пение, танцы, еврейскую историю и живопись.

Успехи

1997 год начался для «Гилеля» с ежегодного зимнего конгресса в санатории «Поречье» в Звенигороде, под Москвой. Участников привезли автобусами с московских железнодорожных и автобусных вокзалов, некоторые добирались до нас много дней, например из Хабаровска, отстоящего от Москвы на несколько часовых поясов.

За время семинара 90 студентов приняли участие в мастер-классе по проведению Песаха; потом к ним присоединилось еще 150 студентов из «Гилеля» — они приехали на конгресс студенческих лидеров, состоявшийся сразу после.

Семинар «Песах» стал первым учебным мероприятием в рамках проекта «Песах» в 1997 году. Около 15 его участников за год до того уже приняли участие в первом проекте «Песах», и их опыт оказался бесценным как для учебного процесса, так и для устранения всевозможных проблем. При этом почти половина участников семинара никогда в жизни не бывала на седере, однако их нужно было обучить не только участвовать в седере, но и проводить седер для тех, у кого нет возможности подготовиться к празднику под руководством «Гилеля».

На учебных семинарах рассматривались базовые вопросы — как и почему проводится традиционный седер; также проходили и специальные занятия, на которых студенты могли творчески использовать пройденный материал, делать так, чтобы седер проходил осмысленно и весело. Результаты этого двухстороннего подхода были продемонстрированы по ходу двух показательных седеров, которые представили нам студенты. Первый был традиционным, с положенными молитвами, песнями, историей Исхода из Египта. Второй — более креативным, смешным, индивидуальным. Одна группа организовала игру-шоу, где гостями были четверо сыновей, другая устроила представление, по ходу которого участники представляли разную еду, которую подают на седер.

На этих мастер-классах мы больше занимались практикой, чем теорией. Например, студентов обучили проводить «сокращенный седер» для взрослых и детей, которые не смогут высидеть полную церемонию. Проводился и «короткий седер» для малышей, с упором на песни и развлечения. Кроме того, спланировали и «совсем короткий седер», включавший в себя обрядовый минимум — для больных, которые не могут выйти из дома. Умение адаптировать седер под нужды конкретной аудитории — очень важный элемент планирования седеров для разных общин.

Конгресс студенческих лидеров состоялся сразу после семинара по Песаху в «Поречье». Директора «Гилеля» в Москве, Санкт-Петербурге и Киеве отобрали двадцать студенческих лидеров из своих городов в качестве координаторов: эти ребята отвечали за логистику, проводили некоторые семинары и *биркат-амазон* после еды — в целом следили, чтобы все шло гладко. Участники получили по экземпляру сборника инструкций «Гилеля» под названием «Все в ваших руках», куда вошли тридцать разных сценариев седера и предложения по проведению программ, которые студенты могут организовать в центрах «Гилеля» у себя дома.

Одним из новых участников конгресса стал доктор Морис Крихели; он приехал из Тбилиси в составе группы из шести студентов. Морис — стоматолог и при этом музыкант свадебного оркестра, живой пример того, что прокормиться можно, только работая сразу в нескольких местах. Морис с большим энтузиазмом относился к деятельности «Гилеля» и впоследствии организовал его отделение в родном Тбилиси.

На предыдущих семинарах нам не слишком хорошо удавалось привносить в приемы пищи духовный компонент через застольное пение. На сей раз к нам присоединился рабби Моше Шур из «Гилеля» в Квинс-колледже — он пел студентам и играл на гитаре. Удивительно было наблюдать за этой сценой — у меня осталось ощущение, что в один момент что-то «щелкнуло». Вокруг нас так и закипел еврейский дух — студенты колотили кулаками по столам, топали ногами. Хлопая и пританцовывая, они в меру сил начали подпевать, хотя даже не знали слов песен. Потом они взгромоздились друг другу на плечи и пустились в бешеный танец. Я никогда еще не присутствовал при таком выплеске чувств и эмоций. Музыка пробудила в студентах их внутреннюю сущность. Как Моше Шуру удалось так всколыхнуть *руах* — духовность — своим пением? Микрофон почти не работал, на гитаре порвалась струна, но эти мелочи никак не влияли на экстатическое пение и пляски за столом, где песни начали жить своей жизнью.

Еще одной серьезной преградой было неприятие многими студентами из бывшего СССР молитв и обрядов. Московская студентка Мила Вигдорова провела сокращенную службу с музыкальным сопровождением — синтезатором и тамбурином. Одна из студенток из Петербурга показала, как интерпретировать в танце *шма* и *амиду*. А рабби Мордехай Голдберг провел традиционный *миньян* для тех студентов, которые предпочли такой формат.

Среди руководителей семинара был рабби Джо Шонвальд — духовный подъем студентов его поразил. Мало кто из них раньше бывал на Шаббате, однако теперь они были полностью готовы погрузиться в день отдыха, от зажигания свеч до *гавдалы*. Шонвальд был восхищен и сказал, что это исключительное переживание — попасть туда, где люди так истосковались по духовной пище и настолько открыты восприятию религиозного опыта.

Кроме того, рабби Шонвальда поразили таланты студентов из бывшего СССР: «Кто не музыкант, тот художник; если не то и не другое, тогда актер, писатель, костюмер». Студенты действительно были очень хорошо подготовлены в творческом плане и обладали утонченным вкусом — «не испорченным Эм-ти-ви». Телевизор они смотрели мало, а саморазвитие считалось значительной ценностью, так что у всех было время и желание совершенствовать свои способности.

Рабби Шонвальду запомнился вечер, когда он давал духовные наставления студенту лет двадцати с небольшим, приехавшему из промышленной Перми. Студент злился на родителей: о том, что он еврей, они сказали ему всего две недели назад. Рабби Шонвальд спросил у студента, как выглядит его дом. Молодой человек рассказал, что знакомые собираются у них дома, когда у них возникают проблемы на работе — они боятся лишиться места или происходит еще что-то неприятное. Родители его всегда помогали тем, кто в беде, собирали деньги для семей умерших рабочих, заботились об их родственниках. Рабби Шонвальд разъяснил студенту, что родители всю жизнь прививали ему еврейские ценности, хотя правильное наименование для этих ценностей он узнал только сейчас. По сути, почти вся его жизнь строилась на еврейских ценностях, почерпнутых от родителей. Под конец ночи, когда уже вставало солнце, они сошлись на том, что родители его «виноваты, но не заслуживают осуждения», поскольку объявить себя евреем в Перми значило серьезно повредить своей жизни и карьере.

Вечер пятницы оказался особенно насыщенным в духовном плане: участников разделили на группы, чтобы они могли творчески подойти к зажиганию свеч. Вся территория буквально сияла духом Шаббата. В пятницу вечером доктор Сеймур Эпстайн и рабби Моше Шур провели специальное действо, построенное вокруг «Иерусалима-3000» — празднования трехтысячной годовщины того дня, когда царь Давид объявил город столицей своего царства; звучали песни и рассказы о священном городе и его долгой истории.

В «Гилеле» на территории бывшего СССР сложился собственный *нусах* для вечерней пятничной службы, с использованием для молитв вариаций на тему музыки, написанной рабби Шломо Карлебахом. Рабби Шонвальд называет это «достойной данью» памяти Карлебаха, который в 1960 году приехал в СССР, чтобы попытаться сделать все возможное для своих братьев, страдавших под игом коммунизма. Карлебах был одним из вдохновителей еврейского возрождения в бывшем СССР, так что использование его музыки по ходу праздничных служб теперь, много лет спустя, представлялось уместным и одухотворяющим. Все сотрудники «Гилеля» сходятся в том, что именно с помощью музыки можно достучаться до душ тех, кто еще не понимает слов молитв, так что мелодии Карлебаха мы считаем мощным инструментом.

Утром Шаббата я провел службу и, чтобы познакомить студентов с Торой, полностью развернул один из свитков и буквально обвил им студентов. После этого я провел с ними «пешеходную экскурсию» по Торе: «Вот история Ноева ковчега; вот здесь Аврааму повелевают принести в жертву сына своего Исаака, вот история Иосифа» и пр. Я рассказал о том, как устроен свиток Торы: про писцов, пергамент, тушь. Научил студентов благословениям, которые произносят перед алией к Торе, и пригласил всех подойти к биме для алии. Все собрались под одним развернутым *талитом*. После каждой алии я спрашивал имя студента или студентки и имена их родителей, чтобы прочитать *ми-шиберах*, благословение семьи. Церемония прошла очень трогательно, никто не остался равнодушным.

Мы воспользовались этим мероприятием, чтобы связаться с другими еврейскими организациями в бывшем СССР, обсудить возможность совместной деятельности ради достижения общей цели. Мы были приятно удивлены, что на наш форум на зимнем конгрессе прибыли 45 руководителей всевозможных еврейских организаций — некоторые проделали ради этого очень долгий путь. Главный раввин Украины рабби Яаков Блейх и Аркадий Монастырский, вице-президент Совета украинских еврейских общин, всю ночь добирались из Киева. Были здесь и представители «Джойнта» со всего бывшего СССР. Своим присутствием нас также почтили председатели Европейского союза еврейских студентов и Всемирного союза еврейских студентов, руководитель российского отделения Еврейского агентства, представитель израильского посольства, делегаты от реформистской, консервативной и ортодоксальной общин.

Я поприветствовал уважаемых гостей и описал «Гилель» как шатер, открытый со всех сторон, — в нем рады всем организациям и всем людям, которые представляют широкий диапазон еврейской религиозной и культурной жизни. Кроме того, я напомнил, что одна из целей «Гилеля» — вовлекать студентов в жизнь общины. Рабби Джоэл Осеран, руководитель реформистских программ в бывшем СССР, отметил, что впервые за семь лет его работы в регионе представители разных религиозных течений, а также местных организаций собрались вместе. «А собрались они потому, что "Гилель" оказывает значительное влияние на еврейскую жизнь в бывшем СССР. "Гилель" несет сюда послание *клал-Исраэль* — желание сотрудничать со всеми, кто стремится строить и развивать еврейскую жизнь на постсоветском пространстве». Форум оказался впечатляющей и продуктивной встречей влиятельных еврейских лидеров, он показал, что «Гилель» становится одной из действенных сил в возрождающейся еврейской жизни бывшего СССР.

По ходу форума имел место один занятный эпизод. Кто-то упомянул про «чудо» возрождения еврейства в бывшем СССР. Заместитель координатора специальных проектов «Джойнта»

Ирина Асташкевич запальчиво ответила: «Я не животное в зоопарке. Мы — не чудо». Для евреев из бывшего СССР их пробуждение — лишь жизненный этап: безусловно, это новая глава их жизни, и все же часть этой самой жизни; им не нравятся охи и ахи посторонних, которые смотрят на них как на какие-то диковинки.

Кроме того, этот семинар стал первым нашим мероприятием в бывшем СССР, которое мы попытались придать широкой огласке. Еврейское телеграфное агентство и газета «Форвертс» прислали на конгресс своих представителей. Одна из израильских русскоязычных радиостанций и радиостанция «Кол Исраэль» взяли интервью у Жени Михалевой. В ежедневном новостном бюллетене Еврейского телеграфного агентства говорилось, что после распада СССР лидерами еврейских общин, как правило, становились люди за сорок, однако после открытия отделений «Гилеля» в регионах заметно возросло участие в еврейской общинной жизни студентов. Кроме того, в статье цитировались слова Леонида Гельфмана, двадцатитрехлетнего аспиранта-филолога и школьного учителя русского языка из Петербурга, отвечавшего за издание газеты санкт-петербургского «Гилеля» «Дварим»: «Мне важна возможность сочетать еврейские и профессиональные интересы». Михаил Губенко, двадцатилетний студент-социолог из Киева, глава группы студентов, проводивших Шаббаты и праздничные программы для пожилых евреев, отметил, что «традиционные роли поколений поменялись: внуки зачастую просвещают бабушек и дедушек в еврейских темах, разговаривая о том, о чем тем запрещалось говорить при советском режиме». Журналист спросил у нескольких студентов из «Гилеля», собираются ли они остаться в бывшем СССР или уехать. Ответы были самыми разными, от «уедут все» до колебаний и тех, кто считал, что их место в родном городе. Леонид Гельфман заявил: «Мое будущее здесь, в России». Один из студентов с Дальнего Востока заметил, что благодаря существованию еврейского студенческого движения те, кто решит остаться, всегда смогут «заявлять о себе как о евреях».

Кишинев

Кишинев, столица Молдовы, известен как место, где происходили страшные погромы, результатом которых стало пробуждение еврейского самосознания, изменившее историю еврейства.

Песах в Кишиневе в 1903 году стал поворотным моментом в жизни евреев Российской империи. А вот в предшествовавших ему событиях не было, увы, ничего нового: был найден труп мальчика-христианина, воспоследовал кровавый навет на евреев — их обвинили в использовании христианской крови для выпекания мацы; после этого разразились необычайно жестокие погромы. Даже в невмешательстве полиции и полуофициальном науськивании погромщиков не было ничего нового. Новым оказалось решение кишиневских евреев организовать самооборону. На вторые сутки трехдневной бойни, по ходу которой 51 человек погиб, около 500 было ранено, а собственности евреев причинен колоссальный ущерб, около ста вооруженных палками мужчин-евреев собрались на новой Рыночной площади с целью защитить себя и свое имущество от перегруппировавшихся погромщиков. В первый момент им удалось оттеснить толпу, но потом вмешалась полиция (ничего не делавшая накануне для того, чтобы защитить евреев) — бойцов самообороны рассеяли, некоторых задержали, а погромщикам снова дали полную свободу действий; в результате погибших оказалось гораздо больше, чем накануне.

Этот полусанкционированный погром вызвал негодование во всем мире, однако было у него одно положительное следствие. Кишиневские евреи поняли, что способны себя защитить, тем более что ждать этого от властей не приходилось. Притом что царь запретил организацию групп самообороны, евреи по всей черте оседлости начали создавать такие формирования. Они успешно функционировали в Киеве, Одессе, Кишиневе, других городах. Кишиневские события заставили российских евреев понять, что XX век не внесет никаких изменений в их судьбы, если только они не возьмут собственное будущее в свои руки. Из крови и пепла Кишиневского погрома фениксом восстало новое еврейское самосознание, пронизанное пламенным идеализмом *халуцев* — первопроходцев, которым суждено было заложить основы еврейского государства на своей древней родине.

Через 94 года после тех страшных погромов, пережив немецкий геноцид и коммунистический гнет, многострадальная кишиневская община оказалась плодотворной почвой для возрождения еврейского духа. К концу 1990-х годов у студентов сформировалось еврейское самосознание, они демонстрировали готовность трудиться ради построения будущего собственной еврейской общины. Одним из проявлений такой готовности стало основание отделения «Гилеля» в Кишиневе.

К началу 1997 года центры «Гилеля» уже функционировали в Москве, Петербурге, Киеве и Минске. Кроме того, неформальные его отделения существовали в Харькове и Львове на Украине, в уже упомянутом Кишиневе, а также в Саратове, Самаре и Смоленске. В каждом имелось ядро из примерно пятидесяти студентов, плюс еще несколько сотен посещали те или иные мероприятия. Регулярно отмечались Шаббат и праздники, выходили студенческие листки, действовали образовательные и досуговые программы. Отделения «Гилеля» постепенно возникали и в других общинах на Урале, в Сибири и в Одессе. Все они были организованы при общинах, а не при университетах и по большей части зарождались «снизу», при поддержке профессиональных советников «Гилеля» из Иерусалима, местных представителей «Джойнта», сотрудников «Гилеля» из Москвы, Петербурга и Киева. Я ездил в различные общины на территории бывшего СССР почти каждые три-четыре недели — подбадривал, поддерживал, совместно с местными лидерами выстраивал систему «Гилеля» в бывшем СССР.

Вопреки скептицизму тех, кто не хотел вкладывать ресурсы, время и усилия в страну, откуда «все евреи уезжают», реальность была такова: хотя все больше евреев переселялось из бывшего СССР в Израиль и другие страны, равное их количество выходило из тени и осознавало свое еврейство — в советские времена многие попросту боялись это делать. В советский период люди самыми разными способами пытались облегчить участь своих детей, свою собственную, обезопасить себя — многие родители сообщили своим детям о том, что они евреи, лишь когда это стало безопасно. Детей это открытие, как правило, поражало. «Гилель» был местом, где они могли выражать свою новообретенную еврейскую идентичность, а также узнавать о том, в чем заключается значимость их нового «я».

Ознакомительная поездка

В конце лета 1997 года я возглавил ознакомительную поездку представителей «Джойнта», членов попечительского совета «Гилеля» и его штатных сотрудников в центры «Гилеля» в бывшем СССР. Среди участников были генеральный директор всемирного «Гилеля» Ричард Джоель, вице-президент по развитию Херб Тобин, исполнительный директор Фонда Шустерманов Сэнди Кардин, Джонатан Порат и Ашер Острин из «Джойнта», а также другие. Куда бы мы ни приезжали, нас встречали студенты с плакатами «Да здравствует еврейское возрождение», приветствовали нас объятиями, красочными букетами, душевной теплотой. Студенты из «Гилеля» с энтузиазмом показывали посетителям свои города, центры «Гилеля», тамошние программы. На каждой остановке делегаты видели приметы возрождения еврейской жизни.

Скотт Ричман, нью-йоркский сотрудник «Джойнта», отвечавший за деятельность в бывшем СССР, цитировал рассказ Джонатана Пората про студентов-европейцев на Конференции Европейского еврейского студенческого союза, проходившей в Португалии. Европейцы сетовали на апатичность молодых евреев в Европе, и им было предложено попробовать развернуть некоторые из тех программ, которые «Гилель» проводит в бывшем СССР. Европейцы воскликнули: «Да, им-то легко. В бывшем СССР столько энтузиазма, рвения. У нас так, как у них, не получится». Это наглядно свидетельствует о том, сколь многого студенты из бывшего СССР достигли к 1997 году, притом что всего тремя годами ранее большинство из них вообще не представляло себе, что такое еврей.

К моменту нашей поездки в состав «Гилеля» уже входило харьковское отделение, а в Кишиневе, Львове, Екатеринбурге, Тбилиси, Самаре, Саратове и Смоленске работали приглашенные координаторы, которые подготавливали почву для создания полномасштабных центров. Помимо этого, студенты уже создали неофициальные представительства «Гилеля» в Иркутске, Хабаровске, Омске, Одессе, Черкассах, Запорожье и Днепропетровске.

По всему бывшему СССР студенты становились для евреев всех возрастов проводниками в новую еврейскую жизнь. Самым наглядным тому примером служит проект «Песах», который и по сей день объединяет детей, родителей, бабушек и дедушек. Мы также запустили еще один похожий проект с целью вернуть евреям Шаббат. В минском «Гилеле» открылась воскресная школа для детей, а также начал действовать проект «Память», в рамках которого студенты брали интервью у выживших в холокосте, записывали их воспоминания. В московском «Гилеле» открылся родительский клуб, там оказывали поддержку родителям студентов из «Гилеля», которым было любопытно, чем это таким занимаются их дети, когда торчат в «Гилеле» до одиннадцати вечера; следующим шагом для родителей — членов этого клуба — могло стать посещение концерта «Гилеля», или *каббалат-шаббат*, или выступления израильского танцевального ансамбля. Кроме того, все центры «Гилеля» были открыты для 15–17-летних: их привлекали к разным мероприятиям еще до того, как они достигали студенческого возраста.

Участники поездки присутствовали при праздновании второй годовщины «Гилеля» в Петербурге. Празднование началось со спектакля «История еврейского народа от сотворения до наших дней», где была сцена, в которой Сталин заковывает евреев в кандалы, пока они поют традиционные советские песни о свободе. Юбилейный праздник посетило свыше 150 студентов — он состоялся в концертном зале хеседа «Авраам».

Ричман отметил фундаментальное отличие студентов «Гилеля» в бывшем СССР от их американских сверстников:

> В американских университетах студенты приходят в «Гилель» с заранее сформировавшимся представлением о том, что они будут делать и чего от них ждут, а потом стараются соответствовать этим ожиданиям. В бывшем СССР, напротив, студенты приходят с *tabula rasa* и сами формируют по ходу дела эти ожидания. Они анализируют, пробуют, обсуждают, решают, что для них — молодых людей, выросших в обществе, нетерпимом к организованной религии, — особенно важно. <...> В этой связи... их единение и преданность делу даже сильнее, чем у студентов из диаспоры, поскольку эти чувства идут изнутри, создаются их собственными силами.

* * *

Когда участники поездки прибыли в только что открывшийся центр «Гилеля» в Минске, студенты рассказали им про кружок изучения иврита, театральную студию, воскресную школу для маленьких, туристский клуб. Они не упомянули празднований Шаббата, а на прямой вопрос ответили, что это настолько обыденная, стандартная вещь, что о ней и говорить-то не стоит. К 1997 году в Минске, городе, где до холокоста проживало 80 тысяч евреев — большинство из них было уничтожено, — сохранилась только одна синагога — напоминание о когда-то многочисленной общине. Студентам из «Гилеля» предстояло сыграть важную роль в возрождении местной общины.

Когда участники поездки улетали домой из московского аэропорта, около десяти студентов из «Гилеля» во весь голос запели: *«Хевейню шалом-алейхем»*. Я так и ждал, что на нас бросится КГБ — ведь дело происходило в центре московского аэропорта. Но никто не бросился, никто нам ничего не сказал. Кажется, никто на нас даже и не смотрел. Можно ли было вообразить себе такую дерзость всего пятью годами ранее? Я бы не смог. Но эти студенты ничего не боялись, они смело и гордо заявляли о своей еврейской идентичности участникам поездки, Москве и всему миру.

Проект «Песах» 1997 года

Уже в октябре 1996 года, до зимнего конгресса, на котором мы собирались проводить пасхальное обучение, сотрудники «Гилеля» и «Джойнта» начали подготовку к Песаху-1997.

Наши сотрудники из Иерусалима написали подробный сценарий седера, он был переведен и роздан всем студентам «Гилеля» на соответствующих мастер-классах. В сценарии содержались подробные инструкции для того, кто проводит седер, разъяснялись основы седера, давались варианты подходов к самым разным аудиториям. Кроме того, сотрудники из Иерусалима сделали аудиозапись на русском языке песен, благословений и молитв, которые используются во время седера. Тем временем «Джойнт» выпустил новую агаду, куда вошли традиционный текст, песни для седера с транслитерацией, инструкции по подготовке к Песаху. Линда Пардеис из «Джойнта» стала координатором этого масштабного издательского проекта. Дебби Снайдер, которая тогда работала в «Джойнте», а потом перешла в иерусалимское отделение «Гилеля», организовала рассылку наборов для седера по разным общинам бывшего СССР. Каждый набор включал в себя красивое ритуальное блюдо, два обычных блюда, три бокала для *киддуша*, три покрова для мацы, пятнадцать кип, три бутылки с хреном, пачку свечей и двадцать призов-*афикоманов*. «Гилель» добавил в наборы сценарии седера и кассеты. Общины отвечали за подготовку праздничного стола.

В проекте «Песах» 1997 года приняли участие 240 студентов «Гилеля» из бывшего СССР, которые провели около 250 седеров в 150 с лишним еврейских общинах, всего же в них приняли участие свыше 10 тысяч евреев. Статистика показывала, что число студентов — участников проекта — выросло с прошлого года в три раза, а количество проведенных седеров — в четыре. Студенты посетили, в частности, общины на Камчатке и некоторые сибирские города — и это помимо общин, находившихся неподалеку от центров «Гилеля». Студенты добирались до места самолетом, поездом и автобусом, часто при температурах ниже нуля, иногда проводили седеры в неотапливаемых помещениях, куда местные жители приходили справлять праздник. Седеры проводили в домах культуры, школах, центрах «Гилеля», сараях, спортзалах, в «Теплых домах» (в квартирах по всему городу — в рамках спонсируемой «Джойнтом» программы для пожилых) и на дому у тех, кто не может выходить.

В Петербурге студенты из «Гилеля» провели седер примерно для 25 человек, выживших в холокосте. В страшном волнении они выслушивали истории о том, как евреи пытались справлять Песах в гетто. Такие и похожие воспоминания жизненно важны для студентов-евреев, у которых почти нет собственного еврейского самосознания.

Благодаря гранту Объединенного еврейского призыва 26 студентов из Северной Америки, проходивших годичную программу в Школе Ротберга для иностранных студентов в Еврейском университете, тоже смогли принять участие в проекте «Песах» в бывшем СССР.

* * *

Трое студентов из Университета Питтсбурга, членов «Гилеля», присоединились к московским студентам. По ходу седера, который все они проводили в Ярославле, маленькая девочка попросила показать ей то, чего она никогда не видела: кусочек мацы.

Перед отъездом из Израиля на Украину Тара Загофски из Аллентауна в Пенсильвании попросила включить ее в группу, которая поедет в Львовскую область, поскольку ее дедушка — он на тот момент болел и лежал в больнице — был родом из Буска подо Львовом. Тара была тронута, что смогла увидеть и Львов, и Буск — и тем самым ощутить особую связь с дедом. По возвращении в Израиль для продолжения своей годичной учебной программы она узнала от матери, что дедушка ее скончался на Песах, когда она была на Украине. Для Тары, и так уже одухотворенной посещением родного города дедушки, теперь воспоминания о поездке приобрели особый смысл.

Уже после всех событий, связанных с празднованием Песаха, американский участник программы Марк Гудман сказал сотрудникам «Гилеля», что к нему в Израиль, где он тоже учился, приезжал отец и они вместе посетили Яд Вашем. В Долине уничтоженных общин Марк обнаружил все три города, в которых только что побывал на Украине. Он осознал, что только что проводил седер в «уничтоженных» общинах, которые на самом деле исчезли не навсегда.

Хавива Коэн из Хэмдена в Коннектикуте сказала про бывший СССР: «Когда-то здесь тебя могли убить за то, что ты еврей; теперь принадлежность к еврейству может спасти тебе жизнь». Она имела в виду помощь, которую еврейские организации оказывали пожилым людям: случалось, что лишь эта помощь и помогала им выжить.

Наоми Варшавски из Сент-Луис-Парка в Миннесоте, студентка Университета Брауна и участница проекта «Песах», так суммировала свои украинские впечатления:

> Мне рассказывали истории о выживании, невыносимой бедности, советском угнетении, гибели близких, исчезновении общин по причине смешанных браков и отъездов, и это помогло мне понять, какой легкой была моя собственная жизнь. <...> Люди, с которыми я встречалась... научили меня ценить все то, чему я научилась и что получила. Теперь у меня новая миссия: не забыть о них и приехать снова. <...> Ведь я знаю, что, если бы мои родные не уехали отсюда 100 лет назад, я могла бы быть одной из этих украинок и радоваться своему истинному освобождению.

Давид Москович из Торонто так описывает свой незабываемый Песах на Украине:

> Люди трех поколений с нетерпением ждали нашего приезда. Старшее поколение выглядело очень солидно в костюмах, глубокие морщины у глаз свидетельствовали о жизни, полной страданий. Они обнимали нас и благословляли, пытались общаться на идише. Когда они слышали забытые мелодии и слова своей юности, у них загорались глаза, по щекам текли слезы. Среднее поколение, родившееся и выросшее при советском режиме, пришло в основном посидеть

и посмотреть. Коммунизм лишил большинство из них еврейских ценностей и традиций, которые родители их сберегли в своем сердце. Тем не менее, когда мы рассказывали историю Исхода, они поднимали глаза, хмурились — будто им близка тема рабства наших предков. А когда мы пели «Дайену» и «Авадим хаину», они хлопали в такт и пытались подпевать. Встреча с молодым поколением стала, с одной стороны, самым неожиданным, а с другой — самым значимым и обнадеживающим эпизодом моей поездки. Всего шесть лет, как поднят «железный занавес», а в бывшем СССР уже полным ходом идет еврейское возрождение. Дети младше десяти лет, подростки и молодежь пришли учиться, демонстрировать свои знания, проникаться иудаизмом. <...> Мне никогда не забыть сотни евреев, которые в этом году смогли справить Песах благодаря моему еврейскому образованию. Их улыбки, слезы, их радость останутся со мной навсегда. Только оказывая им помощь, я наконец-то смог с уверенностью и без колебаний сказать себе, что горжусь тем, что я еврей.

Минск

История минского «Гилеля» и положение в нем в конце 1997 года служат ярким примером того, какие проблемы стояли перед центрами «Гилеля» по всему бывшему СССР. В конце 1996 года Женя Золотник совместно с Зевом Абрамсоном из «Джойнта» создал из местных студентов группу «Гилеля». Женя составил расписание регулярных мероприятий, однако целый ряд факторов помешал тому, чтобы его весьма успешная программа стала известна за пределами его родного города. Во-первых, Женя — очень тихий человек, даже когда говорит на родном русском языке, а ни английского, ни иврита он не знал; соответственно, для общения с сотрудниками из Иерусалима ему требовался переводчик. В офисе «Гилеля» не было ни электронной почты, ни факса, это еще больше затрудняло общение. Отчеты присылались с большим опозданием. В итоге, хотя минский центр «Гилеля» работал весьма успешно, помимо Минска о нем не знали почти нигде. Женя стал полноценным сотрудником «Гилеля» в июне 1997 года, а в ноябре я приехал в Минск с целью наладить коммуникацию между двумя офисами. Я сказал Жене: ты как директор, в частности, должен сделать так, чтобы о минском «Гилеле» и его замечательной программе узнали повсюду.

По ходу наших разговоров в Минске была поднята важная тема. Должен ли «Гилель» быть организацией, проводящей серьезные еврейские мероприятия, или просто местом, где молодежь может встречаться и общаться? В Минске для первого, в частности, не хватало места: в нашем распоряжении было всего два зала, то есть одновременно можно было проводить всего два мероприятия, в том числе и с целью общения. Руководители попробовали пойти на такой компромисс: после службы вечером в пятницу одно помещение использовали для общения, другое — для дискуссий. Мы сошлись на том, что хотя общение — очень важный фактор, но задача «Гилеля» в том, чтобы организовывать более осмысленные программы. Кроме того, «хотя водку любят все», мы с Женей решили, что в нашей среде употребление алкоголя недопустимо. «Гилель» в бывшем СССР — это территория еврейского просвещения, отмечания праздников, распространения еврейской культуры. «Дружба и товарищество важны для "Гилеля" в бывшем СССР, но самих по себе их недостаточно». Женя не хотел, чтобы группа его подстраивалась под «наименьший общий знаменатель»; он собирался создавать для своих студентов еврейские программы, задача которых — не просто «познакомиться».

Исполнительный комитет минского «Гилеля» получил очень подходящее название «инициативной группы». Приезжие делегаты сперва встретились в местной синагоге за ужином, который проводили мы с Джонатаном Поратом. Джонатан говорил о том, как важно привлекать к нашей деятельности все новых студентов, особенно совсем молодых, еще не определившихся. Инициативная группа считала, что все, кто приходит на мероприятия «Гилеля», захотят участвовать в планировании и проведении его программ, однако мы с рабби Поратом заметили, что лучше открыть «Гилель» для всех студентов, а не только для элиты, — пусть приходят и те, кто просто хочет пообщаться.

Гриша Абрамович — прирожденный религиозный лидер, способный за считаные минуты создать обстановку серьезности, *кедуши* и непринужденного еврейского дружества, провел *каббалат-шаббат*. Студентов очень заинтересовали службы, они приняли в них активное участие, внимательно выслушали серьезную *двар-Тору*. Впоследствии я писал: «Я посещал много служб *каббалат-шаббат*, которые проводили студенты "Гилеля", но ни на одной не был так тронут». По ходу Шаббата зашел разговор о том, что в Минске трудно найти кошерное вино; оно продается только за американские доллары. Когда об этом было упомянуто на конференции директоров «Гилеля» в Рае, штат Нью-Йорк, группа сотрудников, с которой я совместно молился, решила собрать *цдаку* и передать в минский «Гилель», чтобы там было на что приобрести субботнее вино.

Женя рассматривал возможности открытия центров «Гилеля» в Бресте и Могилеве. В Бресте уже было ядро из 25 студентов, которые время от времени собирались на *каббалат-шаббат* и праздничные программы. Группа возникла по инициативе Прогрессивного еврейского движения и действовала самостоятельно под руководством Яны Тирасик и благодаря помощи из Минска, от Жени. В Могилеве сложилась группа студентов, которую возглавляли Таня Левина и Саша Аврум; там были студенты, не собиравшиеся совершать алию, но хотевшие считаться евреями, — Женя с радостью оказывал им поддержку, пусть группа и не могла превратиться в полноценный центр «Гилеля».

Харьков и Одесса

Чтобы понять, как на Украине возникали центры «Гилеля», нужно вспомнить историю тамошних евреев. 1880-е годы в Российской империи стали периодом гражданского и политического брожения: произошло убийство царя революционерами, а за ним — погромы и официально санкционированная дискриминация евреев. В 1882 году студент-еврей из Харькова по имени Израэль Белкинд пригласил к себе домой группу сверстников — они обсуждали положение российских евреев. В результате возникла организация, получившая название «Билу» — акроним *«Бейт Яаков лху ве-нелха»* («О, дом Иакова! Придите, и пойдем (во свете Господнем)» — Исайя 2:5). Поначалу «Билу» занималась развитием еврейского самосознания, но скоро перешла на позиции сионизма и стала пропагандировать незамедлительное возвращение в Израиль — на родину евреев.

Первое отделение «Билу» находилось в Харькове, во главе его стоял Белкинд, а его численность превосходила 500 человек. *Билуим* намеревались уехать в Израиль, освоить тамошние земли с целью получения политической независимости — с применением, если понадобится, военной силы. В итоге штаб-квартира движения была перенесена в Одессу — именно оттуда *билуим* планировали отплыть в Святую землю. С 1882 по 1884 год около 53 членов группы уехали в Израиль. В первое время они в основном работали в сельскохозяйственной школе «Микве Исраэль» в Ришон-ле-Ционе или в Иерусалиме, а в декабре 1884 года образовали собственное поселение, Гедеру; некоторые из них стали видными общественными деятелями зарождающейся страны.

В чем непреходящее значение «Билу»? «Билу» стала одним из первых глашатаев сионизма — движения, которое повлияло на жизнь евреев во всем мире. Молодые люди начали публично заявлять: «У нас есть родное место в этом мире. Мы должны трудиться, чтобы оно расцветало». Сто с лишним лет спустя молодежь из украинских Харькова и Одессы, равно как и из других городов, воодушевленная теми же идеями, снова встала во главе еврейского возрождения, оказав огромное влияние как на свои общины, так и на весь еврейский мир.

После долгих лет борьбы советской власти с религией в 1995 году одесская еврейская община начала возрождаться — были созданы еврейская воскресная школа, еврейская школа «Тали», Клуб интеллектуальных дебатов, еврейская библиотека, Университет еврейской культуры. Возглавил его Геннадий Кацен, а его задачей было пробуждение еврейского самосознания, просвещение по вопросам иудаизма и еврейской истории, воспитание общинного духа у одесских евреев. К 1997 году несколько студентов из Одессы посетили подмосковные зимние семинары «Гилеля», молодые люди получили представление о нашей организации. Одновременно директор одесского еврейского общинного центра «Мория» принял участие в лидерской программе имени Мелтона в Иерусалиме. Там мы и познакомились. Благодаря всем этим контактам, а также самоотверженности и поддержке Кацена студенческая группа из Одессы смогла в 1998 году превратиться в полноценный центр «Гилеля». Первым его директором стал Геннадий Тартаковский.

8
Трудности и достижения

Следующие две главы я посвящу рассказу о том, с какими основными трудностями пришлось столкнуться нашим сотрудникам по мере роста «Гилеля» в бывшем СССР. Да, не обошлось без ошибок, и тем не менее успехи превзошли все наши ожидания: мы создали организацию — некоторые называют ее движением — благодаря деятельности которой свыше десяти тысяч молодых людей по всему бывшему СССР научились испытывать радость и гордость из-за того, что они евреи. Кроме того, эти молодые люди часто вовлекали в еврейскую жизнь своих близких и дальних родственников — то есть «Гилель» оказал влияние на куда более широкий круг людей. Самые наши благие усилия оказались бы тщетными, если бы в наших рядах не было преданных своему делу профессионалов и студенческих лидеров. Мы многим им обязаны — и нашим коллегам из Иерусалима, и их соратникам из бывшего СССР, в особенности Жене Михалевой и Осику Аксельруду.

Кто является евреем?

На протяжении 13 лет, с 1972 по 1985 год, я был духовным лидером консервативной общины в калифорнийском Сакраменто. Среди прочего я вел занятия на курсах для новообращенных — эти курсы окончили сотни обратившихся в иудаизм; тем самым мы приветствовали в своих рядах новых полноценных представителей еврейского народа.

Согласно традиционному еврейскому закону, человек может считаться евреем только в том случае, если мать его является галахической еврейкой. Другим путем является гиюр (переход в иудаизм), однако евреи никогда не стремились привлекать «гоев» в свои ряды и принимают только тех, кто демонстрирует высокую мотивацию, искреннее желание и целеустремленность в деле усвоения нашей веры.

После того как кандидат на обращение успешно проходит учебную программу и демонстрирует готовность выполнять еврейские практики и обязанности, наступает черед следующего этапа гиюра. Над мужчинами совершается обрезание, а если они уже обрезаны — символическое кровопускание. После этого все новообращенные, и мужчины, и женщины, погружаются в ритуальную купальню — микву. После исполнения всех этих процедур обращаемый предстает перед раввинистическим судом для последнего собеседования и принятия в лоно еврейской веры и народа. После того как новообращенный вступает в ряды еврейского народа, он считается полноценным евреем со всеми теми же правами, обязанностями и обязательствами, что и галахический еврей.

На протяжении своей карьеры раввина я досконально придерживался буквы закона и совершал обращения строго в русле нашей традиции. Я решительно возражал против любых определений и трактовок вопроса, кто является евреем, отступающих от этой освященной временем традиции.

Опыт деятельности в бывшем СССР заставил меня пересмотреть и переосмыслить мое отношение, что повлекло за собой полный переворот в мировоззрении. Я не выступаю за изменение закона о том, кто является евреем, и не ратую за отмену жестких требований к обращению, однако убежден, что студентов с еврейскими корнями, пусть даже и не галахическими, которые считают себя евреями и декларируют намерение стать частью еврейского народа, должен ждать радушный прием в нашей общине.

Что делает человека евреем? Чтобы ответить на этот вопрос, нужно вернуться во времена возникновения еврейского народа, а именно — к Исходу из Египта. Именно тогда народ Израиля заявил о себе как о свободной и независимой общности. Мы стали народом, хотя у нас еще не было ни земли, ни Торы. Большинство из нас были маловерами, по большей части — идолопоклонниками, которые даже не соблюдали завет обрезания. Наша коллективная идентичность определялась нашим стремлением заявить о своей принадлежности к народу Израиля.

Это стремление подверглось испытанию в Египте во время последней напасти, направленной на первородных. В те дни, чтобы отделить себя от участи египтян, нужно было нанести метку на косяк двери своего дома. Принадлежность к народу Израиля определялась тем, готов ли человек к такому самоопределению. Этот поступок и служит ответом на вопрос, кто является евреем.

Во времена египетского плена принимать это решение нужно было только потомкам Иакова; впоследствии еврейская традиция открыла путь в лоно еврейского народа и новообращенным, и на этом этапе вновь было утверждено, что желание стать евреем — необходимое условие для данного шага.

Наши раввины учат нас, что, если современный человек хочет стать прозелитом, ему нужно задать такие вопросы: «Какие причины толкают вас на то, чтобы стать прозелитом? Знаете ли вы, что в настоящий момент народ Израиля подвергается гонениям и угнетению, нас презирают, мучают, нас ожидают бедствия?» Если он ответит на это: «Знаю, но недостоин», его можно принять, не раздумывая. Соответственно, что объединяет нас как евреев? Наша верность решению быть частью еврейского народа.

У сотрудников «Гилеля» никогда не было ни возможностей, ни навыков, чтобы проводить службы в ознаменование событий жизненного цикла — рождений, браков и смертей, в связи с которыми требуется жесткая галахическая дефиниция того, кто является евреем. Роскошь не иметь дела с такими вещами давала нам свободу вовлекать в наши программы всех людей с еврейскими корнями, сделавших выбор в пользу принадлежности к нашему народу. Чтобы до конца вникнуть в исторический смысл вопроса, кто является евреем, нужно понять сущность механизмов выживания, которые были жизненно необходимы нашему народу в долгий период изгнания из родной земли.

Механизмы выживания

На протяжении двух с лишним тысяч лет изгнания из земли предков еврейская жизнь определялась наличием очень развитых механизмов выживания, которые помогали нам не утратить свою особую веру и свое единство как народа. Один из таких механизмов — сохранение целостности еврейского народа через институт брака евреев с еврейками. Еврейский брак считается священным, санкцию на него дает сам Всевышний — раввины учат, что Господь является деятельным посредником в деле соединения брачными узами двух евреев. На всем протяжении нашей истории смешанные браки считались зазорными, ущербными, ибо шли вразрез с волей Господа. Если еврей все-таки вступал в смешанный брак, родные его отсиживали *шиву* — традиционный семидневный траур — по своему ребенку-бунтарю. С таким человеком обрывали всяческие контакты, его подвергали остракизму, вычеркивали из истории семьи и еврейской общины и навеки объявляли умершим. Смешанный брак считался великим позором и стыдом для всей родни. Соответственно, до современного периода, когда отношение стало куда более терпимым, смешанных браков в еврейских общинах было мало.

Коммунистический гнет успешно уничтожил те скрепы, которые объединяли евреев в советских республиках. Синагоги закрыли, еврейские школы объявили вне закона, события жизненного цикла, такие как ритуальное обрезание и бар-мицва для мальчиков, были запрещены, равно как и браки, совершаемые раввинами посредством традиционной брачной церемонии под хупой. Даже погребение в традиционном белом саване, на еврейском кладбище, было объявлено незаконным, за это наказывали. Неудивительно, что механизмы выживания, которые на протяжении сотен лет обеспечивали единство еврейского народа, рухнули под давлением семи с небольшим десятилетий коммунистической тирании. Еврейские кварталы больших городов прекратили свое существование, местечковая жизнь лишилась основных общинных якорей, каковыми являлись синагоги, школы и миквы. То, что еще один важнейший и священный институт еврейского народа также рухнет и распадется, было лишь вопросом времени. Браки между евреями и неевреями стали нормой, рождались дети с непонятной идентичностью. «Гилель» сделался неотъемлемой частью реальности бывшего СССР, так что нашим сотрудникам пришлось принимать в расчет и эти проблемы, стоявшие перед еврейской общиной.

Магнит

В начале 1990-х годов «Гилель» стал магнитом, притягивавшим молодых евреев, а с ними и людей, имевших крайне слабые связи с еврейской средой, но стремившихся вновь открыть для себя наследие, которого были лишены они и их родители. К «Гилелю» тянуло и неевреев, поскольку там происходило общение, в других местах недоступное. Некоторые искали подходы к тому, что считали исконной и подлинной верой; других «Гилель» привлекал, поскольку там можно было встречаться с культурными и образованными сверстниками.

Мой первый опыт общения с неевреями в «Гилеле» относится к тому времени, когда мы открывали программу по подготовке к проведению Песаха в 1996 году в Петербурге. Трое из представителей киевского «Гилеля» на этой программе оказались неевреями. Евреи — участники программы, равно как и приславший их директор «Гилеля» не видели ничего зазорного в том, что неевреи получат возможность поучаствовать в проекте «Песах». Наши пояснения, что «Гилель» — это еврейская организация, а не новая разновидность почившего комсомола, они пропускали мимо ушей. Никто, кроме моих коллег по «Гилелю» и «Джойнту», особенно Джонатана Пората, не был готов поддержать исключение неевреев из программ «Гилеля». Я вынужден был надавить авторитетом и однозначно дать понять, что в будущем неевреи не будут допущены к участию в общенациональных и международных программах, спонсируемых «Гилелем». Мы дали четкое определение нееврея: человек, не имеющий еврейских корней.

Лена Сураева, директор отделения «Гилеля» в Днепропетровске, прекрасно справлялась с руководством студентами и вовлечением их в деятельность общины. Все шло хорошо, но в один прекрасный день мне позвонил представитель «Джойнта» в Днепропетровске (нынешнем Днепре) и сообщил, что Лена не еврейка. Она окончила школу любавичского хабада, куда брали только евреев, однако как-то так вышло, что ее зачислили, не проверив документов. Я был ошарашен и крайне огорчен этой новостью. Поговорил с Леной вместе с Йосефом Аксельрудом, который на тот момент был повышен до должности регионального директора украинских, молдавских и белорусских центров «Гилеля». Лена утверждала, что у нее есть еврейские корни: бабушка по отцу — еврейка. Я был готов принять ее заверения, если она представит документы, подтверждающие бабушкину национальность. Требовать документы было обычным делом, поскольку по советскому закону граждане обязаны были хранить все бумаги, определяющие их национальную принадлежность. Представить документы Лена не смогла, и нам, с великим сожалением, пришлось приостановить ее контракт с «Гилелем».

История с В. Ч.

Еще одна схожая история случилась в одесском центре «Гилеля» — он был известен среди отделений «Гилеля» в бывшем СССР своей особой духовностью. Службы *каббалат-шаббат* проходили с большим воодушевлением и привлекали множество студентов; другие праздничные мероприятия и программы тоже пользовались огромной популярностью. Для меня стало шоком, когда я узнал, что духовный лидер одесского «Гилеля» В. С. (полное имя не приводится из соображений конфиденциальности) — не еврей.

В. С. был симпатичнейшим и прекрасно образованным молодым человеком. В студенческие годы он исследовал жизнь евреев черты оседлости в Одесской публичной библиотеке, заинтересовался этим вопросом и вышел на «Гилель», чтобы побольше узнать о евреях. Его приняли дружески, и в «Гилеле» он чувствовал себя как дома. Постепенно он начал брать на себя те или иные лидерские обязанности, участвовать в региональных и национальных учебных семинарах — и в итоге стал признанным и высоко ценимым духовным лидером одесского «Гилеля».

Когда я узнал о ситуации с В. С., я провел с ним длинную беседу, пытаясь понять, что подвигло его на столь деятельное участие в еврейской жизни. Он признал, что считает себя христианином, но с большой радостью общается со сверстниками-евреями, приобщается к их религиозным традициям. В. С. сам сказал, что ему, наверное, не следует проводить службы в «Гилеле», ведь он не еврей. Я спросил, рассматривал ли он возможность обращения в иудаизм, на что он твердо ответил нет. Я поблагодарил его за неоценимый вклад в работу «Гилеля» и развитие еврейской жизни в Одессе и указал, что, если он хочет и дальше участвовать в наших мероприятиях, мы возражать не станем, но мы не можем позволить ему проводить службы и занимать в организации позиции лидера. В. С. проявил понимание, поблагодарил меня за то время, что провел в наших рядах. Впоследствии он весьма конструктивно и позитивно отзывался о нашей беседе в разговорах со сверстниками из «Гилеля».

Однако на этом история с В. С. не закончилась.

Вопрос участия неевреев в деятельности «Гилеля» принял крайне неприятный оборот, когда Игорь Фурер, студент-активист из «Гилеля» в Кишиневе, был назначен временным директором местного «Гилеля» после внезапного и неожиданного отъезда в США основателя отделения Галины Тененбаум. Игорь и Юлия Коганы заполняли вакуум, оставшийся после отъезда Галины, до того момента, когда будет найден постоянный директор. Только приехав в Москву на студенческий конгресс «Гилеля», я узнал, что без моего ведома Игорь написал крайне нетерпимую статью в нашу кишиневскую газету, в которой резко возражал против всякого участия неевреев в деятельности «Гилеля». Газета выходила большим тиражом, статья стала предметом жарких споров и обсуждений по ходу конгресса. Сам я считал, что, хотя вопрос и заслуживает обсуждения, газета для этого — не самое подходящее место. Кроме того, я видел, что статья написана без должной деликатности и тонкости. Особенно меня расстроило то, что Игорь назвал поименно неевреев, работавших в «Гилеле». В качестве примера он привел и В. С. из Одессы, который присутствовал на конгрессе. Я понимал, что статья эта обидела В. С., и предложил Игорю перед ним извиниться. В буквальном смысле указывать на него пальцем было все равно что публично пролить кровь В. С., что несправедливо и не по-еврейски. Игорь извинился, однако вред уже был причинен. Разгорелись страсти — звучали слова как в поддержку позиции Игоря, так и против нее.

Мне нужно было незамедлительно вмешаться, поэтому я поставил всех в известность, что подниму этот вопрос на следующий день в ходе субботнего выступления перед всеми участниками конгресса. На этом конгрессе лидеров присутствовало свыше трехсот студентов и сотрудников «Гилеля», представителей пятидесяти студенческих общин из бывшего СССР. Вопрос об участии неевреев в программах «Гилеля» затрагивал не одну-две общины — он так или иначе вставал во многих (если не во всех) отделениях. В предыдущие годы я неоднократно обсуждал нашу позицию со штатными сотрудниками, однако формулировать ее публично перед столь многочисленной аудиторией пришлось впервые. Когда мы заговорили об этом с сотрудниками «Гилеля» и обозначили свою позицию, многие высказались с крайним предубеждением, заявив, что такой подход недопустим с идеологической точки зрения. Других тревожило, что это может негативно сказаться на взаимоотношениях как внутри «Гилеля», так и в общинах. В тот вечер на моем выступлении присутствовала делегация светских лидеров и профессионалов, представлявших Еврейскую федерацию Кливленда. Мне так и не удалось выслушать их мнение по поводу предмета и их реакцию на те драматические события, которые этот вопрос вызвал на конгрессе, — они вынуждены были уйти на другое мероприятие, пока я отвечал на вопросы. Проблема вышла в бывшем СССР на первый план.

В своем выступлении я выдвинул следующие положения:

> а) «Гилель» — международная еврейская студенческая организация, открытая для всех, кто хочет участвовать в ее программах и мероприятиях.
>
> б) «Гилель» — еврейская организация, созданная для студентов-евреев. Она не ставит перед собой задачи заместить комсомол, куда могли вступать все советские студенты и который был распущен после распада СССР.
>
> в) Задача «Гилеля» — укреплять еврейское самосознание, активно задействовать студентов в процессе еврейского возрождения их общин. Миссия «Гилеля» — «наращивать число евреев, которые будут заниматься еврейскими делами с другими евреями», помогать им устанавливать связи друг с другом, с еврейским народом и его наследием.
>
> г) В «Гилеле» принято широкое и инклюзивное определение того, кто является евреем, — если речь идет об участии в программах. Любой студент, имеющий еврейские корни, может к нам присоединиться. [Штатные сотрудники «Гилеля» не имеют полномочий допускать или не допускать к деятельности на основании Галахи, поскольку они не проводят служб, связанных с жизненным циклом, не участвуют в гиюре и не имеют права подтверждать принадлежность своих студентов к еврейству.]
>
> д) Притом что «Гилель» — организация, предназначенная для студентов-евреев, двери ее открыты и для неевреев; «Гилель» готов принимать их как почетных гостей, им не будут чинить неудобств, их не будут выгонять с мероприятий «Гилеля».
>
> е) Хотя каждый имеет право на участие в местных мероприятиях «Гилеля», подготовка к роли еврейских лидеров есть претворение в жизнь стратегии «Гилеля», и, соответственно, она предназначена только для студентов-евреев. Соответственно, в программах подготовки лидеров в рамках региональных, общенациональных и международных семинаров могут участвовать только студенты с еврейскими корнями.

Разъяснив политику «Гилеля», я заговорил о статье Игоря, высказав свое несогласие с тем, что мне представлялось невежливыми, неуместными и постыдными комментариями в адрес неевреев, широко известных в студенческом мире «Гилеля» в бывшем СССР. Я сказал, что еврею не следовало писать такой текст, а «Гилелю» его публиковать. Слова Игоря бросили тень на нашу организацию. От лица всего «Гилеля» я попросил прощения у наших друзей-неевреев.

В целом мое выступление было принято хорошо, хотя ряд студентов остался при убеждении, что позиция наша предвзята, что неевреям все-таки нужно дать доступ абсолютно ко всем нашим мероприятиям, включая семинары и программы подготовки лидеров. Насколько мне известно, как минимум три человека вышли из «Гилеля» в знак протеста, а многие другие не согласны с нашей политикой и по сей день.

Новые русские

Чтобы понять тех, кто поддерживал включение неевреев во все виды деятельности «Гилеля», в том числе и в программы подготовки лидеров, нужно обрисовать картину основных социальных перемен, которые произошли в бывшем СССР за предшествующее десятилетие. Алексей Смирнов написал отличную статью — она была опубликована в журнале «Зеркало», — в которой он разбирает ситуацию с так называемыми новыми советскими или новыми русскими. По словам Смирнова — причем мнение его разделяют очень многие, — новые русские стали самой влиятельной и могущественной группой населения в бывшем СССР. В их число, помимо прочего, входят ученые, политики, представители интеллигенции, бизнесмены. Для нас же особенно интересно то, что большинство российских евреев считают и называют себя новыми русскими.

Смирнов, равно как и другие историки, относит возникновение этой крайне важной и влиятельной группы населения к сталинскому периоду. На их идеологическом знамени красуется лозунг:

«За всеобщую гуманистическую светскую культуру». Что интересно, в рамках этой идеологии были интегрированы еврейская музыка, искусство и литература. Таким образом, слово, поэзия и фольклор на идише стали частью общей русской культуры. Евреям это обеспечивало определенный комфорт, так как свидетельствовало о своего рода общественном приятии. В конце концов, в этом было доказательство — хотя жили они трудно и в угнетении, — что некоторые элементы их древней культуры воспринимаются как русские. Притом что при коммунизме евреи подвергались репрессиям — им было отказано в праве отправлять еврейские обряды и изучать еврейскую религию, — режим то ли не мог, то ли не хотел искоренять еврейскую музыку, искусство и литературу. Более того, клезмерская музыка, хасидские танцы и иные виды еврейского фольклора влились в русло русской культуры. Исаак Бабель и Шолом-Алейхем стали классиками русской литературы — учащиеся русских школ читали и изучали их как подлинные произведения русской словесности.

Помню, что, когда в начале 1970-х годов я учился в Еврейской теологической семинарии в Нью-Йорке, в автобусах и поездах метро висела реклама: «Необязательно быть евреем, чтобы вам нравился ржаной хлеб Леви». Соответственно, и в России необязательно быть евреем, чтобы петь еврейские народные песни и рассказывать анекдоты про Рабиновича. Приведу пример такого анекдота: стучат в дверь квартиры — перепись населения. Вопрос: «Здесь живет Вадим Рабинович?» Ответ: «Нет». Снова вопрос: «А как ваше имя?» Ответ: «Вадим Рабинович». — «Вы же сказали, здесь такой не живет». — «Так разве это жизнь?» Знаменитый русский поэт Евгений Евтушенко писал об этом: «В России даже антисемиты с удовольствием танцуют "семь сорок"» — популярный танец восточноевропейских евреев, в котором, как считается, речь идет о поезде, привозившем евреев-торговцев из местечка в Одессу и увозившем обратно: он приходил в 7:40 утра и уходил в 7:40 вечера.

К моменту распада СССР в начале 1990-х годов большинство евреев утратило религиозную традицию и потеряло связь с еврейским народом. В 1994 году профессор Цви Гительман из

Университета Мичигана и профессор Владимир Шапиро из Московского государственного университета провели весьма любопытный опрос касательно еврейской идентичности. По его результатам, всего 6 % взрослого еврейского населения в России считали себя последователями иудаизма; еще 33 % заявили о маргинальной принадлежности к иудаизму, 13 % предпочли иудаизму христианство. Согласно тому же опросу, 61 % взрослых евреев вообще не считал себя представителями еврейского народа. По моим представлениям, сегодня, через два с лишним десятилетия после этого опроса, статистика изменилась несильно.

Для подавляющего большинства евреев, считающих себя новыми русскими, традиционная разница между евреем и неевреем, лежащая в самой основе исторического иудаизма, не имеет никакого значения. Для них она уж всяко менее важна, чем иные дифференциации населения, например разница между интеллигентами и неинтеллигентами, жителями больших городов и провинции, верующими и неверующими.

Вопрос о том, кто является евреем, находившийся в центре внимания еврейского дискурса на Западе, в России почти ничего не значил. Разница между «евреем», у которого мать еврейка, и «неевреем» — сыном отца-еврея — вообще не играет никакой роли. Более того, в России ты, скорее, принадлежишь к евреям, если у тебя еврей отец.

Многие новые русские с еврейскими корнями не считают, что принадлежат к еврейскому народу. В. В. Жириновский, известный националист, однажды сказал, что у него «мама — русская, а отец — юрист» (зовут этого юриста Вольф Эдельштейн), то есть отец еврей, но сын не желает этого признавать. По Галахе, А. В. Руцкой — знаменитый политический соперник Б. Н. Ельцина, и В. И. Илюхин, коммунист-антисемит, оба — евреи.

«Новых русских евреев» характеризует вызывающее тревогу отсутствие представлений о том, что считается еврейским, а что — нет. Например, на Западе вы не встретите еврея, который будет носить нательный крест или держать дома предметы христианского искусства; в бывшем СССР все иначе. Путешествуя по этим краям, я часто видел евреев с крестом на шее. Не мог я, например, не заметить крупного креста, украшавшего куратора еврейского отдела важного московского музея. Еще удивительнее мне было то, что Макс, добросовестный и трудолюбивый студент-администратор из киевского «Гилеля», носил на шее большой крест — и при этом с энтузиазмом участвовал в мероприятиях «Гилеля». Когда я спросил у него, почему, он, не смущаясь, ответил, что это подарок дорогого ему человека и он носит его как украшение. Когда я разъяснил Максу историю еврейских ассоциаций с крестом, он несколько дней подумал, а потом крест снял.

По ходу одного из визитов в украинскую глубинку меня пригласили в дом лидера одной из еврейских общин. К своему изумлению и даже ужасу, я увидел, что в гостиной висят картины большого формата на темы из Нового Завета: младенец Христос, Мария, Иосиф и пр. Я, видимо, от изумления потерял дар речи — или просто не набрался смелости спросить у еврейского лидера, чем объясняется такой выбор.

Притом что в своих культурных предпочтениях новые русские по большей части придерживаются универсализма, гуманизма и светского мышления, в последние годы для многих неверующих прежний подход сменился участием в религиозных обрядах — это стало частью набирающего силу религиозного возрождения. В больших сегментах российского общества идут поиски религиозных корней. Как бы удивительно это ни звучало, но многие новые русские, принадлежащие к Православной церкви, равно как и многие православные священники, по происхождению — евреи. Самый знаменитый пример — Григорий Эдельштейн, православный священник и одновременно отец бывшего спикера Кнессета (2013–2020) и бывшего заместителя министра абсорбции Юлия Эдельштейна. Мой покойный друг профессор Юджин Вайнер рассказывал мне, что в 1999 году, будучи директором специальных программ «Джойнта» в России, он посетил семинарию в Сергиевом Посаде; к своему ужасу, он обнаружил, что почти у трети будущих священников есть еврейские корни. Подобная тяга к созданию духовных связей, которая наблюдается у людей с еврейскими корнями, представляется крайне значимой.

Один историк Русской православной церкви пишет, что большинство людей, пришедших в лоно церкви, не интересуются серьезными проблемами богословия. Их, скорее, привлекают ритуалы, пышные церковные церемонии, лишь время от времени им нужна «малая доза духовности».

А как обстоят дела в еврейской общине? Сейчас почти в каждой большой и средней еврейской общине в бывшем СССР есть своя синагога. «Джойнт» и всевозможные еврейские религиозные организации преуспели в возвращении себе зданий, конфискованных при советской власти. Многие здания за последнее время отреставрированы и выглядят очень привлекательно, некоторые даже великолепно. Однако даже в Шаббат и в праздники — не говоря уже о будних днях — эти возрожденные синагоги по большей части пустуют. Из этого можно сделать вывод, что евреи не присоединились к религиозному возрождению, которое пережили многие народы России, — разве что, как было сказано ранее, многие новые русские потянулись к Русской православной церкви. Среди этих новых русских немало евреев. Безусловно, отчасти тут дело в языке, поскольку в бывшем СССР преобладают ортодоксальные синагоги и молитвы там читают на древнееврейском. Однако мне представляется, что подлинные причины сложнее. Одна из проблем с возвращением евреев к иудаизму связана с тем, что религиозные деятели совсем не прилагают усилий, чтобы разработать стратегию привлечения, которая учитывала бы духовные нужды, культурные потребности и интеллектуальное любопытство еврейских масс.

Евреи и Церковь

Несколько активистов из «Гилеля» рассказывали мне — так что, полагаю, это обычная история, — что первая их встреча с официальной религией состоялась в детстве, когда бабушка повела их в церковь. «Почему в церковь?» — задавал я вопрос, и многие студенты не могли на него ответить. Две бабушки-еврейки — одна проживала в Киеве, другая в Петербурге — предложили мне схожие объяснения, которые читателю наверняка покажутся довольно странными. Они утверждали, что в былые времена большинство русских жили в коммунальных квартирах, по две-три семьи. Соответственно, родители занимали одно пространство — зачастую это была маленькая комната — с детьми, бабушками и дедушками. В большинстве российских семей и сейчас по одному ребенку, по очевидным экономическим причинам и по причине дефицита жилья. В России день отдыха — воскресенье, семья собиралась дома, молодым родителям хотелось уединиться. Поскольку бабушки были людьми понимающими, они забирали детей погулять. Зимой, в холод и непогоду, бабушке с внуком, по сути, некуда было пойти, кроме как в местную церковь — там было тепло, уютно и безопасно. Неудивительно, что для многих детей-евреев первым храмом на их пути становилась приходская церковь. Наша же задача состояла в том, чтобы зазвать евреев в синагоги и сделать синагоги доступными для евреев.

Еще один, с моей точки зрения более опасный, феномен — это миссионерские группы, вроде «Евреев-мессиан» или «Евреев за Иисуса», которые пользовались большим успехом в еврейской среде. Те, кто отслеживает эти процессы, рассказывали мне, что в некоторых общинах на собрания этих групп приходит больше народу, чем на службы в синагогах.

Притом что «Гилель» внес свой вклад в решение этих проблем, проблемы продолжают существовать и по сей день.

Кошерные креветки

Когда мы планировали первый семинар в домодедовском санатории под Москвой, было принято стратегическое решение: придерживаться кашрута (еврейских предписаний касательно еды) на всех общенациональных и региональных программах «Гилеля». Если кошерной еды будет не достать — а такое часто случалось в начале 1990-х годов, — участникам будут подавать молочные или рыбные блюда, а кроме того, мы будем закупать новую посуду и столовые приборы. На первый взгляд решение это показалось нам разумным — мы исходили из того, что студенты из России и обслуживающий персонал поймут и поддержат наш подход. Как же мы ошибались!

В те ранние дни кашрута в этих странах придерживались только раввины и крошечное меньшинство. «Джойнт», Еврейское агентство, «Натив» и многие другие организации, действовавшие в бывшем СССР, даже не включили кашрут в число своих обязательных требований. «Гилель» был, по большому счету, единственной организацией, которая настаивала на соблюдении кашрута и строила свою деятельность соответствующим образом. Более того, мы знали, что в России по большей части едят мясо, порой на завтрак, обед и ужин, — и не оценили важности этого. Особенно тщательно такого режима питания придерживаются зимой, поскольку (как нам сказали) употребление мяса повышает иммунитет и придает сил противостоять холодному суровому климату. А самое главное, в рамках местного еврейского менталитета требования кашрута ассоциировались с архаичным, примитивным образом жизни, возвратом к неотесанности былых времен. Большинству евреев кошерная еда представлялась как минимум бессмысленной.

Мы объяснили, с чем связано наше решение, однако, как мне кажется, как минимум в ранний период существования «Гилеля» студенты и обслуживающий персонал в лучшем случае терпели наши *мешугас*. Впоследствии к «еврейской кулинарии "Гилеля"» стали относиться с бóльшим пониманием и даже с уважением. Со временем в России и на Украине стало проще приобрести кошерное мясо, и к нашему семинарскому меню добавилась курица на Шаббат. На зимнем конгрессе 2003 года в Москве даже удалось подавать мясные блюда дважды в день.

За несколько дней до начала семинара 1995 года в Домодедово — первого «общенационального» мероприятия «Гилеля» — мы встретились с владельцами санатория и с обслуживающим персоналом и досконально объяснили, какие у нас требования к приготовлению пищи. В середине 90-х Россия переживала очень тяжелый экономический период; соответственно, мы как клиенты были чрезвычайно кстати. Владельцы санатория и обслуга рады были выполнить наши пожелания, лишь настояли, что наш штатный *машгиах* должен будет надеть белый халат и колпак, как того требует санитарно-эпидемиологический контроль. Другим заходить на кухню не дозволялось.

Мы решили, что кашрут у нас в кармане, однако в один прекрасный день, посмотрев в тарелку, с ужасом обнаружили там креветок. Шеф по незнанию решил, что креветка — рыба, а значит, евреям ее есть можно. Наш *машгиах*, похоже, уснул прямо на вахте и ничего не заметил — пока еду не подали на стол. Некошерные блюда тут же убрали.

Рыба-Реббе

Зимний семинар 1996 года проводился в Комарово под Петербургом. Зима выдалась на редкость холодная, а отопление то ли не работало, то ли его отключили, потому что владельцы санатория не заплатили за электричество. В любом случае снаружи стоял мороз, а самое главное — внутри тоже было довольно студено. Мы слой за слоем напяливали на себя одежду, чтобы согреться. Я отправил в представительство «Джойнта» в Петербурге срочную депешу, чтобы они за наш счет купили переносные электрообогреватели. Но мера оказалась недостаточной, да и запоздалой. «Нам нужно мяса, чтобы согреться», — заявили студенты, мы же в ответ дали им побольше рыбы.

На третий день семинара, по ходу вечерней программы, несколько студентов публично обратились ко мне с вопросом: «Где говядина?» Я знал, что мои разглагольствования про кошерное и трефное беде не помогут, и, сделав как можно более серьезное лицо, сказал студентам: постыдитесь, вы даже не понимаете, на какие жертвы идем я и другие преподаватели, чтобы вы вообще получали хоть какую-то еду. Я сказал, что каждое утро, до рассвета, мы с коллегами выходим на лед Финского залива — до него от санатория было пятнадцать минут ходьбы — делаем прорубь во льду и вылавливаем этих замечательных лососей и прочих деликатесных рыб, которых им ежедневно подают к столу за каждым приемом пищи.

Повисло изумленное молчание, а потом и студенты, и сотрудники вскочили на ноги и громко зааплодировали. Я был очень признателен им за то, что они ценят чувство юмора, пусть и не ценят кашрут; впрочем, и второе пришло в свое время, хотя и потребовало бóльших усилий. В тот вечер родился легендарный герой — Рыба-Реббе. На следующий вечер студенческий ансамбль исполнил новую песню, в которой прославлялись добродетель, доблесть и отвага Рыбы-Реббе — все это сопровождалось топотом и хлопками со стороны участников семинара.

«Кошерный» мясной магазин

Через несколько дней одна из студенток из Петербурга подбежала ко мне в сильном волнении и рассказала, что нашла магазин, где продают кошерное мясо и другие продукты — всего в трехстах метрах от санатория. Я даже представить себе такого не мог, тем более здесь, в Комарово, вдали от центра Петербурга. Где тут взяться покупателям для такого магазина? Однако студентка не сомневалась в своей потрясающей находке и торжественно повела нескольких из нас посмотреть на «кошерный магазин» своими глазами.

Это был даже не магазин, а жалкая развалюха: у входа лежали женские журнальчики на нескольких языках. Помню, я сразу подумал: «Вот это мясо точно не кошерное». Внутри оказалось то, чего мы и ждали: богатый ассортимент трефного мяса и прочих продуктов.

Мы вскоре поняли, почему студентка пришла к столь неожиданному выводу. Один из наших израильских преподавателей, рабби Мордехай Голдберг, пошел в этот магазин купить минеральной воды. Увидев, что он выходит оттуда с мешком, девушка решила, что он приобрел кошерное мясо. Вот было бы здорово!

Кошерные рестораны в Москве и Киеве открыли предприниматели, которые рассчитывали привлечь к себе все возрастающий поток туристических групп и представителей основных еврейских организаций, приезжавших в бывший СССР. В Москве под эгидой Хабада открылся ресторан с вегетарианскими бургерами. Еда была несъедобной, просуществовал он недолго. В Киеве в кошерном ресторане «Хайфа» предлагался обширный выбор блюд израильской и еврейской кухни, он приобрел популярность не только среди туристов с Запада, но и среди недавно разбогатевших украинских бизнесменов. Ресторан проработал года два, потом закрылся.

Холодный куриный бульон

Позднее, когда стало возможно купить кошерное мясо, мы стали нанимать *машгиаха* с официальным сертификатом, чтобы он руководил кухонными работниками и следил за соблюдением кашрута. Должен признать, знания и умения этих людей часто вызывали у меня сильнейшие подозрения. Этих *машгиахов* якобы обучал главный ортодоксальный раввин общины. Выглядели они, должен сказать, как положено: длинные темные бороды, кипа таких размеров, что хватит на две головы, *цицит* поверх брюк — длиннющие, хоть пол подметай. Все это было прекрасно, вот только почти все они, за редкими приятными исключениями, ничего не понимали в иудаизме.

В 1998 году в Петербурге (стояла очень холодная зима, и температура упала до минус 25 градусов) около 250 студентов и сотрудников собрались на зимний семинар. Настала пятница, вечерняя служба планировалась как радостное одухотворенное событие. Мы с нетерпением ждали субботней трапезы и привычного горячего куриного бульона, дабы согреть и тело, и душу. Не дождались. Бульон-то подали, но холодный — и это в морозный зимний вечер! Когда мы спросили на кухне, все повара дружно указали на *машгиаха*. Он, в свою очередь, объяснил: Шаббат же, не может он зажигать огонь и греть суп. Я сказал ему, что существует несколько дозволенных Галахой способов оставить еду горячей на Шаббат, однако он не стал слушать. «Так раввин распорядился», — помпезно заявил он нам. Вот идиот!

Еще на одном семинаре нам подали на десерт мороженое — после мясного горячего. Я ничуть не сомневался, что мороженого *пареве* в России не достать, поэтому задал вопрос *машгиаху*, который объяснил, что мороженое куплено у поставщика-еврея. Круглый идиот!

«Гилель» стал в бывшем СССР первой не принадлежащей к тому или иному изводу иудаизма религиозной организацией, которая приняла стратегическое решение соблюдать кашрут на всех общенациональных и региональных мероприятиях и семинарах. Приезжавшие в бывший СССР люди, которые по личным убеждениям считали необходимым твердо придерживаться еврейских диетических принципов, всегда знали, что на всех мероприятиях «Гилеля» их покормят как дома. Некоторые специально приурочивали деловые поездки в бывший СССР к нашим семинарам, чтобы садиться с нами за кошерный стол.

Вскоре строгое соблюдение кашрута сделалось нормой, и посетители рассчитывали на это во всех центрах «Гилеля» в бывшем СССР. Оборотной стороной медали стало то, что, когда в одном из отделений отклонялись от общих требований и подавали трефное, критика обрушивалось на всю систему «Гилеля». Я получал телефонные звонки и электронные письма от посетителей местных отделений «Гилеля»: они — полагаю, что с самыми благими намерениями, — сообщали, что на их глазах студенты смешивали мясное и молочное или подавали некошерную еду. На раннем этапе, в середине 1990-х годов, кашрута не придерживались ни наши студенты, ни сотрудники — соответственно, нельзя было от них ждать, что они станут его строго соблюдать дома или в «Гилеле». Следить за степенью соблюдения кашрута в каждом конкретном центре были невозможно; более того, мы не ввели жесткого правила, которое запрещало бы использование трефной пищи на местах. Сейчас, двадцать лет спустя, по-прежнему не утихают споры и обсуждения, и пока что, говоря словами Франца Розенцвейга, мы находимся на этапе «еще нет».

Йосси Гольдман приковывает себя вместе с другими раввинами к забору советского консульства в Сан-Франциско в знак протеста против притеснения евреев Советским Союзом

Йосси Гольдман и Шауль Фейнберг

Рабби Йосси Гольдман и рабби Джонатан Порат в Москве

Осик (Йосеф) Аксельруд, региональный директор регионального отделения «Гилель»

Женя Михалева, директор-основатель Гилель в Москве

Эстер Абрамович со студентами пекут халу

Участники конгресса в Киеве исполняют песню на закрытии мероприятия

Йосси Гольдман выступает с речью в Бабьем Яре

Студенты демонстрируют свадебную церемонию во время семинара по еврейским свадебным обычаям

Мейр Зизов (вторая слева), Нахум Амсель (третий слева) и лидеры азербайджанского «Гилеля», Баку

«Деньги Гилеля» для празднования Хануки, 2002

Йосси и Джуди Гольдман у Синагоги Киевской иудейской религиозной общины

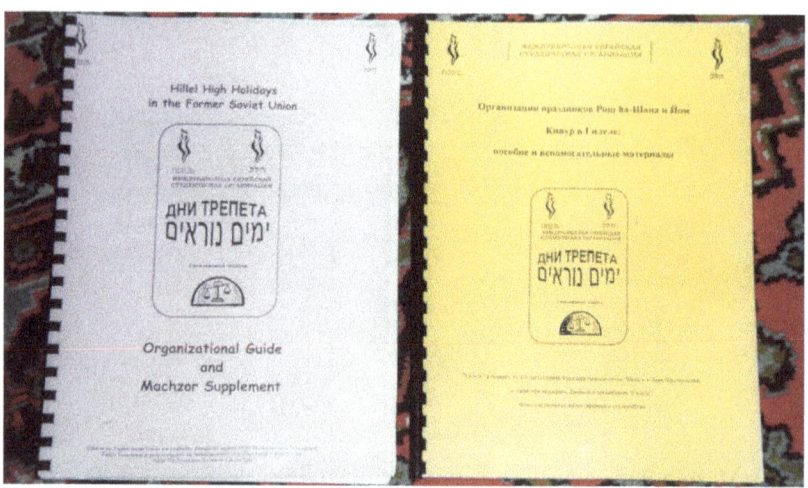

Учебные пособия для студентов

Йосси Гольдман в образе «Рыбы-Реббе» на льду Финского залива

Студенты «Гилеля» проводят седер

Команда «Гилеля»: Осик Аксельруд, Женя Михалева (третья слева), Миша Левин, Давид Эбстайн (в заднем ряду), Йосси Гольдман и Морис Крихели

Подготовка к Пуриму, Харьков, Украина.

Эстер Абрамович, Осик Аксельруд, Женя Михалева, Йосси Гольдман, Давид Эбстайн, Миша Левин на льду Финского залива

Празднование Хануки, Санкт-Петербург

Студенты «Гилеля» навещают пожилых

Ведущие участники конгресса «Гилеля» Нахум Амсель, Джо Шонвальд, Моше Шур, Мордехай Голдберг, Йосси Гольдман, Брэд Корицински, Эстер Абрамович исполняют песню, Киев, Украина

Занятие «Гилель» по изучению иврита, Тбилиси, Грузия

Семинар «Гилеля» в Санкт-Петербурге, 1994

Ричард Джоель, Чарльз и Линн Шустерманы и другие со студентами, Москва, 1996

Студенты «Гилеля» ведут ханукальную церемонию для пожилых членов общины

Гавдала, церемония маркирующий конец Шаббата и начало новой недели

Семинар «Гилеля», Санкт-Петербург, ноябрь 2001

Семинар «Гилеля», Москва, 1996

Летний семинар в Киеве, Украина, август 2001

Конгресс «Гилеля» в Москве, лето 2002

9
Как учить *тфиле*

Все долгие годы своего существования советский режим неустанно занимался построением и развитием общества безбожников. После краха СССР почти все наблюдатели вынуждены были признать, что коммунисты преуспели в своих начинаниях. За почти восемь десятилетий советской власти бóльшая часть церквей и синагог была закрыта. Многие из них превратили в дома культуры, театры, спортзалы. В крупных городах вроде Москвы, Ленинграда и Киева делались исключения — некоторые храмы оставили действующими. Однако деятельность их была строго ограничена — в принципе, это был, скорее, рекламный трюк с целью приглушить критику с Запада. В синагоги приходила своеобразная публика — упорные старики, которых не смущали гнев и слежка КГБ: они старательно посещали все службы. Службы проводили работавшие на правительство раввины и канторы, которые почти ничего не могли предложить прихожанам.

Неудивительно, что на момент свержения советской власти в 1991 году и возвращения свободы вероисповедания синагоги и все то, что они в себе воплощали, были настолько же далеки от повседневной жизни большинства евреев, как и открытый космос. *Клей-кодеш*, религиозные деятели, для большинства были своего рода инопланетянами, а синагогальные службы воспринимались как бессмысленные пережитки прошлого.

На протяжении всей нашей истории поколения раввинов учили, что еврейская жизнь зиждется на трех основаниях: *Тора, авода, гмилут хасадим* (учение, поклонение, добрые дела). Большинство евреев считает, что это и есть те священные общинные механизмы, на которых держится еврейская жизнь. Научить евреев бывшего СССР важности учения и добрых дел было задачей выполнимой, но добавь к уравнению еще и молитву — и быть беде.

Даже для меня, человека, который вырос, постигая и соблюдая учение иудаизма, молиться всегда было непросто. Тем более это непросто для людей, которые никогда в жизни не соприкасались с идеей Бога или молитвы.

Сотрудники «Гилеля» долго и упорно пытались придумать, как объяснить молодым евреям значимость молитвы. Большинство российских евреев вообще не задавалось этим вопросом. Как же воссоздать ту среду, где Бог вновь займет место в центре — или хотя бы на периферии — их жизни?

Большинство моих коллег, российских евреев, предлагало запустить учебную программу, построенную вокруг исторической значимости молитвы для евреев. Они считали, что уму, душе и духу молодых российских евреев понадобится несколько лет, чтобы срастись воедино, — и только на эту утученную почву можно будет бросать зерна *тфилы*. Мнение здравое, однако меня оно смущало. Мне казалось, что тем самым мы уходим от проблемы. Я был убежден, что мы не можем позволить себе расходовать время на умозрительные построения, что нужен фронтальный подход к внедрению *тфилы*, но обязательно с позиций чуткости и честности.

Чтобы дать толчок еврейскому возрождению в бывшем СССР, нужно обратиться к опыту прошлого. Для меня российские евреи были в чем-то похожи на евреев, вышедших из Египта. Исход принес порабощенным детям Израиля физическую свободу, однако на то, чтобы их умственное и душевное состояние изменилось и они отринули дух рабства, ушло сорок лет. И все равно эти евреи, так недавно познавшие горечь угнетения, были готовы произнести: «*Наасе ве-нишма!*» — «Сделаем и услышим!», демонстрируя свою готовность подчиняться заповедям еще до того, как им стал понятен внутренний смысл этих законов.

В должный срок им открылась суть законов, и законы стали частью их жизни.

Я отстаивал подход «*Наасе ве-нишма*», или «Просто делай». Женя Михалева, первый директор «Гилеля» и наставница молодых еврейских специалистов и студентов, открыто высказывалась против подобного метода. Женя выступала, скорее, за постепенное введение *тфилы*. «Давайте сперва обратимся к умам через описание исторического фона и обсуждение роли и места Бога в еврейской жизни», — говорила она. Женя была убеждена, что позднее, когда придет наш срок, можно будет ввести и собственно *тфилу*. Она утверждала, что предложенный мною подход «Просто делай» отвратит и студентов, и сотрудников — а самое главное, попросту не сработает.

В московском «Гилеле», где Женя была директором, *каббалат-шаббат* проводился в очень ограниченном масштабе. Студенты получали минимум: вечернюю пятничную службу, включавшую в себя зажигание свеч, *борей при-хагефен* (благословение виноградного сока) и *хамоци* над хлебом. После этого обсуждалась недельная глава Торы или другие еврейские темы. Тот же подход был под руководством Жени внедрен в других отделениях «Гилеля» в бывшем СССР. Мне это было, мягко говоря, не по душе, и я решил изменить ситуацию как в Москве, так и по всему бывшему Союзу.

Знакомство с Шаббатом

Непросто было убедить моих коллег принять принцип «Просто делай» и отказаться от куда более легкого пути постепенного внедрения молитв. Мой план перемен основывался на интенсивной работе с сотрудниками и отдельными студенческими лидерами с целью внедрения *тфил* в более широком диапазоне. Для начала мы решили сосредоточиться на пятничной вечерней службе *каббалат-шаббат*. Цель заключалась в том, чтобы как можно скорее ввести эту практику в каждом из центров «Гилеля». Достигнув общей договоренности, мы запустили многоступенчатую схему, которая включала в себя обучение, тренировки, выпуск сидура (молитвенника) и аудиозаписей субботних песнопений.

На первом этапе сотрудники «Гилеля» в бывшем СССР были приглашены на трехдневное совещание — оно состоялось перед плановым семинаром студенческих лидеров 1996 года. Мы раскрыли сотрудникам мелодику и смысл литургии *каббалат-шаббат*, которая проводится вечером в пятницу, разучили схему ведения службы и мелодии молитв, повторяя их раз за разом, — пока все не почувствовали себя уверенно. Поняв, что они более или менее освоили структуру службы и мелодию, мы решили провести испытание — показать службы самим студентам.

Семинар студенческих лидеров состоялся сразу после совещания; начался он днем в четверг, а мастер-классы, назначенные на утро пятницы, были посвящены Шаббату и его ключевому значению в жизни евреев. На мастер-классах звучали субботние песни, проводились творческие и танцевальные мероприятия под руководством Маши Самойловой. Эстер Абрамович, координатор работы с иностранными студентами в Бейт-Гилель при Еврейском университете, привезла из Израиля муку, соль и дрожжи и научила женщин печь халу. Изумительный аромат свежей халы заполнил столовую и послужил приятным фоном для этого нового духовного переживания. Шаббат стал для участников днем радости, гордости, духовности, просвещения и празднования.

Вечерняя субботняя служба началась с приглашения ко всем участницам зажечь субботние свечи. На стол у входа в главный зал поставили около 75 маленьких свечей, они образовали звезду Давида. Две сотрудницы продемонстрировали студенткам, как зажигают свечи, прикрывают глаза ладонями, произносят благословения. Несколько молодых женщин неуверенно сделали шаг вперед, чтобы тоже зажечь свечи. Медленно, но верно подходили все новые участницы, а мы с Эстер негромко напевали «Шаббат шалом», за нами подхватывали остальные — снова, снова и снова. Не все вышли зажигать свечи, но около половины женщин, что немало. Для большинства участников это был первый Шаббат в их жизни. Событие вышло чрезвычайно трогательное и воодушевляющее.

Это было особое переживание, одно из тех, которые меняют твою жизнь, хотя полностью осознать их смысл можно только задним числом. У некоторых участников на глазах были слезы. И сейчас ветераны наших семинаров иногда подходят ко мне и рассказывают, какой это для них был значимый момент. В тот вечер для многих молодых евреев из бывшего СССР началась их еврейская жизнь.

После зажигания свеч мы перешли в соседнее помещение для вечерней пятничной службы. Благодаря подготовке, которую сотрудники «Гилеля» прошли по ходу совещания, у нас уже было необходимое число людей, знавших субботние мелодии, так что пели не только посетители из Израиля. Женя и еще несколько человек добавили небольшие истории про Шаббат и короткие объяснения молитв. Все испытали душевный подъем и сошлись на том, что такая форма пятничной вечерней службы будет уместна в самых разных центрах «Гилеля». Вернувшись в Иерусалим, мы подготовили аудиозапись пятничной службы и распространили ее на местах.

Не могу не воздать должное Жене: после успеха нашей службы на семинаре она с готовностью восприняла мой подход. Ту же модель она внедрила в московском «Гилеле» и активно участвовала в ее распространении по всему бывшему СССР. Мартин Горовиц, исполнительный директор Фонда развития еврейских общин в Нью-Йорке, посетил московский «Гилель» через несколько недель после зимнего семинара и собственными глазами увидел, с какой радостью, воодушевлением и торжественностью проходят наши Шаббаты. Когда Женя попросила его поддержать программу «Шаббат на колесах», цель которой состояла в том, чтобы распространить новообретенные знания о вечерней пятничной молитве по другим общинам, он выделил нам очень щедрую стипендию. Это начинание имело далеко идущие последствия и даже историческое значение для «Гилеля» и общин бывшего СССР.

Шаббат на колесах

Разработав свою программу «Каббалат-шаббат», московские студенты отправились с нею в путь (а точнее — в полет над Сибирью): в Хабаровск, а потом и в другие центры «Гилеля». Хабаровские студенты быстро переняли эту науку, учредили в своем центре регулярные пятничные вечерние службы и, в свою очередь, двинулись в общины по соседству — привезли Шаббат, например, в Биробиджан. То есть студенты из «Гилеля», которые еще несколько недель назад ничего не знали про Шаббат, теперь обучали других и проводили соответствующие программы в городе, бывшем когда-то центром еврейской жизни.

Все возрастающее значение этой инициативы я с особой силой осознал несколько месяцев спустя, на летнем лидерском семинаре в Киеве. Как это было у меня заведено, я договорился о встрече со всеми сотрудниками «Гилеля» на местах, чтобы выслушать новости об их программах. Хабаровский директор «Гилеля» Наташа Антонова с большим энтузиазмом рассказывала о пятничных молитвах в их центре и о стремлении ее студентов проводить субботние службы в соседних общинах.

Чем программа «Каббалат-шаббат» в Хабаровске так сильно отличалась от других? Чтобы дать ответ на этот вопрос, нужно заглянуть в историю этого города и некоторых его соседей. Хабаровск находится на Дальнем Востоке, почти в конце знаменитой Транссибирской магистрали. Здесь возникла отлаженная общинная инфраструктура, причем «Гилель» является одной из ведущих еврейских организаций города. Хабаровск расположен неподалеку от Японского моря и отделен от Москвы восьмичасовым перелетом. Неподалеку от Хабаровска лежит город Биробиджан, занимающий особое место в анналах еврейской истории России.

В 1920-е годы советская власть еще была молода. Хотя немало евреев из новообразованного СССР поддерживало новый режим, было и много таких, кто сохранял националистические чаяния — либо о создании Сиона в нынешнем Израиле, либо об учреждении внутри Советского Союза еврейской области, где будет развиваться культура на идише. Центральное правительство предложило создать для евреев автономный национальный очаг в Биробиджане, на Дальнем Востоке: там они могли построить собственную общину и (на это рассчитывали власти) забыть о сионизме. Что касается интересов государства, еврейская колония должна была стать населенной буферной зоной между советской территорией, Китаем (на юге) и Японией (на востоке). После того как в 1932 году японцы оккупировали Маньчжурию, создание буферной зоны приобрело особую актуальность. Кроме того, советское руководство надеялось, что евреи из-за границы окажут финансовую помощь своим собратьям по религии, готовым переселиться на Восток — и тем самым облегчат фискальную нагрузку на центральное правительство.

Официально еврейское поселение в Биробиджане было основано в апреле 1928 года. Там не было дорог, почти отсутствовали плодородные почвы, катастрофически не хватало жилья и свирепствовал гнус. Из евреев, прибывших сюда между 1928 и 1933 годами, почти половина уехала обратно из-за тяжелых условий жизни. Однако идея эта захватила умы даже за пределами границ СССР: в начале 1930-х годов около 1400 евреев из-за рубежа переехали в Биробиджан в надежде создать здесь еврейский национальный очаг.

Официальным языком в Биробиджане был идиш. Школьное обучение, дорожные указатели, почтовые штемпели, газеты и журналы — все было на этом языке. В мае 1934 года было введено официальное название «Еврейская автономная область».

К добру ли, к худу, но после многообещающего начала еврейская жизнь в Биробиджане оказалось недолгой и не слишком успешной. В период сталинских репрессий 1936–1938 годов погибли многие местные руководители, все они были видными евреями, — и это нанесло сокрушительный удар по развитию тамошней еврейской жизни. К началу Второй мировой войны в области проживало всего 20 тысяч евреев. После аннексии Советским Союзом в 1939–1940 годах стран Балтии население СССР пополнили много тысяч евреев, пошли разговоры о переселении некоторых из них в Биробиджан, однако после нападения Германии на Советский Союз в 1941 году планы заселения региона были положены под сукно.

Рост антисемитизма и ужасы холокоста придали в глазах многих советских евреев новый смысл необходимости создания еврейского национального очага, и в 1946–1948 годах многие евреи устремились в Биробиджан. К 1948 году еврейское население города достигло своего максимума — 30 тысяч человек. Однако новая волна репрессий в 1948-м прокатилась не только по еврейским лидерам, но и по самым разным слоям еврейского населения и его культуры. Еврейские писатели попали в тюрьму, еврейский театр закрыли; школьное обучение перевели с идиша на русский. Иммиграция в Биробиджан прекратилась, еврейское население начало сокращаться. К концу 1950-х годов еврейская культура здесь почти полностью угасла, евреи составляли менее одной десятой общего населения региона. В 1958 году Н. С. Хрущев заявил, что затея с Биробиджаном провалилась. Он обвинял в этом евреев, которые, по его словам, никогда не любили коллективную работу и групповую дисциплину (он явно никогда не бывал в киббуце...). К 1970-м годам в регионе сохранилась лишь одна газета на идише «Дер Биробиджанер штерн», в которой почти не было еврейского содержания, а тираж составлял всего тысячу экземпляров. Остались одна действующая синагога и лишь несколько уличных указателей на идише — в память о том, что здесь должен был произойти, но не произошел расцвет еврейского духа.

В 1990-е годы, после распада СССР и возрождения еврейской религии и культуры в России и других странах бывшего СССР, особенно изумлял и трогал тот исторически значимый факт, что пятничные вечерние службы в форме *каббалат-шаббат*, проводимые «Гилелем», распространились из Москвы в Хабаровск, а потом из Хабаровска в Биробиджан, замкнув круг еврейской истории и одновременно открыв ее новую многообещающую главу.

Проект «Шаббат на колесах» вскоре ввели во всех центрах «Гилеля» в бывшем СССР. То, что зародилось как слабая искорка на совещании наших сотрудников, запылало множеством костров по всему бывшему СССР в центрах «Гилеля», общинных центрах, частных домах.

Подходы к молитве — единство в разнообразии

Совещания сотрудников «Гилеля», поначалу проходившие трижды, а впоследствии — дважды в год, часто становились своего рода испытательными полигонами для тестирования новых инициатив. Некоторые инициативы оказывались успешными, другие оканчивались провалом. Среди наиболее успешных можно назвать «Шаббат на колесах», «Университет "Песах"», семинары перед Песахом, образовательный проект «Лерхаус» и *гавдалу*. Чтение истории Пурима и утренние субботние службы на местах так и не «пошли». Опять же, говоря словами Франца Розенцвейга, время для этих инициатив «еще не» настало.

Пятничные службы стали центральным элементом всех программ «Гилеля» в бывшем СССР. Основные положения чтения молитв в том виде, в каком мы ввели их на семинаре, послужили успешным прообразом почти для всех общин «Гилеля». Студенты и сотрудники разделяли и претворяли в жизнь наше указание, что службы в канун Субботы должны отвечать местным потребностям, и стремились задействовать таланты и умения их участников. В результате возникла не единая модель службы, а множество вариаций, в зависимости от характера каждой конкретной группы. Например, в петербургском «Гилеле» в пятницу вечером играли на музыкальных инструментах; в Киеве решили проводить сокращенную службу, включив в нее отсылки к *двар Торе* из современной литературы; в Кишиневе студенты ставили *мехицу* и проводили полномасштабную традиционную службу.

Первое десятилетие деятельности «Гилеля» в бывшем СССР прошло под знаком «единства в разнообразии». В других частях мира это назвали бы плюрализмом, но, как мне представляется, здесь оно значило куда больше. Иудаизм в том виде, в каком его практиковали в «Гилеле» на постсоветской территории, отличался толерантностью, уважительностью, готовностью поддержать. В любом из центров «Гилеля» можно было обнаружить студента, который молился в традиции Хабада, стоя при этом рядом со студентами реформистских или вовсе атеистических взглядов. В Москве пять-десять студентов переселялись на Шаббат в центр «Гилеля», поскольку не хотели ехать машиной, поездом или автобусом на службу в Хоральную синагогу, а от нашего центра это всего десять минут пешком. В петербургском «Гилеле» проводившие Шаббат Давид и Эстер Сегалы полюбили друг друга. По ходу подготовки к свадьбе они всерьез обратились к религии, однако продолжали сотрудничать с «Гилелем» до самой своей алии в Израиль. Сегодня они — родители пятерняшек, и Давид является духовным лидером русской общины в районе Писгат-Зеев в Иерусалиме. В период своих духовных исканий в России Давид и Эстер чувствовали себя очень уютно в атмосфере поддержки и разнообразия, царившей в «Гилеле».

Кишиневская модель

В кишиневском «Гилеле» религиозная деятельность приняла особый и весьма любопытный оборот. Это стало результатом различных влияний, которые привнесли образованный и деятельный директор «Джойнта», местный харизматичный раввин и трое студентов, которые стремились в полной мере развить свое еврейское самосознание.

«Джойнт» — партнер-основатель «Гилеля» в бывшем СССР. В его офисах работают *нециги*, израильские профессионалы, которых направляют в общины на территории бывшего СССР на срок до трех лет, — часто сами они родом из России. Офисы «Джойнта» и их сотрудники-*нециги* очень нам помогли в процессе становления «Гилеля» в бывшем СССР.

Игаль Котлер, *нециг* «Джойнта» в Кишиневе, родился и вырос в Одессе. В детстве бабушка, родом из Бердичева, рассказывала ему еврейские сказки. Она поведала ему о еврейских традициях зажигания свеч и посещения синагоги по праздникам. А вот семья его деда ассимилировалась еще до Первой русской революции.

В 1980-е годы Игаль изучал археологию в Одесском государственном университете. Он нашел в библиотеке книги по еврейской истории, а Генрих Грец и Семен Дубнов пробудили в нем интерес к изучению собственного еврейского наследия. Раньше еврейское происхождение было стигмой, которая могла помешать в построении карьеры, однако ситуация постепенно менялась, стало возможно чувствовать себя евреем и не вредить этим своей репутации. Формальное изучение еврейской истории все еще находилось под запретом, поэтому в 1984 году Игаль получил диплом специалиста по русской истории и археологии. После этого он два года служил офицером в Сибири, а потом стал преподавателем российской истории в своей альма-матер.

После начала перестройки появилась возможность открывать еврейские организации, такие как одесское Общество еврейской культуры. В 1991 году Игаль ушел из университета и полностью посвятил себя работе в еврейской общине, основав в городе еврейскую школу — первую после прихода коммунистов к власти. Он дал ей название «Мигдал», по-еврейски — «башня». Речь шла о вечерней школе для детей, студентов и их родителей — здесь пробуждали их еврейское самосознание. Игаль вскоре вступил в контакт с представителями консервативного движения и под его эгидой открыл семейную школу «Тали», где еврейским семьям предлагались всевозможные программы. Именно на этом этапе, по ходу одной из его поездок в Израиль, мы познакомились и ощутили родство душ.

* * *

В 1996 году Игаль совершил алию в Израиль, где его пригласили в «Джойнт» на должность координатора еврейских образовательных программ на Украине. В 2002 году он стал директором кишиневского «Джойнта».

В Кишиневе Игаль взял «Гилель» и его студентов под свое крыло, посвящая много времени и сил взращиванию и развитию их еврейской идентичности. Образованный еврей и талантливый педагог, Игаль всей душой проникся идеей «Гилеля» в бывшем СССР о том, чтобы развивать самосознание студентов как будущих вдохновителей перемен в общинах. Его восхищали пыл и энтузиазм студентов, приезжавших на наши семинары, и он очень хотел воспроизвести ту же атмосферу в Кишиневе. С этой целью Игаль запустил крайне амбициозную образовательную программу, на которой студентов обучали, как нужно *давенен*. Усилия его оказались плодотворны, в результате большинство студентов получили навыки участия в службах и даже проведения их.

Особая духовная атмосфера в Кишиневе вызвала к жизни много хорошего, но и создала определенные трудности. Одна из проблем была связана с тем, что к проведению служб допускали абсолютно всех, вне зависимости от того, способен ли человек пропеть мелодию. Куда важнее считались энтузиазм и воодушевление. Все это было прекрасно для отдельных студентов, но далеко не оптимально для целой группы, которая вынуждена была выслушивать службу, совершенно лишенную музыкальности. В то же самое время некоторые студенты стали заниматься с местным ортодоксальным раввином — он оказал на них сильное влияние и подвиг их к более строгому соблюдению религиозных обрядов. Ринат Байрамов, местный студент-активист, решил отрастить пейсы (длинные локоны на висках) и в таком виде красовался как в городе, так и на семинарах «Гилеля», рассказывая всем, как это здорово, а Игорь Фурер активно отстаивал идею изгнания из «Гилеля» в бывшем СССР всех негалахических евреев; Миша Зильберминц вознамерился сделать службы в «Гилеле» ортодоксальными, с устройством *мехицы* между мужчинами и женщинами.

Во время семинара лидеров в Москве в 2001 году студенты из кишиневского «Гилеля» попросили позволения проводить вечерние пятничные службы. Они хотели продемонстрировать «новый успешный подход» к привлечению студентов к молитве. Перед самым началом службы Миша, ни с кем не посоветовавшись, объявил, что отныне службы в «Гилеле» будут проводиться «по правилам», и потребовал, чтобы студенты и студентки встали раздельно, тем самым создав *мехицу*. Участники семинара не стали возражать и спокойно, оперативно передвинулись в разные части зала. Кишиневские студенты, которые проводили службу, перевирали мелодию и пытались это компенсировать, громко выкрикивая слова молитвы и хлопая ладонями по мебели и разным частям собственного тела. В таком виде служба выглядела полным безобразием и всех отталкивала. Многие студенты и сотрудники без обиняков высказали свое возмущение.

После службы я обсудил с Мишей неуместность такого подхода — речь шла не столько о *мехице*, сколько о том, что он изменил ритуал, ни с кем не посоветовавшись и не проконсультировавшись. Впоследствии Миша переехал в США, мы встретились на совещании сотрудников «Гилеля» в Нью-Джерси. Он подошел ко мне и извинился за тот московский инцидент, признав, что был неправ.

Службы в общинах

В нескольких общинах «Гилеля» на службу *каббалат-шаббат* стали приходить не только сами студенты, но и их родители и родные. В Ульяновске, Казани, Харькове и Кишиневе общины безусловно нуждались в этих службах. Набирающее силу явление — проводимые «Гилелем» службы, в которых участвовали не только студенты, но и взрослые, — поставили и «Гилель», и местные синагоги перед непростой дилеммой. С одной стороны, «Гилель» не собирался конкурировать со службами, которые предлагали местные синагоги, и не считал себя альтернативным еврейским религиозным движением. С другой стороны, разве можем мы выставить за дверь тех, кто к нам пришел?

Директора «Гилеля» и сотрудники на местах всегда подталкивали студентов к тому, чтобы они посещали местные синагоги и участвовали в их жизни. Некоторые студенты так и поступали, однако большинство говорили, что службы в их общинах им не по душе. Я и по сей день убежден, что мы должны предпринимать больше усилий, чтобы помочь нашим студентам обрести духовный дом в синагогах своей общины. Более того, мы должны помогать раввинам и лидерам местных синагог лучше понимать нужды студентов и откликаться на их требования. Нужно помогать им создавать в синагоге располагающую, открытую обстановку, так, чтобы студенты чувствовали себя как дома. Окончив университет, студент или студентка вливаются в еврейскую общину, а местная синагога — основополагающий компонент общинной жизни.

Утренние молитвы

После летнего семинара 1996 года мы добавили в ежедневный график еще и утреннюю службу. Как и в случае со всеми новыми программами в бывшем СССР, мы экспериментировали с разными форматами. Я обратился за помощью к Миле Вигдоровой, молодой многообещающей студентке из Москвы, которая прошла обучение в «Мидрешет Иерушалаим», образовательном отделении Института еврейских исследователей Шехтера в бывшем СССР, неплохо изучила иудаизм и относилась к нему с большой страстью. Мы попросили Милу продумать несколько вариантов утренней молитвы, так чтобы у студентов был выбор. Мила провела несколько разных служб, в том числе реформистскую, консервативную, молитву в танце, молитву с музыкой, мистическое служение, службу для начинающих. Несмотря на разнообразие, большинство студентов не были этим впечатлены, они приходили на службу только один раз.

На следующих семинарах мы опробовали другие форматы службы, и тоже без особого успеха. Мы проводили службу в лесу; молились вместе большой группой, молились в маленьких тесных группах; пытались сделать службы необязательными, пытались требовать всеобщего участия; привозили хороших лекторов, но и они не пробудили в студентах духовного энтузиазма. Ни одна из этих инициатив не дала нам ключа к искомому решению.

Брэд Корицински, молодой преподаватель — он родился в Америке, но говорил по-русски, — в то время учился в Израиле и стал нашим сотрудником; он предложил новый формат служб, который, помимо прочего, предполагал, что утренние молитвы будут проходить после завтрака, а не до. Студентов объединят в небольшие группы, минут пятнадцать им будут рассказывать о сути *тфилы*, за этим последует хоровое пение десяти избранных молитв с кратким комментарием. Отзывы студентов и хорошая посещаемость дали нам понять, что мы наконец-то нашли подходящую формулу.

Утренняя субботняя молитва пользовалась большим успехом и популярностью на семинаре, однако мы и по сей день не сумели разработать формат, который можно воспроизводить на местах. Кроме того, нам не удалось обучить ни местных сотрудников, ни студентов самостоятельно проводить утренние субботние молитвы. Самое серьезное препятствие к проведению утренних служб в «Гилеле» заключается в том, что большинство студентов из бывшего СССР по утрам в субботу учатся. Однако, хотя мы так и не придумали формата утренних субботних служб, они проводятся на семинарах, где пользуются большой популярностью, и в них оказываются вовлечены почти все участники.

На утренних субботних службах на семинарах предусмотрено два альтернативных варианта. В восемь утра студентам и сотрудникам предлагается традиционная служба, на которой также читают отрывок из Торы. Кроме того, в 10:30 они могут посетить сокращенную «службу "Гилеля"». На традиционную службу, как правило, приходят более консервативные сотрудники из Израиля, а с ними — несколько студентов-мужчин из кавказского региона.

Хотя посещение утренних субботних служб не является обязательным, на сокращенную службу приходит около 75 % студентов и сотрудников. Как правило, мы начинаем с избранных молитв на иврите и русском, из «*Псукей де-зимра*» и «*Биркот хашахар*», за ними следуют, в сокращении, «*Шахрит*» и «*Амида*». Главное утреннее событие — служба с Торой, на которой студентов приглашают встать под раскрытым *талитом* (молитвенным покрывалом) и совместно декламировать благословения из Торы. По субботам мы объявляем, что студенты могут выбирать себе еврейские имена, сотрудники проводят с ними консультации по поводу подходящих имен и их значения. Потом, в Шаббат, новые имена официально присваиваются студентам по ходу алии к Торе. Это чрезвычайно трогательная церемония, и студенты с большим духовным подъемом относятся к этому важному событию — выбору нового еврейского имени.

Еще одна важная и очень насыщенная смыслами часть утренней субботней молитвы — произнесение «*Мишеберах*», молитвы за выздоровление всех болящих. Меня всегда изумляло, сколько студентов встают и произносят имена своих болеющих близких. Само по себе чтение Торы, со всеми привходящими, может занять 45 минут и более — так велико число студентов, которые хотят совершить алию к Торе, получить имя и помолиться об исцелении больных. После этого мы убираем свиток Торы и завершаем службу чтением «*Алейну*» и «*Адон олам*».

Праздничные молитвы

В западном мире, и так было на протяжении всей еврейской истории, осенние праздники Рош-ха-Шана и Йом-Кипур считаются самыми значимыми и священными днями еврейского календаря. В эти дни даже нерелигиозные евреи приходили в синагоги и храмы, пусть даже и ненадолго. В бывшем СССР дела обстояли иначе. Если среднестатистического тамошнего еврея просили ответить на вопрос, на какое время приходится еврейский Новый год, ответ часто звучал — «на зиму».

Весной 1998 года сотрудники «Гилеля» запустили амбициозную программу возвращения еврейских осенних праздников на законные места в центре общинной жизни евреев бывшего СССР. «Инициатива Рош-ха-Шана» была запущена в мае — мы начали с подготовки двадцати специально отобранных студентов, которым предстояло стать координаторами и проводить молитвы. Наши сотрудники из Иерусалима, во главе с директором по вопросам образования «Гилеля» в бывшем СССР рабби доктором Нахумом Амселем, подготовили интерактивный *махзор* (сборник молитв), куда вошли основные праздничные молитвы с комментариями, короткие воодушевляющие рассказы, сокращенные отрывки из Торы и инструкции, как дуть в шофар. Была подготовлена аудиокассета с правильным мелодическим рисунком молитв. Рабби Амсель обучил координаторов и добавил к *махзору* отдельную пространную инструкцию.

Множество скептиков утверждало, что «Инициатива Рош-ха-Шана» бесперспективна, это пустая трата сил и денег. Другие восприняли нашу идею с энтузиазмом. Рабби профессор Юджин (Джин) Вайнер, директор специальных проектов «Джойнта» в Москве, заявил, что идея великолепна, и вложил много сил и времени в то, чтобы посодействовать запуску служб «Гилеля» на Рош-ха-Шану, предоставив нам средства «Джойнта». Они с Женей Михалевой набрали и обучили группу студентов; те должны были звонить невовлеченным сверстникам и приглашать их на службу. Кроме того, Джин убедил своего друга, выдающегося американо-израильского педагога Питера Геффена, приехать в Москву и помочь с проведением нашей новогодней службы. В первый год в ней приняло участие свыше 500 студентов, а в дальнейшем число их лишь возрастало. В 2003 году на новогоднюю службу в московском «Гилеле» пришло свыше 1800 студентов — и не только.

В других частях бывшего СССР «Гилель» подготовил координаторов и «пара-раввинов», которые проводили молитвы в своих студенческих общинах. Они, в свою очередь, приобщили тысячи евреев к давно забытым праздникам — Рош-ха-Шане и Йом-Кипуру. Во многих общинах студенты из «Гилеля» вернули традицию днем на Рош-ха-Шану идти к реке и проводить традиционный обряд «*ташлих*» — символическое сбрасывание в воду грехов, накопившихся за год.

Праздничные ритуалы пользовались все большей популярностью среди студентов, членов их семей и в общинах; на это обратили внимание местные раввины и, к их чести, предложили нам ценную помощь и поддержку. Рабби Яаков Блейх, главный раввин Украины, любезно позволил «Гилелю» использовать для служб подвал киевской синагоги. Он сам пришел на службу и даже дунул в шофар. Рабби Пинхас Гольдшмидт, духовный лидер московской еврейской общины, помог «Гилелю» найти помещение для проведения литургий.

В один прекрасный день представители ЮССР — волонтерской студенческой программы в бывшем СССР, спонсируемой Иешива-университетом в Нью-Йорке, — пришли ко мне в офис в Иерусалиме и попросили разрешения использовать *махзор* «Гилеля» для служб в Беларуси. Я очень обрадовался, что они хотят использовать наш *махзор*, но решил убедиться, что они понимают: у него мало общего с традиционным ортодоксальным молитвенником. Посетители заверили меня, что показали наш *махзор* местным еврейским лидерам в Беларуси и те сказали, что текст там осмысленный и подходит для нужд евреев из этой части света. Я дал разрешение отпечатать необходимое число экземпляров нашего *махзора*, попросил лишь, чтобы они указали в них авторство «Гилеля».

Отзывы участников наших праздничных программ свидетельствуют о том, что они пользовались успехом. Лиза Шектер, студентка из Филадельфии, которая провела 1999/2000 учебный год в Кишиневе в рамках проекта «Амитим», участвовала в работе кишиневского комитета по проведению Рош-ха-Шаны: «Я все эти религиозные обряды принимала за данность. Каждый год в сентябре я сообщала школьным учителям-неевреям, что несколько раз пропущу занятия, надевала цветастое платьице и шла отмечать праздник, смысл которого до конца не понимала». Только участие в праздновании Рош-ха-Шаны в Кишиневе пробудило у Лизы еврейское самосознание:

> Я почувствовала, что участвую в очень важном, совершенно уникальном событии. Удивительнее всего было то, что и «раввин», и «кантор» — все были студентами. Молитва за молитвой, прозрение за прозрением — все это передавалось от студента-лидера к восприимчивой публике. В воздухе висело ощущение надежды на будущее кишиневской общины. <...> Студенты из «Гилеля» пересказывали сюжеты Талмуда, как будто сами были свидетелями этих событий. Их очень личный подход к проведению службы заставил всех участников почувствовать себя как дома.

Дима Шкляр, 19-летний студент из Уфы, столицы Республики Башкортостан на границе Европы и Азии, сказал после участия в праздновании Рош-ха-Шаны в «Гилеле»: «Я до того никогда не молился, но когда мы все повторяли "Шму" за Гришей, нашим студентом-лидером, у меня родилось новое и очень важное чувство».

Дедушка, пришедший вместе с внучкой на новогоднюю службу «Гилеля» во Львове, расплакался: он впервые в жизни видел, чтобы еврейскую службу проводили молодые люди.

Празднование Рош-ха-Шаны в Тбилиси в 1999 году в тот же вечер показали по телевидению. Директор Си-эн-эн в Грузии был так впечатлен, что запланировал в конце сентября снять целую программу о тбилисском «Гилеле». По ходу трансляции председатель правления хеседа «Элияху» Лули Саташвили рассказал о праздновании Рош-ха-Шаны в его молодости — как они собирались в комнате без окон и свежего воздуха, как боялись, что кто-то донесет в КГБ и их всех арестуют. «А теперь здесь столько народу, что приходится использовать микрофоны, и мы не боимся во весь голос петь *"Авину малкейну"*. Это — современное чудо, и "Гилель" — один из творцов этого чуда».

10
Продолжение

Общие планы

В начале августа 1997 года директора «Гилеля» собрались в отеле «Славянка» в подмосковном Пушкино на трехдневный семинар директоров. Цель семинара состояла в том, чтобы выработать общие планы деятельности в бывшем СССР на следующий год, выстроить рабочие отношения между директорами и координаторами по всему бывшему СССР, представить старым сотрудникам новых, объяснить концепцию регионализации, поделиться друг с другом стратегическими планами, сверить административные процедуры, календарные планы, наметить даты программ. На совещании директоров годом раньше было лишь три директора «Гилеля» — из России и с Украины; в этом году, в связи с открытием новых отделений, директоров было одиннадцать, из четырех стран: России, Украины, Молдовы и Грузии.

Одной из основных тем программ «Гилеля» на будущий год было обучение основам иудаизма.

Кроме того, мы сосредоточились на Шаббате. Директора строили планы, как помочь студентам составить субботние программы для каждого отделения «Гилеля».

В «Гилеле» в постсоветских странах происходила кардинальная реструктуризация, включавшая в себя регионализацию как первый шаг к передаче административных функций сотрудникам из бывшего СССР. В конечном итоге все управление «Гилелем» должно было перейти к местным представителям. На первом этапе была введена менторская система, в рамках которой опытные директора-ветераны брали шефство над новыми — так, чтобы опыт ветеранов можно было распространить по всем отделениям. Эта система уже работала, и весьма успешно: Миша Левин, директор петербургского отделения, и его «звездная студентка» Аня Пуринсон поехали в Кишинев для проведения семинара по подготовке к Песаху. Кишиневский директор Галина Тененбаум отнеслась к этому с большим энтузиазмом, крайне положительно оценив информативные и творческие занятия и советы, которые петербуржцы привезли в ее город.

«Гилель» с его плюралистическим подходом к иудаизму был открыт для всех изводов еврейской религии. Директор минского отделения Женя Золотник отметил интересный феномен: представители как *эйш-хаторы* (ортодоксов), так и прогрессивного (реформистского) движения стремились вовлечь студентов из «Гилеля» в свои программы. Сотрудникам «Гилеля» приходилось прилагать дополнительные усилия, чтобы сохранять плюралистский подход и не примыкать к какому-то конкретному движению.

Еще один интересный вопрос, который был поднят на семинаре директоров, — это отношение к Израилю и алие. Каковы взаимоотношения «Гилеля» с Еврейским агентством, насколько сильный упор надлежит «Гилелю» делать на алие и/или взаимоотношениях каждого отдельного еврея с Израилем? Судя по всему, большинство студентов из «Гилеля» алию не планировали, по крайней мере до конца обучения. Однако наши студенты горячо любили Израиль, пусть и не собирались туда перебираться, и испытывали гордость за еврейское государство. Директора считали, что рассказывать об Израиле следует в контексте его важности для иудаизма и еврейской жизни, без особого акцента на алие.

Михаил Штейнер из «Джойнта» заговорил с директорами «Гилеля» об интересном свойстве еврейских лидеров из бывшего СССР: почти всем им за пятьдесят. Когда эти люди уйдут на пенсию, их дело придется продолжить тем, кому сейчас двадцать с небольшим. Очень важно, чтобы в таких организациях, как

«Гилель», молодых людей учили нести ответственность за свои общины, чтобы, когда освободятся позиции лидеров, они были готовы их занять. Позднее, после получения дипломов, многие активисты «Гилеля» стали сотрудниками еврейских организаций, занимающихся всевозможными общинными проектами.

* * *

Тиша бе-Ав предоставляет особую возможность совместно попоститься. Рабби Эбстайн объяснил студентам суть этого праздника, Аня Пуринсон выступила переводчиком. «После моей лекции Аня воодушевленно заговорила о значении Тиша бе-Ава для студентов из бывшего СССР в деле возвращения им еврейского самосознания, — говорил рабби Эбстайн. — Многие студенты сказали, что речь ее была блистательной и очень проникновенной». Потом рабби объяснил суть галахического поста, и около 60 из 120 студентов действительно постились, впервые в жизни. Вечером на Тиша бе-Ав желающие посетили службу *Маарив*, где читали первую главу *Эйхи*, а потом студенты и сотрудники декламировали стихи и читали выдержки из литературных произведений, в которых речь шла о бедах еврейского народа на протяжении столетий.

Утром на Тиша бе-Ав желающие посетили *Шахрит*, где также читалась *Эйха*. Потом студенты участвовали в программе, по ходу которой оживали фрагменты еврейской истории. Группы одна за другой заходили в помещения, где были представлены разные исторические периоды. В одном помещении студенты оказались в пещере в тот момент, когда евреи отказались входить в Землю Израиля. В комнате было темно, лежал песок, студентам пришлось у входа разуться. В другом им предстала Испания во времена изгнания евреев: прежде чем туда войти, их спросили, желают ли они остаться евреями (хороший вопрос для людей, которые как раз возвращаются к еврейству в реальной жизни). Три комнаты были посвящены холокосту: в одной, детской, были представлены фотографии погибших детей; в другой, взрослой, — фотографии и биографии; была еще «комната слез», куда каждый заходил в одиночестве; там звучала скорбная музыка и было слышно, как капают слезы. Даже сотрудники были тронуты до самой глубины души. Днем студентов объединили в дискуссионные группы, предложив им темы о разрушении святых храмов, о причинах, почему сегодня нужно быть евреем, о том, почему сложно построить Третий храм, о религиозных и психологических аспектах Тише бе-Ава. Потом около сорока студентов посмотрели фильм «Список Шиндлера». Вся программа прошла на подъеме, проникновенно, о многом заставила задуматься. Студенты обратились к историческим темам уничтожения и возрождения, важности национального суверенитета для еврейского народа. Тише бе-Ав — это день, когда все евреи могут задуматься о судьбе своего народа и о собственной идентичности.

После того как все в общей скорби отметили Тише бе-Ав, участники семинара сумели еще и попраздновать вместе — отмечали свадьбу директора минского «Гилеля» Жени Золотника и его невесты Оли. Давид Карпов, хабадский раввин, провел церемонию совместно с раввинами Давидом Эбстайном и Джином Вайнером. Студенты из московского «Гилеля» подготовили хупу, украсили обеденный зал, организовали праздничный ужин после церемонии. Большинство участников впервые в жизни попали на еврейскую свадьбу. После этого многим студентам тоже захотелось заключить брак по еврейскому обряду, а также узнать побольше о традициях, песнях и танцах на еврейской свадьбе.

Новообретенный интерес к обрядам еврейской свадьбы стал своего рода прорывом. Если на Западе для большинства евреев, даже светских, обряд венчания под балдахином — обычное дело, то еврейские лидеры из бывшего СССР ранее отмечали, что местным евреям не очень нравится эта идея. Впрочем, к концу 1990-х годов тут и там проводились еврейские свадьбы, например свадьба Золотников в Пушкино. Организаторы этих свадеб пытались сделать их мероприятиями для всей общины, стремясь подвигнуть и других молодых людей вступать в брак по еврейскому обряду. Золотники и проводившие свадьбу раввины сделали важный шаг в этом направлении.

11
Реструктуризация

В начале 1998 года пришло время частично реструктурировать «Гилель» в бывшем СССР. Помимо полномасштабных центров в Москве, Петербурге, Киеве и Минске, пилотные программы «Гилеля» уже действовали на Украине — в Харькове и Львове, на Урале — в Екатеринбурге, в Молдове — в Кишиневе, в Грузии — в Тбилиси. Кроме того, студенческие центры, находящиеся под патронажем «Гилеля», возникли в Сибири — в Омске, Иркутске и Красноярске; в Поволжье — в Самаре и Саратове; в Смоленске; в Беларуси — в Бресте и Могилеве, в Узбекистане — в Ташкенте. Мы решили разделить все центры «Гилеля» в бывшем СССР на три региона, чтобы каждый работал под руководством регионального центра. Предполагалось, что Женя Михалева из Москвы будет курировать Урал, Поволжье, Сибирь, Ташкент и Тбилиси; Осик Аксельруд из Киева — Украину и Беларусь; Миша Левин из Петербурга — Северо-Запад России, а также Кишинев и его окрестности.

Директора предполагали проводить совещания сотрудников трижды в год — в августе, январе и июне. Первая встреча состоялась под Москвой в августе 1997 года, вторая — под Киевом в январе 1998-го, третья была назначена в Кишиневе в начале июня. В январе 1998 года в совещании участвовали одиннадцать директоров «Гилеля», а кроме того, пятерых лидеров новообразованных групп пригласили на часть программы для лидеров.

На открытии совещания каждый из директоров «Гилеля» должен был представить свою программу так: «Еврейское возрождение происходит в... Его примером в моей общине может служить...» Тем самым директорам давалась возможность оценить, какое воздействие их центры оказывают на еврейское сообщество в целом, — и мы получили очень интересные ответы. В качестве примера возрождения еврейской жизни усилиями московского «Гилеля» Женя рассказала о том, что студенты проводят Шаббаты в дальних общинах, причем ездят туда *за собственный счет*. Объясняли они это так: "Гилель" подарил нам наше еврейское самосознание, и теперь мы считаем, что должны поделиться им с другими». Студенты из киевского «Гилеля» научились строить свою жизнь вокруг еврейского календаря; Осик рассказал, что они находятся «в постоянном предвкушении — ждут, как мы будем отмечать следующий еврейский праздник». Ира Гельстон сказала, что еврейское возрождение во Львове и есть «Гилель», а студенты — тот мост, который позволяет их родителям и родным обрести еврейскую идентичность. В Минске воскресная школа, спонсируемая «Гилелем», давала детям еврейское образование, а молодым родителям — возможность встречаться и разговаривать на еврейские темы. Студенты из кишиневского «Гилеля» произвели во время Песаха такое впечатление в «Теплых домах», что получили множество приглашений вернуться и снова посещать пожилых.

* * *

По ходу подготовки к совещанию я составил документ под названием "Гилель" в бывшем СССР: дальнейший путь», который перевели на русский язык; там перечислялось, какие проблемы «Гилелю» предстоит решить в начале 1998 года. Как убедить еврейские студенческие массы «стать евреями»? Как сделать так, чтобы наши студенты евреями и оставались? Какими именно евреями они станут? Я сделал упор на создание возможностей для еврейского образования, сотрудничества с общинами, на отмечание Шаббата и праздников, на еврейскую тему в творчестве. Этот документ должен был послужить основой для составления программ «Гилеля» на следующий год.

Повторение опыта с Песахом — проект «Илия»

Песах 1998 года выпал на апрель, однако сотрудники «Гилеля» начали готовиться к нему уже в октябре предыдущего года. В январе 1998-го около сорока студентов прошло обучение в Пасхальном университете, где они получили навыки проведения мастер-классов по подготовке к Песаху, — эти мастер-классы прошли в конце марта в одиннадцати городах. В пасхальную неделю, когда студенты из бывшего СССР проводили седеры по всей постсоветской территории, трое студентов из «Гилеля» в Питтсбургском университете приехали в Москву, шестеро студентов из «Гилеля» в Большом Чикаго — в Кишинев, пятеро студентов из «Гилеля» в Большом Лондоне — в Петербург, а двадцать шесть североамериканцев из Еврейского университета в Иерусалиме — на Украину, чтобы помочь провести седеры.

Всего 600 студентов провели 300 седеров в 165 городах, их посетило 18 тысяч человек. По сравнению с предыдущим годом рост числа участников составил 40 %, а рост числа проводивших церемонии — 150 %.

Пожалуй, самым полезным аспектом проекта «Песах» в том году стал компонент, названный «проект "Илия"», в рамках которого студенты справляли Песах на дому у пожилых людей. Еврейская традиция гласит, что в ночь седера Илия-пророк посещает каждый еврейский дом. Люди, собравшиеся на седер, символически открывают ему дверь во время чтения пасхальной агады и ждут его появления. Планируя новый проект, я хотел дать студентам понять, что как на Песах, так и в другие дни года они способны стать глашатаями благих вестей, несущими радость другим, — подобно Илии, как его изображает наша традиция. Студенты — Илия — приносили еду, зажигали свечи и проводили короткий седер. Они общались с пожилыми евреями, которые были рады напоминанию о юности и возвращению в давние времена, когда еще соблюдались еврейские обычаи. В ходе подготовки этого проекта мы составили и распространили сборник инструкций с практической информацией о том, как посещать пожилых людей на дому, — и студенты из «Гилеля» были до глубины души тронуты тем, с какой теплотой принимали их старики, уже не способные выйти из дома. Студенты из-за границы часто вспоминали визиты в рамках проекта «Илия» как самые трогательные моменты их участия в проекте «Песах». Лора Фрайман рассказывала о женщине по имени Мириам, которая выросла в хасидской семье, но после Второй мировой войны никак не соприкасалась с еврейской жизнью:

> В тот день, когда эта женщина, впервые после войны, услышала еврейскую песню, она наконец-то освободилась от духовного рабства. Нас часто спрашивали: зачем совершать многочасовые поездки по украинским горам, чтобы посетить единственного еврея? Для меня ответом служил встречный вопрос: «А как же иначе?»

После возвращения в Израиль североамериканских студентов, учившихся в Еврейском университете, мы провели общую встречу у меня дома. Мы пригласили на нее раввинов Джонатана Пората и Давида Эбстайна, Эстер Абрамович, Сэнди Кардин из Фонда семьи Шустерманов и собственно Чарльза и Линн Шустерманов. Студенты рассказывали нам трогательные истории. Одна девушка призналась, что проект «Илия» помог ей преодолеть внутренний страх перед старыми людьми. Другая решила для себя, что, вернувшись в США, будет чаще ездить к бабушкам и дедушкам, поскольку увидела, как для пожилых людей важно общение — и сколько сам посетитель может вынести из таких визитов. Каждый студент заявлял, что проект «Песах» сыграл определяющую роль в его жизни как еврея.

То, как на протяжении многих лет развивается проект «Песах», — показатель общего развития деятельности «Гилеля» в бывшем СССР. Год от года мы передавали все больше полномочий студенческим координаторам. Инструкция по проведению седера, разработанная иерусалимскими специалистами, теперь была переработана группой студентов: они сделали ценные дополнения и отпечатали в Киеве 300 экземпляров. Если раньше все административное бремя, связанное с проектом «Песах», ложилось на наших сотрудников, то начиная с 1998 года студенты сами занимались организацией и составлением сценария. Кроме того, было очевидно, что нам не удалось бы расширить свою программу до таких масштабов без неоценимой помощи троих студентов — наших лидеров, которые проводили Песах на местах. Все отзывы о проекте «Песах» служат подтверждением того, что, когда первоначальные страхи и робость сменились пониманием важности их дела для еврейского народа, все участники прониклись чувством гордости и уверенности в своих силах.

Этапы

В июне 1998 года 12 директоров «Гилеля» приняли участие в совещании, которое состоялось в Кишиневе. Не все они на тот момент работали штатными директорами, но все представляли активные, растущие группы студентов.

На открытии совещания каждому из директоров предложили рассказать о важном событии в его жизни, случившемся после нашей последней встречи. Женя Золотник из Минска поведал о рождении сына Игоря, остальные же в качестве главного события своей личной жизни называли программы «Гилеля». Это однозначно свидетельствовало: «Гилель» для них — второй родной дом, место, где можно найти друзей-евреев. Все сошлись на том, что это совершенно новое явление.

Я обрисовал общую картину развития «Гилеля» в бывшем СССР. Первым этапом стало открытие трех основных центров «Гилеля» в Москве, Киеве и Петербурге. Вторым — последующее распространение нашей сети на пятнадцать новых центров, где запущены пилотные программы. Третьим этапом станет регионализация центров «Гилеля» при дополнительной поддержке со стороны иерусалимского офиса. Четвертый этап предполагает передачу администрирования и управления всей системой «Гилеля» сотрудникам из бывшего СССР. В рамках общих планов на следующий год стоял вопрос, как нам выстраивать отношения с выпускниками «Гилеля», — ведь у многих из них уже появились свои семьи и дети.

По ходу конференции подчеркивалось, что главная задача всех программ «Гилеля» — просвещение в вопросах иудаизма. Директора знали, что многие студенты относятся к такому просвещению предубежденно — мол, оно не имеет непосредственного отношения к их жизни. Директора считали, что это можно преодолеть, подчеркивая на каждом занятии его важность для современной жизни. Обучение иудаизму, как правило, проходит более успешно, если подать его как подлинный и законный путь обретения смысла жизни.

Для усиления программ «Каббалат-шаббат» сотрудники «Гилеля» подготовили новую публикацию — ее предстояло опробовать на совещании. Книга «Я провожу Шаббат» представляла собой свод инструкций: как соблюдать Шаббат, как проводить службы и обряды. Миша Левин, Аня Пуринсон, Брэд Корицински, Джонатан Порат, Сеймур Эпстайн и я просмотрели текст еще до перевода. На конференции русский вариант был представлен директорам. Их впечатлила новая книга, они предложили включить ее в список субботних рассказов и мероприятий. Окончательный вариант планировалось представить на летнем семинаре 1998 года в Москве.

По ходу совещания я провел много времени за беседами с региональными и местными директорами «Гилеля». Личные встречи стали чрезвычайно ценным дополнением к постоянным контактам по мейлу и телефону, которые я все время поддерживал с ними из Иерусалима.

Укрепление

В августе 1998 года около 120 студентов собрались в подмосковном Пушкино на летний семинар «Гилеля». Впервые студенты и планировали, и проводили бо́льшую часть мероприятий. На этом семинаре мы ставили перед собой три основные образовательные цели: просвещение касательно осенних праздников, Шаббата, сионизма и демократии (это было приурочено к пятидесятой годовщине Израиля). Как обычно, к нам присоединилась команда психологов — они проводили мастер-классы, на которые студенты ходили очень охотно.

В один из дней московские студенты представили подготовленную ими программу «Вечный жид». Участникам предлагалось переходить из помещения в помещение, в каждом была представлена какая-то эпоха еврейской жизни. Помещения украшали произведения искусства, студенты читали стихи или показывали скетчи, иллюстрирующие те или иные времена. По отзывам, всем очень понравилась эта программа.

В пятницу студенты оттачивали навыки проведения Шаббата — изучали *паршат ха-шавуа*, разучивали мелодии *змирот*, осваивали субботние ритуалы. Студенты провели *тфилы*, и «уровень *давенен* в этом году был явственно выше, чем в прошлом. Студенты разучили много *тфил* и привыкли петь/*давенен* в больших группах».

* * *

Субботним утром Алла Леви, руководитель Еврейского агентства в бывшем СССР, посетила наш семинар и выступила с сообщением о Еврейском агентстве, о своей жизни в России и своей абсорбции в Израиле. Алла — великолепный оратор, студенты были очарованы. Она спросила у студентов их мнение по поводу будущего еврейского сообщества в бывшем СССР и о том, какую роль «Гилель» играет в их жизни. Студенты ответили, что для них «Гилель» стал главным столпом еврейского сообщества и в нем же сосредоточено будущее этого сообщества на постсоветской территории. Они спросили у Аллы, собирается ли Еврейское агентство содействовать развитию еврейской общинной жизни для тех, кто принял решение остаться в бывшем СССР. Алла ответила, что, хотя ее организация и заинтересована в участии в еврейской жизни в постсоветских странах, основная ее задача — алия, а не построение общины.

Однажды вечером во время семинара драмкружок из Петербурга представил прекрасный спектакль по мотивам рассказа Шолом-Алейхема «Заколдованный портной». В пьесе было показано, как герои, живущие нищей и полной опасностей жизнью, ищут счастья и стабильности. Спектакль вызвал у зрителей и смех, и слезы. Пьеса стала призмой, через которую студенты увидели свою жизнь в посткоммунистическом бывшем СССР. Многие тогдашние студенты из «Гилеля» усердно учились и серьезно задумывались о построении профессиональной и личной жизни в постсоветских странах. Как и персонажи спектакля, они мечтали о счастье, пытаясь одновременно приноровиться к тяжелейшим условиям... Пьеса заканчивается оптимистично — герои достигают счастья, несмотря на почти непреодолимые препоны.

Нас в очередной раз поразило, как четко и организованно прошел этот семинар под руководством студентов из Москвы. Они прекрасно планировали почти все основные семинары. Женя Михалева подобрала в свою команду очень одаренных и трудолюбивых студентов, которые много работали и умели добиваться успеха. Этим студентам было важно приступить к передаче своего опыта.

Сразу после летнего семинара студенческих лидеров в подмосковном Пушкино мы созвали (16–18 августа 1998 года) совещание для сотрудников. На нем обсуждались проведение осенних праздников, программа обучения иудаизму «Бейт-мидраш», способы привлечения новых студентов и работы с пожилыми людьми, расширение программ проведения Шаббата, организационные вопросы.

Одной из потенциальных зон расширения деятельности «Гилеля» был Уральский регион с центром в Екатеринбурге. Мы решили, что директор екатеринбургского «Гилеля» Ян Янковский будет заниматься этим в тесном сотрудничестве с бывшей студенткой из «Гилеля» Гилой Лившиц, которая недавно стала сотрудницей «Джойнта». Ян с Гилой совместно займутся организацией отделений «Гилеля» в Екатеринбурге и повсюду на Урале. Гила участвовала в деятельности «Гилеля» с самого ее начала и была одной из самых выдающихся наших студенток и лидеров.

Планируя церемонии осенних праздников в разных центрах «Гилеля», мы в том году сдвинули акцент с развлекательной части, которую ставили во главу угла ранее, на всевозможные аспекты еврейских молитв. Каждый центр «Гилеля» должен был подготовить собственную «молитвенную» программу, в соответствии со своими потребностями и особенностями, но ориентированную на создание серьезной атмосферы молитвы и благоговения. Студенты напишут текст, который будет зачитываться по ходу обзвона с целью пригласить других студентов на праздничную программу: в нем нужно подробно изложить, как именно будет проходить церемония. Планирование осенних праздников во всех отделениях предполагалось начать сразу после возвращения директоров с конференции.

Вовлечение новых студентов было и остается основной задачей всех программ в «Гилеле».

У каждого из директоров были свои предложения по вовлечению. Осик считал целесообразным устраивать программы для старшеклассников с целью вовлечь их в деятельность «Гилеля» еще до поступления в университет. Также предложили выделить средства на открытое мероприятие для новичков в каждом центре в начале каждого года — на этих мероприятиях можно будет рассказать о наших программах. Женя предложила еженедельные программы специально для новичков — помимо основных наших программ. Киевский «Гилель» искал новых членов с помощью кабельного телевидения и рекламы по радио. Омский «Гилель» рассылал по почте приглашения на свои мероприятия, а с пришедшими всегда старались познакомиться и взять у них номер телефона, чтобы можно было их позвать и на другие программы.

Ответы

Рабби Порат, приехавший на этот семинар, задал директорам интригующий вопрос: какое достижение «Гилеля» на данный момент кажется им самым важным? Ответы оказались весьма красноречивыми: Женя считала, что основное достижение московского «Гилеля» — создание атмосферы еврейского дома, причем молитвы, песни и благословения ее только дополняют.

«Гилель — не организация, это *кехила*, община. У нас тут удивительная атмосфера. Мы видим, что теперь в "Гилель" приходят и молодые семьи». Осик заявил, что главное достижение киевского «Гилеля» — широкий охват студентов-евреев, которые вернулись к еврейскому образу жизни. Кроме того, он упомянул новое понятие «профессиональный еврей» и заметил, что профессиональная подготовка, которую предоставляет «Гилель», очень важна для построения будущего евреев в бывшем СССР. Миша из Петербурга отметил важность направления творческой энергии в еврейское русло. В Минске главным достижением сочли активность и высокий уровень знаний. Тбилисский «Гилель» видел свое главное достижение в том, что занимает важное место в общине в целом. Кишиневцы тоже гордились своей деятельностью и тем, что в общине их воспринимают всерьез. Харьков счел своим главным достижением летние лагеря. Ташкент особо отметил свое новое помещение: «Мы были бесприютными Вечными Жидами, но скоро у нас будет свой дом». В Поволжье и Центральной России главным достижением объявили то, что с помощью проекта «Песах» удалось установить связь с евреями из маленьких городов. В Новосибирске больше всего гордились строительством сукки: «Когда мы построили сукку и пригласили туда членов общины, мы плакали. Мы чувствовали, что делаем что-то очень важное». Ян Янковский из Екатеринбурга отметил ключевое достижение:

> Главное достижение «Гилеля» — это я. Полтора года назад я был другим человеком. Вы себе просто не представляете. Я не умел молиться, никогда не постился на Йом-Кипур. Сегодня я — еврейский лидер, ко мне тянутся люди. К прежнему образу жизни возврата нет, еврейство — часть моей вечной души.

На следующий год Ян совершил алию в Израиль. Он стал офицером Армии обороны Израиля, а теперь работает врачом в Беер-Шеве. Жизненный успех Яна повторили многие другие директора «Гилеля», уехавшие в Израиль. Львовский директор

Ира Гельстон теперь живет в Бейт-Шемеше. Директор из Красноярска Сергей Костин также совершил алию и работает медбратом в клинике Бейлинсона в Петах-Тикве. Помимо этих директоров, за долгие годы сотни студентов из «Гилеля» в бывшем СССР перебрались в Израиль, поскольку их еврейское самосознание укрепилось за счет участия в деятельности «Гилеля».

Что касается расширения «Гилеля», на тот момент нам было важно укреплять существующие центры, а не открывать новые. Сотрудники решили сосредоточиться на углублении, а не на расширении образовательных программ.

12
Промежуточная оценка

В январе — июне 1998 года Варда Зилверберг, директор Института Зив и консультант-организатор отдела «Джойнта», отвечавшего за бывший СССР, ежемесячно встречалась со мной и Поратом, равно как и с другими ключевыми игроками из США, Израиля и бывшего СССР: мы обсуждали развитие «Гилеля» в бывшем СССР. По результатам Зилверберг составила отчет с оценкой нашей программы, как для «Джойнта», так и для Международного центра «Гилеля» в Вашингтоне.

В отчете Зилверберг отметила, что за три с небольшим года «Гилель» открыл свои отделения практически во всех основных центрах еврейского проживания в бывшем СССР. Эта разветвленная сеть осуществляет социальную, образовательную, религиозную и культурную деятельность, вовлекает в нее студентов, сближает их с еврейским народом.

Кроме того, писала Зилверберг, «Гилель» приобщает студентов к общинной работе через такие проекты, как «Песах», «Илия», проведение Шаббатов. Подобной работы в общинах «до прихода "Гилеля" не велось». Студенты из «Гилеля» уже являются активистами различных видов общинной деятельности. В своем отчете Зилверберг отметила: «Задача — и дальше развивать этих молодых людей, чтобы впоследствии они взяли на себя роль лидеров, либо в качестве штатных сотрудников еврейских организаций, либо в качестве волонтеров в местных общинах и советах».

В отчете отмечалось тесное сотрудничество между «Гилелем» и Джойнтом как важнейший залог успеха. «Тесная взаимосвязь между рабби Гольдманом и рабби Поратом сыграла особенно важную роль в развитии этого проекта». Кроме того, огромную помощь в осуществлении нашей программы, как в Иерусалиме, так и на местах, оказывали Фонд семьи Чарльза и Линн Шустерманов и сотрудники отделения «Джойнта» в бывшем СССР, особенно их директор Ашер Острин. «Особо следует отметить то, что сотрудники, в основном рожденные и выросшие в СССР, смогли воспринять не знакомую им ранее концепцию — программу "Гилеля"». Сотрудники «Джойнта» в бывшем СССР постепенно оценили важность «потенциала "Гилеля" в работе с молодыми людьми, которые ранее не интересовались делами общины».

В докладе говорилось, что «Гилель» успешно обучает местные общины удовлетворять свои нужды изнутри, а не навязывает им почерпнутые извне заграничные идеи. «Изначальное административное решение готовить и назначать местных сотрудников на различные должности в "Гилеле" (в противоположность назначению лидеров извне, например из Израиля и США) явно себя оправдало, хотя и было связано с определенными рисками». А поскольку студенты должны самостоятельно разрабатывать программы, которые будут интересны их сверстникам, у них развиваются чувство ответственности и лидерские качества, необходимые для планирования и претворения в жизнь подобных программ.

Вся система «Гилеля» отличается разнообразием и гибкостью, умением приспосабливаться под нужды и особенности различных групп, поскольку в каждом центре «Гилеля» разработаны программы, адаптированные под местных студентов. «Это уникальное свойство "Гилеля" создает у многих студентов ощущение личной привязанности к своей программе. Среди "секретов" успеха "Гилеля" в бывшем СССР — способность откликаться на самые сокровенные потребности участников». В то же время существуют и общие программы, одинаковые для всех центров, например Шаббат и праздники, изучение иудаизма, просвещение касательно Израиля; едины и административные требования к отчетам о деятельности и финансах.

Стадия первопроходчества, продолжавшаяся с 1994 по 1998 год, успешно завершена, «Гилель» занят укреплением и углублением своей деятельности. Некоторые плоды его деятельности на постсоветской территории уже вполне заметны — в частности, возросшее еврейское самосознание студентов, их работа в общинах и развитие лидерских качеств.

Планируя свое будущее, «Гилель» должен принять ряд стратегических решений, принимая во внимание ограниченность своих средств. Следует ли создавать новые отделения в небольших общинах? Как привлечь к деятельности новых студентов-евреев из тех общин, где «Гилель» уже функционирует? Как продолжить интеграцию студентов в их общины? Нужна ли «Гилелю» программа сопровождения молодых еврейских семей, которые создают его выпускники? Все эти цели объять невозможно — для этого просто не хватит ресурсов.

Шана-това

Благодаря тщательному планированию и подготовке кадров центры «Гилеля» в бывшем СССР были полностью готовы к осенним праздникам 1998 года.

Определяя наши задачи в связи с осенними праздниками, сотрудники вынуждены были лавировать между двух полюсов. Они знали, что одними только службами и молитвами среднего студента из бывшего СССР не заманишь, а если подстроиться под «наименьший общий знаменатель» и просто спонсировать новогодний праздник, мы не продвинемся к нашей цели объединения студентов из постсоветских стран с еврейским народом всего мира.

Я предложил разработать инструкции к проведению праздничных служб, в которые рекомендовал включить полчаса на молитвы и пение, театрализованное чтение Торы и либо полноценный обед, либо какое-то угощение. Сотрудники написали и перевели две подготовленных нами брошюры: «Я провожу Рош-ха-Шану» и «Я провожу Йом-Кипур»; студенческие лидеры могли использовать их в своих общинах и в центрах «Гилеля».

В брошюры вошли транслитерации с параллельным переводом, предложения по поводу программы праздника.

Помимо отпечатанных инструкций, сотрудники «Гилеля» подготовили и другие образовательные материалы, а также мастер-классы для семинара, направленного на достижение целей «Гилеля». Давид Эбстайн предложил в качестве темы бейт-мидраша на летнем семинаре «Чуву». Кроме того, он подготовил аудиозапись, где Маша Самойлова, профессиональный музыкант и сотрудница московского «Гилеля», пела праздничные молитвы; на семинарах разучивались мелодии и молитвы для празднований. Также речь на семинарах шла о создании серьезной и одухотворенной атмосферы во время праздничных служб. В Иерусалиме Брэд Корицински, сотрудник иерусалимского «Гилеля», подготовил дополнительные аудиозаписи, чтобы раздавать в ходе своей поездки на осенние праздники.

Из разных общин поступали разные запросы по поводу проведения осенних праздников. Например, в Омске ожидалось много пожилых участников, которые про праздники знали больше, чем студенты из «Гилеля», — «и они нам постоянно об этом напоминают». В Ташкенте «отсутствует представление о религиозных обрядах» — значит, чтобы привлечь людей на службу, нужно сосредоточиться на театральном представлении. Один студент-лидер спросил, можно ли провести службы в другие даты, однако мы однозначно ответили, что евреи по всему миру справляют Рош-ха-Шану и Йом-Кипур в одни и те же дни, так что, в отличие от седеров на Песах, гибкость тут недопустима.

Эбстайн попытался теоретически осмыслить, почему осенние праздники — столь новое понятие для евреев из постсоветских стран.

> Поскольку с осенними праздниками почти не связано никаких домашних ритуалов и их отмечают прежде всего в синагоге, евреи из бывшего СССР слабо представляют себе значение этих святых дней. Проект «Осенние праздники» наверняка повысит осведомленность и интерес еврейского сообщества и, будем надеяться, вызовет желание ввести эти традиции в свою еврейскую жизнь.

В московском «Гилеле» кардинально увеличилось число участников программы на Рош-ха-Шану. В 1996 году ее посетило 60 студентов, в 1997-м их число выросло до 650. В 1998 году решено было пойти ва-банк и снять в гостинице «Рэдиссон» зал на 1000 человек. Не рассчитывая заполнить столь большое помещение, в Москве отпечатали 800 экземпляров трехъязычного новогоднего *махзора*, где молитвы были приведены на английском, иврите и русском. Печатать больше значило зря расходовать бумагу — так подумали наши московские коллеги, полагая, что и 800 — это очень оптимистичный прогноз. К их удивлению, когда прибыли участники, заняты оказались все 1000 мест и еще 300 человек стояло в проходах. И, разумеется, *махзорами* им пришлось делиться — потребовалось куда больше 800 штук. По словам некоторых участников, по ходу службы им было очень приятно слышать шелест переворачиваемых страниц. Я в отчете написал: «Переворачивали не только страницы *махзоров*, перевернули страницу еврейской истории». Молитвы проводил Питер Геффен с помощью нескольких студентов *балей-тфила*. Пел хор из шестнадцати наших студентов — это дополнило атмосферу праздника. После службы студенты «Гилеля» угостили всех яблоками и медом, организовали израильские танцы. Эта служба оказалась фантастически успешной — ее даже показали в вечерних новостях на одном из российских каналов.

В Киеве студенты «Гилеля» организовали во время осенних праздников двухнедельное служение в общине. Начали с однодневного семинара по подготовке к Рош-ха-Шане — двадцать пять студентов и пятнадцать волонтеров из хеседа целый день изучали благословения, песни, историю и традиции этого праздника. После подготовки они разделились на девять групп, которые на протяжении недели посещали пожилых и не выходящих из дому людей в Киеве и его окрестностях, приносили продуктовые наборы и поздравления с Новым годом. Одновременно студенты проводили праздничные службы в общинах, в которые попадали. «В некоторых местах собралось свыше 200 человек, молодые и старые вместе пели и молились, празднуя Новый год». В самом Киеве главный раввин Яаков Блейх разрешил студентам из «Гилеля» использовать для службы подвал главной киевской синагоги. Организаторы рассчитывали, что на нее придет человек тридцать, в результате пришло более ста. Через неделю на деньги «Гилеля» было проведено празднование Нового года с викториной, призами и музыкой — в нем участвовало 500 человек.

В Петербурге студенты разрабатывали программу осенних праздников в тесном сотрудничестве с общиной. Хесед «Авраам» спонсировал грандиозный концерт, на который пришло десять тысяч человек — студенты из «Гилеля» сыграли в этом заметную роль. Они оделись европейскими евреями XIX века, приветствовали гостей, отводили на места, потом провожали. По ходу концерта, когда участники вышли на поклон, студенты в костюмах вручили им цветы.

Сразу после концерта, проведенного хеседом, многие участники отправились на автобусах в хоральную синагогу, где прошел менее масштабный концерт, а вслед за ним — общая молитва. По дороге в синагогу всем студентам выдали по кусочку яблока с привязанным к ним приглашением после общей службы присоединиться к службе, которую будут проводить студенты из «Гилеля». На нашу программу осталось столько народу, что они едва вместились в зал, однако, судя по энтузиазму участников, теснота их не смущала. Одна молодая женщина потом восторженно рассказывала: «Впервые в жизни я попала [на молитву], которая мне оказалась небезразлична». Костя, молодой оперный певец, недавно обретший еврейскую идентичность, прекрасно спел своим глубоким баритоном *Авину малкейну*. Это очень воодушевило и его, и остальных.

Во Львове центр «Гилеля» открылся лишь годом раньше, однако и там провели впечатляющую праздничную программу. Прежде всего, прошел праздничный семинар, в ходе которого Павел Алексеев знакомил участников со священными текстами, обсуждались разные темы, связанные с Рош-ха-Шаной. После этого студенты провели в хеседе «Арье» «скромный новогодний седер», в котором приняли участие 100 человек. Следующей в этой серии программ «Гилеля» стала отправка трех групп студентов в небольшие общины неподалеку от Львова. Студенты устроили презентации, по ходу которых разъясняли смысл и историю предстоящих праздников. Наконец, собственно на Рош-ха-Шану всю общину пригласили в «Гилель» на службу, которую проводили студенты. На ней присутствовали молодые люди, их родители, бабушки и дедушки. Все эти мероприятия раскрыли значимость осенних праздников большому числу людей.

В харьковском «Гилеле» сменился директор, им стала Юлия Потоцкая, которая начала с очень активного лета, перетекшего в осенние праздники. С помощью тридцати с лишним студентов из «Гилеля» Юлия помогла в августе обеспечить персоналом три семейных лагеря, организованных «Джойнтом». Между лагерными сменами Юлия и ее студенты съездили на летний семинар для лидеров в Москве, а в начале сентября посетили проект студенческих служб «От поколения к поколению» в Днепропетровске. Одновременно они начали планировать недельные мероприятия на период осенних праздников. Сперва они провели однодневный семинар для координаторов Рош-ха-Шаны. Потом танцевальный ансамбль «Гилеля» выступил на новогоднем концерте, который «Джойнт» проводил для всего города. Собственно, на Рош-ха-Шану студенты совместно пошли на службы, послушали шофар, а на следующий день 70 студентов собрались на службу *ташлих*, после чего посетили пожилых людей в «Теплых домах». Юлия написала, что благодаря участию в организации лагерей, семинара и празднования Рош-ха-Шаны число студентов, активно участвующих в деятельности «Гилеля», удвоилось.

Минский «Гилель» сосредоточился на организации серьезной программы на Йом-Кипур. Студентов пригласили поучаствовать в торжественной *сеуда мафсекет* перед началом праздника, за которой последовали молитвы. Их собралось столько, что многим пришлось есть стоя. За ужином раввин прогрессивной общины Нелли Коган и Брэд Корицински из иерусалимского «Гилеля» устроили неформальное обсуждение традиций, связанных с Йом-Кипуром. После ужина прошла служба, на которой звучали глубокие по смыслу мидраши, торжественные песни «Кол нидре» и «Видуй», *двар Тора*, состоялось специальное чтение Торы. Зал был набит битком, пришлось даже вынести стулья. Директор Женя Золотник был очень доволен тем, что удалось провести праздник в столь одухотворенной атмосфере.

По моим понятиям, программы на осенние праздники служили в постсоветских странах двум целям. Они одновременно помогали и укреплять старые традиции, и создавать новые. Это была важная глава в продолжающейся истории евреев бывшего СССР.

13
Вовлечение и обучение

«Жирафы» в городах

К 1999 году «Гилель» стал органичной частью большинства крупных еврейских общин бывшего СССР. Состав «Гилеля» постоянно меняется: студенты поступают в университеты, а через несколько лет их оканчивают, становясь частью еврейского населения. В отличие от других еврейских организаций, которые обслуживают все еврейское сообщество, «Гилель» задает своим участникам «срок жизни» примерно в четыре года. Для того чтобы способствовать обновлению еврейской жизни через студентов из сообщества, «Гилель» вынужден постоянно пополнять свои ряды — бывшие участники их покидают.

Программа «Сторонники еврейского возрождения» (JRF или, по созвучию, «Жираф») была запущена весной 1999 года с целью вовлечения новых студентов в деятельность «Гилеля». Частично она основывалась на успешной программе американского «Гилеля» «Steinhardt JCSC». Для названия программы я искал слово, которое есть и в русском, и в английском языке. Задача наша состояла в том, чтобы пропагандировать «возрождение» еврейской жизни, и полупрофессионалами, которым предстояло ее осуществлять, были студенты или сотрудники. Слово «жираф» существует в обоих языках — это длинношеее животное, которому, соответственно, хорошо видно вдаль, за горизонт текущего момента. Я опробовал это название на многих студентах и сотрудниках «Гилеля» из бывшего СССР. Им оно понравилось — и процесс пошел. Первых семерых «жирафов» подготовила и взяла под свое крыло Эстер Абрамович из Израиля — она работала директором по разработке программ. Задача «жирафов» состояла в том, чтобы запускать программы, которые привлекут к нам студентов, где бы те ни находились: главное — чтобы они посещали мероприятия «Гилеля», а мы бы приветствовали их с улыбкой и помогали почувствовать себя как дома.

Первый состав «жирафов» показал, сколь разнообразен студенческий состав «Гилеля». Света Ратманская из Киева изучала социологию на пятом курсе Международного университета Соломона. Саша Зайончковский учился в Москве на психолога. Виктор Бродский окончил Технический университет Молдовы в Кишиневе. Роберт Окунь из Минска получил два образования — инженерное и экономическое. Коба Давиташвили учился в тбилисской школе менеджмента. Для пилотной программы мы наняли их на неполный рабочий день. Они говорили следующее: "Гилель" — мой дом, я хочу, чтобы он стал домом для всех студентов-евреев из нашей общины»; «Программа "Жираф" поможет развитию еврейской жизни в нашей общине, мы достучимся до всех студентов-евреев, пусть и они станут частью "Гилеля"».

* * *

В 1999 году в Проект «Песах» было включено два новых элемента. В рамках «Песах ба-мишпаха», или «Пасха в семье», мы переносили седер из общинных центров в частные дома, чтобы люди праздновали Пасху в кругу семьи. Проект «Илия» стал сочетанием Песаха и хеседа: мы отправляли студентов по домам пожилых людей, чтобы для них проводили индивидуальные седеры. Обе программы позволяли все новым и новым евреям из бывшего СССР почувствовать радость Песаха.

В 1999 году нам удалось более чем вдвое увеличить число участников проекта «Песах» в сравнении с предыдущим годом. В 1997 году мы достигли впечатляющей цифры в десять тысяч участников, в 1999-м их число выросло до 21 тысячи. В 1999 году проект был нацелен на то, чтобы воспроизвести муки рабства и радость освобождения, передав тем самым цепь традиции от поколения к поколению. Евреи из СССР и сами прошли через коммунистическое рабство, поэтому для них празднование свободы по ходу седеров, организованных «Гилелем», имело особый смысл.

Для участия в проекте «Песах» в постсоветские страны прибыло три группы иностранных студентов. Девять студентов из Кливленда поехали в Петербург, четверо из Атланты — в Минск, а 23 студента, обучавшихся в Еврейском университете, — в Киев. Аня Пуринсон до того ездила в Атланту на тренинг, Эстер Абрамович несколько месяцев готовила студентов из Еврейского университета в Иерусалиме, а потом привезла в бывший СССР. Все три группы прибыли за два дня до Песаха, чтобы закончить подготовку и подружиться с местными ровесниками еще до того, как проводить седеры.

Пилотный проект «Песах ба-мишпаха» дал смешанные результаты. В Москве для десяти семей был проведен тренинг, по ходу которого их учили проводить седер на дому, для близкой и дальней родни. Задача состояла в том, чтобы Песах вернулся в положенное ему место — в дом. В Минске мы столкнулись с уже привычными трудностями: большинство семей никогда раньше не бывали на седере и предпочли хотя бы год побыть зрителями на общинном седере, прежде чем попытаться провести его у себя дома.

Мы уже знали, что коврики под тарелку, которые мы выдавали каждому участнику, являются очень действенным инструментом. В этом году мы сделали коврики еще лучше: к благословениям добавили картинки, на которых люди совершают пятнадцать «шагов» седера. Кроме того, мы заказали коврики покрупнее для пожилых, со слабым зрением. Многие пользовались этими ковриками вместо агады, многие забирали их домой — как драгоценный сувенир на память о празднике.

Чтобы облегчить процесс доставки, *седер эркот* со всеми предметами для седера были одновременно отправлены из Иерусалима на программу «Зимний университет» и розданы студентам по пять штук. В личном багаже они могли путешествовать по всей постсоветской территории без задержек, обычных для внутренней почты. Использование личного багажа для перевозки книг и других материалов из Израиля в бывший СССР стало нашим излюбленным методом. Российские власти постоянно придумывали новые пошлины на импортные товары. То, что эти товары являются «образовательными материалами или гуманитарной помощью», их совершенно не волновало. Таким образом, чтобы не платить пошлину, а также не бояться, что вещи застрянут на таможне в аэропорту, мы и складывали наши материалы в неприметные чемоданы — и это срабатывало.

В том году у нас появился новый источник кип. Вместо того чтобы вести кипы вместе с *эркот* из Израиля, Джонатан Порат попросил различные еврейские организации и частных лиц из США передать нам неиспользованные кипы с общинных мероприятий и семейных *смахот*. 1500 таких кип прибыли в Петербург. Вместе с кипами, оставшимися с прошлых лет, этого хватило для проекта «Песах».

Статистика по реализации проекта в Московской области выявила интересные тенденции касательно участия в седере. 90 % участников были люди в возрасте от 25 до 55 лет. Для большинства из них это был второй или третий седер в жизни. Во многих случаях именно молодые люди приводили на седер других членов своей семьи. 90 % ответили, что, безусловно, придут снова.

Один из студенческих лидеров так рассказал о поездке в поселок Брацлав:

> Дяде Лейбу, как его все называют, 99 лет, а его жене Сурке 96. Они женаты 73 года. Всю жизнь придерживались еврейских обрядов и традиций — типичное местечковое семейство. Когда мы приехали, больной дядя Лейб лежал в постели, однако на голове у него была ермолка — он ее не снимал всю свою жизнь. Когда мы с ним заговорили и упомянули про Песах, он заплакал и сказал: «Сегодня второй день Песаха, а я не могу встать и помолиться». Тогда дочь принесла ему *талит* и молитвенник, и мы стали молиться вместе. Эта семья оставила неизгладимый след в наших сердцах.

Целевые группы?

В марте 1999 года я много времени посвятил обсуждению с сотрудниками и студентами того, что называл «реальным состоянием дел на местах»: мы пытались проанализировать целевые группы студентов бывшего СССР, чтобы потом эффективнее выполнять свои задачи. Мы выяснили, например, что, в отличие от американского студенчества, большинство студентов из бывшего СССР живут дома с родителями; у них, как правило, почти или совсем нет братьев и сестер. Студенты самостоятельно принимают решение начать еврейскую жизнь, часто без активной поддержки со стороны родных, которых антисемитизм пугает сильнее, чем ассимиляция. Мы пришли к выводу, что все студенчество можно разделить на следующие категории:

Готовые к вовлечению/раскрытию — это самая многочисленная группа студентов-евреев в бывшем СССР. Им не довелось в жизни приобрести еврейского опыта. Большинство из них узнали о том, что они евреи, только в последние годы. Они никогда не бывали в синагоге, не знают о еврейских праздниках, не знакомы с еврейской историей; Израиль для них — просто одна из зарубежных стран. Этой группой и должна заниматься программа «Жирафы», в данном случае их задача — **вовлечение**, чтобы эти студенты стали участвовать в еврейских программах.

Захожие/потребители — это студенты, которые не меньше года участвуют в мероприятиях «Гилеля». Они — «потребители» разных наших программ, заходят на одну, на другую, не устанавливая тесных связей с организацией. Задача «Гилеля» относительно этой группы — **упрочение связей** с целью сделать их активными участниками деятельности «Гилеля».

Развитие связей через обучение — свыше 900 студентов в 18 центрах «Гилеля» в бывшем СССР уже ощущают тесные связи с организацией и готовы занять лидерские позиции как в «Гилеле», так и в еврейской общине. Однако поскольку их познания в еврейских вопросах ограниченны, задача «Гилеля» касательно этой группы — **обучение иудаизму** через бейт-мидраш, занятия, лекции и практическая подготовка к проведению праздничных обрядов и церемоний.

Развитие связей/учителя — ядро из примерно пятидесяти студентов в отделениях «Гилеля» в бывшем СССР, которое тесно связано с организацией, мотивировано и обладает как большим опытом, так и серьезными познаниями в иудаизме. Эти студенты находятся в уникальном положении: они могут выступать в качестве учителей и лидеров для своих сверстников и еврейских общин. «Гилель» планирует предложить им двухмесячную летнюю программу обучения в Израиле, чтобы повысить их осведомленность в области иудаизма, лидерства, работы в общине, преподавательские навыки. Результатом этой подготовки будет создание **учебных программ** в их собственных общинах.

Рождение «Лерхауса»

Одним из важнейших добавлений к программам «Гилеля» в бывшем СССР стала программа обучения сверстников сверстниками «Лерхаус», которую вели «педагоги Рохлинов» — учителя-студенты. Основанный на модели, разработанной в 1920-е годы в Германии Францем Розенцвейгом, «Лерхаус» сформировался как учебная программа, в рамках которой учителя-студенты восполняли недостаток профессиональных преподавателей в еврейских общинах — они обучали сверстников еврейским предметам. Я знал из книг об этой программе, изобретенной в Германии и впоследствии, в 1960-е годы, использовавшейся в США. Мне казалось, что эта модель оптимально подходит для бывшего СССР, где русскоговорящих педагогов по еврейским предметам крайне мало. Я предложил приспособить модель Розенцвейга к посткоммунистической еврейской жизни: пусть способные студенты обучают своих сверстников. Покойный Стэнли Чейс и его жена Памела, щедрые и чуткие благотворители, поддерживавшие образовательные программы в бывшем СССР и в Израиле, согласились стать нашими партнерами в этом начинании. Фонд семьи Рохлин которым руководил Джо Шонвальд, выделил средства на оплату труда студентов-учителей.

Создавать программу «Лерхауса» мы пригласили рабби доктора Нахума Амселя: у него была докторская степень по педагогике и обширный опыт подготовки учителей, так что он подходил идеально. Нахуму предстояло разработать учебную программу и материалы. Студенты-учителя запустили пилотную программу в семи городах: Харькове, Петербурге, Екатеринбурге, Киеве, Тбилиси, Москве и Кишиневе. Было решено, что, если программа пойдет успешно (а так и произошло), она будет внедрена во всех отделениях «Гилеля» в бывшем СССР.

Подготовка учителей для «Лерхауса» включала в себя несколько аспектов, выходивших за рамки изучения еврейских источников и материалов. Студенты учились составлять планы уроков, вовлекать учеников в работу над материалом, руководить бейт-мидрашом. Кроме того, поскольку студентам-учителям предстояло отвечать за набор учащихся и администрирование программы, их учили делать рекламу, привлекать и удерживать новых студентов, а также другим логистическим аспектам.

Программа «Лерхауса» состояла из трехгодичных курсов по основам иудаизма. Предлагались следующие темы: еврейский жизненный цикл, праздники, Израиль, еврейская история, холокост. Занятия проходили дважды в неделю, в перерыве подавали пиццу и другие популярные угощения.

Чем обучение в «Лерхаусе» отличалось от любого другого? Разница состояла уже в том, что учитель и учащиеся являлись сверстниками, то есть были равны и никто ни на кого не смотрел «свысока». Поскольку речь не шла о формальном обучении, учителю приходилось приложить немало усилий, чтобы удерживать интерес студентов. Нахум научил преподавателей «Лерхауса» начинать каждый урок с крючка или зацепки, чтобы привлечь внимание учеников и подвигнуть их на активное соучастие.

Важно было, чтобы студенты ощущали значимость получаемой информации для своей жизни, важно было сообщать о важных вещах и идеях в разных формах, чтобы студенты их лучше усваивали. В классе студенты садились в круг. Они приносили ручку, бумагу, изучаемый текст; учителю была нужна доска. Домашнее задание состояло из вопросов, которые студенты должны были обдумать.

Еще одним вариантом освоения иудаизма, который мы придумали для учителей «Лерхауса», было обучение в бейт-мидраше, где используется методология, не имеющая ничего общего с подходом изначального «Лерхауса». В бейт-мидраше студенты осмысляют тексты самостоятельно, учитель им их не преподает. Учащихся подталкивают к работе с текстом, они сами открывают для себя факты и представления. Главный упор делается на текст и на то, что он может нам поведать о нашей жизни. Таким образом студенты начинают понимать возможность диалога с Торой и важность ее изучения. В первые пять-десять минут занятия в бейт-мидраше учитель излагает тему и дает общую характеристику текста, привязывая его к тому или иному понятию из повседневной жизни. Кроме того, учитель говорит ученикам, что именно они должны делать по ходу *хавруты*. Потом они объединяются в небольшие группы, по возможности так, чтобы в одной группе не было близких друзей (чтобы исключить посторонние разговоры), но у всех был примерно один и тот же уровень. Силами группы они анализируют текст, отмечают в нем аномалии, из которых можно извлечь важный урок, учатся применять текст к своей жизни. Участников подталкивают к тому, чтобы они осмыслили текст, и стимулируют их мыслительный процесс до такой степени, чтобы они могли заранее предположить, что будет сказано в комментарии. В финале занятия в бейт-мидраше учитель подводит итог изученному, добавляет свои соображения, поднимает новые вопросы. В процессе *хавруты* учитель перемещается от группы к группе, чтобы убедиться, что изучение проходит как надо. Учитель должен быть готов в любой момент ответить на вопрос, выслушать, что именно обсуждается в группе, чтобы потом сформулировать итоговые замечания и получить отклики на усвоенный материал, оценить степень его сложности, общую эффективность занятия.

Первым делом будущим учителям из «Лерхауса» выдали материалы, связанные с сутью и обрядами Рош-ха-Шаны. Перед первым занятием у них было две недели, чтобы освоить материал самостоятельно. Во время первого обучающего семинара в августе 1999 года они по очереди давали показательные уроки — смотрели, как преподают другие, делились творческими находками, учились на чужих ошибках.

Преподаватели-сверстники

Первое занятие «Лерхауса» по системе «Преподаватели-сверстники» состоялось перед летним семинаром 1999 года, одновременно с учебным семинаром для координаторов праздничных программ и учебным семинаром для директоров. Все лидеры собрались на летний семинар в Ивантеевке под Киевом и посещали специализированные семинары, пока другие участники ходили на более общие мероприятия.

Этот семинар, в отличие от предыдущих летних и зимних семинаров, полностью проводили студенты из Москвы, почти без помощи со стороны иерусалимских сотрудников. Даже штатные сотрудники московского «Гилеля» были задействованы куда меньше, чем в предыдущие годы. Сотрудники из Иерусалима руководили только молитвами и ежедневными образовательными занятиями основного цикла; все остальное спланировали и провели сами студенты. Впрочем, по ходу всего семинара студенты с готовностью откликались на все предложения иерусалимских сотрудников.

На последних семинарах сотрудники из Иерусалима осознали, что существует некая дилемма касательно образовательного содержания семинаров. Было важно, чтобы те, кто приехал впервые, освоили вводную информацию, однако если повторять этот материал на каждом семинаре, то ветеранам «Гилеля» придется выслушивать одно и то же вновь и вновь. Мы придумали толковое решение: создали график занятий, объединив участников в группы в зависимости от того, какой это для них семинар — первый, второй или третий. В результате каждое «поколение» студентов получало доступ ко всему материалу, без пробелов и без повторов.

Все участники семинара получили подарки от «Джойнта». Те, кто приехал в первый раз, — карманный сидур на русском и иврите. А еще всем подарили русский перевод сборника хасидских историй Эли Визеля «Воспламененные души».

14
Еще один год

Евреи из бывшего СССР далеко не так хорошо знают и почитают Рош-ха-Шану и Йом-Кипур, как евреи во всем мире. На службы в эти дни ходят совсем немногие, а большинство евреев в постсоветских странах и вовсе не слышали про самые священные дни в году. «Гилель» решил исправить положение, обучая студентов проведению праздничных служб и вовлекая других студентов, равно как и всю еврейскую общину, в празднование Рош-ха-Шаны и Йом-Кипура.

В каждом центре «Гилеля» выбрали координатора, который должен был планировать проведение Рош-ха-Шаны и вести службы. Брэд Корицински, координатор специальных проектов «Гилеля», провел обучение этих двадцати студентов в ходе летнего семинара. У координаторов был определенный опыт проведения служб *каббалат-шаббат*, но не больших праздников. Много времени было отведено на изучение истории, понятий и обрядов. Каждому координатору выдали аудиозапись с праздничными мелодиями. Они учились рассказывать о службах, проводить их, задавать философские вопросы, делать так, чтобы все шло гладко. Кроме того, у них были и административные обязанности: планирование и координация программы, создание комитета, оповещение, регистрация новых участников, организация приема новоприбывших, получение утвари, необходимой для проведения служб, планирование новогоднего обеда, украшение зала.

По ходу семинара координаторам выдали две тысячи *махзоров*, тысячу кип, тридцать шофаров и сорок *талитов*. Много часов после раздачи повсюду раздавались звуки рогов — студенты дули в них или пытались дуть.

Следующая задача состояла в том, чтобы решить, кто именно будет проводить праздничные службы «Гилеля» в бывшем СССР. Как и годом ранее, кантор (и педагог) Питер Геффен и рабби Юджин Вайнер должны были помочь в проведении службы в московском отеле «Рэдиссон». Брэд собирался назад, в США, однако согласился перед этим приехать из Израиля в Петербург и помочь с планированием и проведением служб. В киевском «Гилеле» студенческие службы планировалось провести в главной синагоге, как и раньше; я обсудил все подробности с главным киевским раввином Блейхом. В других общинах в качестве временных раввинов должны были выступить студенты-координаторы — службы мы доверили им. Это было очень ответственным делом — ведь студентам предстояло стать духовными лидерами своих сверстников.

В Петербурге очень успешная культурная программа прошла в Доме архитектора. Константин Котельников, солист Театра оперы и балета имени Мусоргского, отвечал за программу. Открыл празднование директор Миша Левин; главный раввин Петербурга Менахем-Мендл Певзнер обратился к собравшимся с речью; Аня Пуринсон рассказала об историческом и культурном значении осенних праздников; Константин пел песни и молитвы по ходу службы; студенты из местного «Гилеля» рассказывали хасидские притчи, легенды, читали стихи. Потом состоялся торжественный ужин.

В кишиневском «Гилеле» принимали студенческие группы из других районов Молдовы и из Одессы. Они сосредоточились на том, чтобы привлечь к празднованию студентов-евреев, которые никогда раньше не участвовали в работе еврейских организаций, тех, кто был изолирован от еврейской религиозной и культурной жизни. Тридцать студентов много недель готовили и рекламировали свою программу: придумывали дизайн поздравительных открыток, подбирали подарки и призы, разрабатывали конкурсы и викторины, отмывали и украшали зал, разучивали тексты, молитвы и песни. Сами они сказали, что программа прошла успешно именно благодаря этой многонедельной предварительной подготовке.

Когда гости входили в зал, кишиневские студенты из «Гилеля» приветствовали их словами: «*Шана-това ти-катеву*!» («Да будет вам приписан хороший год!»). Гостям выдавали поздравительную открытку и приглашение в центр «Гилеля». Детям дарили конфеты в коробочках в форме яблока и игрушечный шофар. Войдя в синагогу, гости получали разработанный «Гилелем» *махзор*, а мужчины еще и кипу. Сцену студенты подготовили очень красиво, с еврейскими мотивами, оттуда и проводили службу. Они говорили о необходимости покаяния, молитвы и благотворительности, пели «*Авину малкейну*», подходили к Торе и слушали звук шофара. В конце спели «*Ха-тикву*». После службы все перешли в зал для *киддуша, нетилат ядаим, хамоци, шеэхияну* и там же ели *симаним* — символическую пищу, например яблоки и мед, в знак того, что Новый год будет сладким. После обеда и лотереи с интересными призами все пошли на *ташлих*. До проточной воды ходу было примерно сорок минут, но даже эта прогулка давала возможность укрепить духовность общины. Один из студентов написал мне: «В Кишиневе стояло солнечное утро, студенты шагали по улицам в кипах, с *махзорами* в руках, пели еврейские песни и постоянно смеялись. Жизнь казалась такой прекрасной и полной надежд! То был праздник наших еврейских душ, день обновления». До этой новогодней программы некоторые студенты считали, что все религиозные дела — это что-то смутное и непонятное. После Рош-ха-Шаны многие сознались, что слова «служба» и «молитва» обрели новое место и в их словаре, и в их внутреннем мире: студенты осознали, что духовные традиции могут быть красивыми и исполненными смысла.

Из-за того что в Москве недавно произошли взрывы (возможно, дело рук чеченских террористов), в московском «Гилеле» полагали, что гостей у них в этом году будет меньше — люди побоятся идти на большое еврейское собрание. Женя и ее московский комитет приготовились встретить «всего» около шестисот участников — куда меньше, чем годом раньше. Но явилась целая толпа — 1300 человек смогли преодолеть свои страхи, чтобы заявить о том, что они евреи. Большинству новых участников было 25–26 лет, как и раньше, но на сей раз среди желающих влиться в ряды «Гилеля» оказалось много 17–18-летних. Кантор Питер Геффен заболел и в итоге не смог приехать, но поскольку студенты успели разучить молитвы, они сумели его заменить. Впоследствии московские студенты подготовили шестиминутный фильм о праздновании Рош-ха-Шаны и назвали его «Мы не боимся».

В небольших новых центрах «Гилеля» также прошли успешные новогодние празднования. В красноярский «Гилель» пришло сто человек; один из гостей воскликнул: «Невероятно! Почему вы раньше ничего такого не устраивали?» В новом центре «Гилеля» в Ульяновске, «Мишпаха гдола», ожидали семьдесят человек, а пришло сто. Когда на следующий день все эти эпохальные новогодние события завершились, на студентов неожиданно посыпались всевозможные похвалы — сами же они считали, что всего лишь делают «правильное дело». В ташкентском «Гилеле», как и в Москве, также приходилось брать в расчет текущую ситуацию — в соседнем Кыргызстане шла война. Исламисты-повстанцы пытались свергнуть правительство президента Аскара Акаева, и ситуация так накалилась, что это ощущалось и в Узбекистане. Координаторы из Ташкента и местный директор решили отложить праздничные программы. Когда программа обсуждалась на семинаре в Москве, они прикинули, что придет человек тридцать пять. Ближе к делу приготовились встретить 250 гостей. На деле продуманную культурную программу посетило 400 человек, несмотря на накаленную обстановку в регионе.

Московский региональный семинар по подготовке к Хануке прошел в Ивантеевке в конце октября — начале ноября. Сразу после этого состоялся киевский региональный семинар, Нахум Амсель смог присутствовать на обоих. Впервые в регионах проводились отдельные семинары — таким образом удалось пригласить туда большее число представителей с их собственной периферии. На московский региональный семинар приехали студенты из Брянска, Казани, Самары, Красноярска и Хабаровска, на киевский — студенты из Крыма, Запорожья, Луганска, Черкасс, Житомира, Винницы и Хмельницкого.

Одесса и Кишинев

За первые полгода своей деятельности одесский «Гилель» вырос с тридцати до семидесяти участников. Однако проводить программы им было сложно — не хватало собственного помещения; имелась лишь комната в библиотеке, где нельзя было шуметь, а студентам это нелегко. «Джойнт» рассматривал возможность приобретения нового здания для своего хеседа — мы достигли договоренности, что несколько помещений в нем будут переданы в распоряжение «Гилеля» и в этом случае можно будет проводить регулярные программы. В любом случае одесский «Гилель» разрабатывал планы проведения Хануки, в том числе празднования в «Теплых домах» и в хеседе, а также отдельные мероприятия для студентов и поездки на периферию — поездом, потому что в одесском «Джойнте» еще не было мобильного хеседа, который «Гилель» мог бы позаимствовать, как это делалось в других общинах.

Наконец, в начале 2000 года одесский «Гилель» все-таки получил собственное помещение, где молодые люди смогли разрабатывать и реализовывать свои программы. Первым директором одесского «Гилеля» стал Геннадий Тартаковский, он координировал деятельность «Гилеля» с еврейским общинным центром «Мория». На торжественном открытии нового дома «Гилеля» в Одессе основатель «Мории» Геннадий Кацен был официально наречен «отцом "Гилеля"», поскольку именно он создал эту студенческую организацию как часть воплощения своей мечты о еврейской общине в Одессе.

Одной из первых программ одесского «Гилеля» стал археологический проект — исследование материальной культуры прежних еврейских общин. Вскоре он превратился в проект исследования истории холокоста — студенты обнаружили участок с могилами времен холокоста. В годы войны евреям приказали покинуть Одессу, и во время этого вынужденного исхода многие были расстреляны. В последующие годы далеко не все придорожные захоронения были обнаружены. Пятьдесят с лишним лет спустя молодое поколение вернулось к этому вопросу. Они вели настоящую детективную работу — опрашивали дорожных рабочих, которым случилось найти кости, обращались к краеведам; в результате было обнаружено как минимум одно захоронение, а потом поиски были продолжены. Дочери одной из жертв сообщили, где похоронены ее родители. 24 октября 1999 года на могиле произнесли кадиш — впервые.

Еще одной интересной программой одесского «Гилеля» стал проект «Еврейский гид». Директор Гена Тартаковский раньше уже водил экскурсии по еврейским местам и считал, что студентов нужно научить показывать туристам еврейские достопримечательности города. Один из студентов провел экскурсию для американского конгрессмена Эллиота Энгеля, приехавшего в общину с визитом. Мы понимали, что у этого замысла большой потенциал — главное набрать нужное число владеющих английским студентов, которые пройдут подготовку, и прорекламировать эту услугу. Хорошо было бы также, чтобы важные достопримечательности, вроде домов израильского национального поэта Хаима Нахмана Бялика и лидера сионистов-ревизионистов Зеева Жаботинского, были отмечены на туристической карте.

В этот период процветал и кишиневский «Гилель», несмотря на некоторую тесноту. Офис их находился в подвале местного «Джойнта» и состоял из стола и компьютера, плюс помещения для встреч — без туалета. Студенты собирались в этом подвале на *каббалат-шаббат*; пока готовился и накрывался стол, им приходилось уходить. Тем не менее Нахума поразило, что на пятничную вечернюю службу собралось очень много народу и там была представлена пьеса по мотивам недельного отрывка Торы, а потом подали вкусный субботний ужин, сопровождавшийся пением. «Жираф» Виктор прекрасно провел вечернюю программу, что привело к появлению новых членов в семье «Гилеля».

Кто обеспечил успех кишиневского «Гилеля»? Директор Галя Тененбаум прекрасно взаимодействовала с *нецигом* «Джойнта» Игалем Котлером, однако в июне Игаль собирался покинуть Кишинев. Директора «Джойнта» по образовательным программам Галю Каргер называли «матерью кишиневского "Гилеля"»; они вместе с Юлией, секретарем «Джойнта» и активным членом

«Гилеля», поддерживали теснейшую связь между «Гилелем» и «Джойнтом». Кроме того, пятеро американских волонтеров из программы «Амитим» девять месяцев поддерживали еврейскую деятельность в Кишиневе. Одна из волонтеров, Лиза Шехтер, свободно говорила по-русски и была *баалат-чувой*. Лиза очень много сделала для кишиневского «Гилеля». Саша Сандлер был очень талантливым преподавателем «Лерхауса»; поскольку расписание занятий и перемен приходилось строить с учетом того, что в 21:30 в городе отключали электричество, он решил угощать студентов пиццей в 21:30, во время перерыва в занятиях — чтобы у них не было желания сбежать со второй лекции.

Из поездки Нахум Амсель возвращался на машине «Джойнта», которая везла его из Кишинева в Одессу; оттуда он должен был улететь в Киев, а из Киева — домой в Израиль. Второй пассажиркой в машине на первом участке пути оказалась правнучка Менделе Мойхер-Сфорима — знаменитого писателя на идише и иврите, жившего в XIX веке. Она направлялась в Одессу, чтобы прочитать там лекцию про своего прадеда. Прежде чем доставить Нахума в аэропорт, водитель завез ее в лекционный зал: «Я вышел размять ноги, пока ее провожали внутрь. И тут меня вдруг окружили студенты из одесского "Гилеля"», — они заметили Нахума из библиотеки, где перед началом лекции готовились к Хануке. Студенты так обрадовались, увидев снаружи Нахума, что выскочили с ним поздороваться. Он объяснил, что зайти не может — нужно успеть на самолет, поэтому студенты встали снаружи и начали петь все свои ханукальные песни. А потом они станцевали *«Ам Исраэль хай»* прямо на тротуаре. Нахум был изумлен и тронут при виде их *руаха*, радости, энтузиазма. «Гилель» в Одессе, безусловно, состоялся!

Путь дрейдла

В 1999 году проект «Ханука» достиг рекордных масштабов — свыше 20 тысяч евреев самого разного возраста приняли участие в ханукальных программах «Гилеля» в двухстах с лишним общинах по всему бывшему СССР. Было распределено пять тысяч ханукальных наборов, включавших в себя свечи, меноры, дрейдлы, а также буклет по церемонии зажигания свеч, который подходил и для празднования на дому. Участникам предлагалось провести праздник дома, разделить его с друзьями и родными — тем самым умножая многократно свет и радость этих дней.

Ульяновский «Гилель» рекламировал свой праздник, рассчитанный на всю общину, в средствах массовой информации. Ждали, что придет около 200 человек, а пришло 500. Лидеры общины и профессионалы были ошеломлены: никогда еще они не видели у себя в городе столько евреев. Впервые в жизни многие преодолели страх и заявили о своем еврействе.

Ханука в харьковском «Гилеле» многое дала и студентам, и пожилым людям, которых они навестили на дому и в хеседе. Лиана Буцкая справляла Хануку впервые, равно как и впервые пришла в «Гилель». Оба этих переживания оказались незабываемыми. Ей очень понравился праздник, а еще в ней проснулось сострадание к старикам — она узнала, в каких невыносимых условиях они живут. «Они ютятся в довоенных домах; лестницы такие старые, что разваливаются под ногами. Но эти старики не теряют бодрости, хотя отчаянно нуждаются в помощи». Пройдя подготовку к Хануке в «Гилеле», Лиана смогла рассказать старикам об этом празднике, они же в ответ поведали ей о тяготах своей жизни. Вот как подытожил свое посещение «Теплых домов» еще один студент из «Гилеля», Ростислав Заславский: «Мы от них узнали не меньше, чем они от нас».

Студенты из львовского «Гилеля» за ханукальную неделю посетили дома двадцати пожилых и больных людей. В одном доме хозяйка — выходить она уже не могла — из-за плохого зрения не сумела зажечь свечи; тогда директор Элеонора Гаврилова взяла ее за руку, и свечи они зажгли вместе.

В минском «Гилеле» старикам помогли открыть для себя еврейскую жизнь, которой они никогда не видели, даже в юности. Студенты ощущали, что знают об иудаизме и еврейской культуре больше старшего поколения, — и с радостью делились новообретенными знаниями.

Посол Израиля в Грузии особо отметил праздничную программу в Тбилиси, особенно Рош-ха-Шану и Хануку, сказав: «Это большой шаг вперед. "Гилель" дал мне возможность увидеть будущее лицо грузинской еврейской общины».

Ташкентский «Гилель» продолжала омрачать тень исламского восстания в соседнем Кыргызстане, поэтому Хануку справили только в одном городе, решив не устраивать выезда в три других. Проводить там мероприятия было бы слишком опасно.

В кишиневском «Гилеле» расширили формат празднования Хануки и пригласили около 50 студентов с периферии, чтобы вместе провести трехдневный *шаббатон*. Еще одно новаторское мероприятие, связанное с Ханукой, прошло в Кишиневе в рамках программы «Рош-ходеш кафе»: видных бизнесменов пригласили поучаствовать в зажигании седьмой свечи меноры. Новая музыкальная группа «Гилеля», «Ани ва-та», исполнила для студентов и гостей песни на иврите, идише, русском и английском. Бизнесменов очень впечатлила программа «Гилеля», и они пообещали укреплять свои связи с нашей организацией.

Израиль по праву рождения

С целью укрепить связи между еврейскими общинами Израиля и диаспоры группа ведущих филантропов, в которую, в частности, вошли Майкл Стейнхардт и Чарльз Бронфман, создала партнерский проект с израильским правительством и местными еврейскими общинами. Задача состояла в том, чтобы дать молодым евреям, никогда не бывавшим на исторической родине в компании сверстников, совершить насыщенный тур по Израилю. В начале 2000-х годов в рамках программы «Таглит — Израиль по праву рождения» в страну приехала первая группа молодых людей из Северной Америки и бывшего СССР. Эта первая поездка дала 90 студентам из «Гилеля» из двадцати с лишним городов постсоветских стран возможность добраться до «городов вылета», Москвы и Киева, и улететь в Израиль, где они провели десять незабываемых, наполненных самыми разными событиями дней.

«Таглит» продолжает пользоваться колоссальным успехом, в итоге тысячи студентов из бывшего СССР смогли побывать в Израиле, получили возможность выразить и укрепить свою связь как с народом, так и с его страной.

Проведением программы занимались сотрудники «Гилеля» из Израиля и бывшего СССР. Габи Шайн Маркович организовала поездку от имени «Гилеля», а Саша Койфман, сам в прежнем активист «Гилеля» с Украины, теперь живущий в Израиле и работающий в региональном отделении «Гилеля» в Иерусалиме, координировал ее на местах и сопровождал группу по ходу визита. Проживающие в Израиле сотрудники провели несколько обучающих занятий, а сотрудники из бывшего СССР получили учебные материалы касательно условий и целей программы по электронной почте.

«Таглит» позволяет участникам познакомиться с географией и общественным устройством Израиля, от Галилеи до Негева; соблюдается баланс между знакомством с природой и образовательными мероприятиями. «Шесть бесед», которые проводятся в разные моменты поездки, нацелены на пробуждение еврейского самосознания студентов через бурные дискуссии и обмен идеями. По ходу поездки участники получают возможность пообщаться с израильтянами, чьи биографии имеют разительное сходство или различие с их собственными, — таким образом завязываются связи между сверстниками-евреями.

Шаббат полностью организовывал «Гилель», его проводили Нахум Амсель, Саша Койфман и я. К группе присоединились американские студенты российского происхождения. Сложилась теплая субботняя атмосфера — *тфила*, *руах*, обучение, пение и служба; все это прошло в священном городе Иерусалиме.

Как оно бывает с любой новой затеей, мы многому научились по ходу первой поездки «Таглита». Во-первых, группа из Северной Америки была куда многочисленнее группы из бывшего СССР, так что к студентам из постсоветских стран приходилось относиться с особой заботой, чтобы они не почувствовали себя ущемленными. Например, когда группы из Америки и бывшего СССР жили в одной гостинице, студентам из бывшего СССР казалось, что номера у них хуже, чем у американцев. На Экспо — выставке академических программ, которые доступны иностранным студентам в Израиле, студенты из постсоветских стран ничего не поняли, поскольку все было по-английски, да и в любом случае годичные программы им не подходили. А на гала-концерте в конце поездки (впоследствии его назвали «Мега-ивент»), хотя студенты из бывшего СССР и рады были слышать перевод в наушниках, в культурном смысле им было сложно понять, что к чему: юмор оказался им недоступен даже в русском переводе, а на видео самых ярких эпизодов программы не оказалось ни одного русского лица.

Тем не менее студентам из бывшего СССР очень понравилась поездка в Израиль. На вопрос, какие места их особенно впечатлили, они прежде всего назвали Яд Вашем, Старый город в Иерусалиме, Масаду и Эйн-Геди. Некоторые попросили дать им информацию об университетских программах, по которым они смогут вернуться в Израиль. Многие студенты из «Гилеля», принявшие участие в «Таглите», впоследствии стали «израильскими координаторами» в своих центрах «Гилеля»: они разрабатывали программы, связанные с Израилем. По итогам эта поездка вдохновила участников на более активную деятельность в своих еврейских общинах.

Конгресс-2000

В конце января 2000 года в санатории «Конча-Заспа» под Киевом состоялся ежегодный конгресс лидеров, перед которым прошел четырехдневный образовательный семинар для пяти групп специалистов:

> В Университете «Песах» тридцать с лишним студентов научились проводить семинары по подготовке к Песаху в своих регионах.
>
> «Педагоги Рохлин» из образовательной программы «Лерхаус» посещали мастер-классы, на которых знакомились с новыми материалами и методиками обучения.

«Жирафы» оттачивали навыки вовлечения и разрабатывали новые идеи.

Директора «Гилеля» оценивали уже проведенные программы, обсуждали будущие мероприятия, одновременно совершенствуя свои профессиональные навыки.

Двадцать шесть студентов обучались тому, чтобы выступать на конгрессе в роли *мадрихов*.

Первый вечер конгресса пришелся на Ту би-Шват, еврейский праздник деревьев. После ужина участники перешли в другую столовую, специально украшенную к празднику. По ходу праздничного седера они попробовали семь особых израильских блюд и выпили четыре бокала вина или виноградного сока. Петербургский «Гилель» привез с собой «дерево "Гилеля"» с восемнадцатью ветвями, которые символизировали центры «Гилеля» в бывшем СССР. Каждый директор получил сертификат о том, что в честь данного конкретного центра в лесу израильского Еврейского национального фонда посажено дерево. Студентам надолго запомнился этот опыт — деревья, Израиль, песни, семь блюд, еврейская еда.

Участниками конгресса были студенты, у них шли каникулы, так что никакого отбоя не предполагалось и, как правило, веселье длилось до четырех или даже пяти утра. Тем не менее все являлись на дневные мероприятия и активно участвовали во всей программе. Это было плодом высокого качества как программы, так и самих студентов.

Конгресс продлился с воскресенья по воскресенье, и Шаббат стал особым переживанием, к которому готовились всю неделю.

К концу субботней трапезы, несмотря на отсутствие электронной музыкальной системы, *руах* был крайне высок. Нахум Амсель и Моше Шур играли на гитаре и пели, а я залез на столы потанцевать, моему примеру с горячим энтузиазмом последовали студенты и сотрудники. Танцевать на столах было студентам в новинку, да и мне тоже. А понадобилось это потому, что в столовой было мало места. Нас там собралось много, помещение было тесным, пространства для танцев не оставалось. Я вел танец, а за мной выстроилась длинная цепь взявшихся за руки студентов. Столы были расставлены в форме еврейской буквы «Хет», похожей на «П», и когда мы добрались до конца ножки, дальше двигаться оказалось некуда. Я быстро сдвинул посуду в сторону, залез на стол и спрыгнул с другого конца. Никто такого никогда не видел, и это никак не вписывалось в рамки русского этикета. Студенты испытали телячий восторг, им страшно понравилась такая необычная вещь. На последующих семинарах студенты не раз мне говорили, что ждут не дождутся, когда можно будет потанцевать на столах.

А что касается самого Шаббата, одним из самых запоминающихся моментов стала утренняя служба, где каждому участнику предоставили возможность выбрать себе еврейское имя. Студенты консультировались по этому поводу с сотрудниками, а я провел особую церемонию в рамках алии к Торе. Студенты по очереди подходили к свитку Торы, целовали ту часть, где находится недельная глава, — рядом с десятью заповедями. Потом всю группу покрыли большим *талитом* для групповой алии. Получив новые имена, студенты подтверждали свою новую еврейскую идентичность. Все были воодушевлены, и воодушевление не ослабевало по ходу полуторачасовой лекции, которую я прочитал в субботу днем. События того дня вызвали сильный духовный подъем у всех участников.

На церемонии закрытия конгресса мы приветствовали три новых отделения «Гилеля» в бывшем СССР: в Хабаровске на Дальнем Востоке, в Новосибирске в Сибири и в Баку в Азербайджане. Теперь в постсоветских странах было 22 официальных отделения «Гилеля», плюс около шестидесяти аффилированных студенческих клубов.

Я задал участникам конгресса вопрос: как отдельный человек может поучаствовать в строительстве будущего евреев? На личном уровне, обучаясь, изучая Тору, историю и культуру нашего народа, углубляя свое еврейское самосознание и поддерживая связи с другими евреями в бывшем СССР, Израиле и по всему миру. На уровне общины мы можем создавать будущее евреев, обучая других тому, что они являются наследниками великой традиции, представителями народа, внесшего неоценимый вклад в развитие человеческого знания, этики и морали. Я призвал их своими руками создавать личное и общее будущее евреев.

Новая агада от «Гилеля»

После участия в работе Университета «Песах» в январе 34 его выпускника вернулись в свои общины и организовали трехдневные семинары по подготовке к Песаху в местных отделениях «Гилеля». Они обучили сотни не имевших никакого опыта студентов традициям праздника, чтобы те могли поучаствовать в праздновании Песаха в своих общинах.

В новую агаду от «Гилеля» вошла транслитерация тех элементов седера, которые предполагалось использовать в большинстве общин бывшего СССР. В каждой части агады имелся вступительный абзац, который проводящему праздник надлежало зачитать вслух. Если на своем седере студенты были ограничены по времени, в агаде было четко помечено, какие элементы седера являются самыми важными. Имелись также дополнительные сведения о том, что проводящий седер может включить в свои пояснения. Рисунки на ковриках под тарелки, которые предполагалось использовать на седере, совпадали с рисунками в агаде, так что смотреть можно было хоть туда, хоть туда.

В 2000 году проект «Песах» показал и количественный, и качественный рост. Если говорить о качестве, большее число студентов было подготовлено к тому, чтобы проводить седер в частных домах, — в результате празднование сместилось в семьи. Что касается количества, в бывшем СССР подготовку прошло 800 студентов, к ним присоединились 53 североамериканца, седеры прошли в 420 городах, числом 655, их посетило 28 858 человек. Костя Мухин из Петербурга отметил: «Я прекрасно провел время — многому научился, завел новых друзей, усвоил новые представления, понял, что могу своими руками менять жизнь». Двенадцатилетняя Женя Попиченко сказала: «Классно, что мы евреи и можем праздновать Песах».

Наташа Антонова из Хабаровска тоже ощутила все чудо этого праздника:

> Просто фантастика, насколько Песах волшебный праздник, потому что по ходу этой недели евреи самого разного возраста собираются как одна большая семья и пытаются сохранять свои традиции. Мы навеки останемся едины, если примем на себя ответственность друг за друга.

Анар Касумов, студент из бакинского «Гилеля», рассказал замечательную историю о том, как он проводил общинный седер в Гяндже — втором по величине городе страны. Они готовились начинать, и тут отключили электричество. В зал вошли гости, солнце садилось, делалось все темнее и темнее, а свет все не давали. Студенты плохо понимали, как проводить седер в темноте. Первые слова Анара, обращенные к собравшимся, звучали так: «Ну пожалуйста, пусть свет дадут *побыстрее*!» — и произошло чудо: по всему залу вспыхнули лампы. Гостей поразило такое совпадение, они заплодировали. После этого седер продолжился.

За два дня до начала праздника для участия в проекте «Песах» на Украине в Киев прибыла группа североамериканских студентов, обучавшихся в Еврейском университете в Иерусалиме. На другом самолете прилетела группа студентов из Чикаго. Студенты быстро перезнакомились, вместе пели и танцевали, пили пиво (в чисто альтруистической попытке помочь в истреблении *хамеца*) по ходу совершения *бедикат хамец* (поиска любых квасных продуктов, которые необходимо уничтожить) и сжигания *хамеца* на костре в лесу. Потом они разделились на одиннадцать групп, каждая состояла из трех студентов из киевского «Гилеля», трех из Северной Америки, охранника и водителя; группы отправились на периферию и повезли туда седер.

В Минске к студентам из «Гилеля» присоединились студенты из Йокнеама в Израиле. Они слышали, как старики сравнивают Исход из Египта с падением коммунистического режима в их стране. Старшие рассказывали студентам о преследованиях, о том, как им приходилось скрывать свое еврейское происхождение. Их очень воодушевляло начавшееся еврейское возрождение, они радовались тому, что во главе этого процесса стоит молодежь.

Студенты из балтиморского «Гилеля» присоединились к сверстникам из Одессы — они изготовили деревянные подсвечники, чтобы подарить их пожилым людям. Студенты совместно работали, играли, танцевали и пели.

Многие из североамериканских студентов, принявших участие в проекте, потом писали проникновенные отчеты о том, что им довелось испытать на Украине. Вот самые трогательные истории.

Рейчел Флейнер очень заинтересовало то сочетание замешательства, интереса и скрываемого невежества, с которой жители Украины пытались вникнуть в смысл седера от «Гилеля»:

> Евреи, с которыми я познакомилась на Украине, переживают новый для них опыт; они впервые видят пасхальный седер, впервые произносят благословение над вином, вспоминают давние времена и начинают поиски еврейского обновления. Я всегда жила в окружении святости, и видя то новое, что переживают сейчас украинские евреи, я говорю: «Шеэхеяну векиеману веигияну ле-зман азе» — «Благословен Бог, который дал нам дожить, и сохранил нас, и довел до этого времени».

Розанна Русицки подошла в Тернополе к старику по имени Израэль Глейзер, чтобы выслушать историю его жизни. Как оказалось, им не понадобился студент-украинец, чтобы переводить, — они смогли общаться на идише. Когда Розанна назвала Израэлю городок в Польше, где родился ее отец, лицо его засветилось, и он сообщил, что оттуда же родом был его дядя — то есть они земляки. По ходу всего Шаббата он представлял Розанну друзьям как члена своей *мишпахи*:

> Это огромный кусок мира, где коммунисты пытались вытравить память об иудаизме из сердца каждого еврея. Однако, что удивительно, евреи иудаизм не забыли. Даже если всего один человек помнит, как делать киддуш над вином, или только одна женщина помнит четыре вопроса — все равно они помнят.

Не все шло по плану, и недостаток знаний у евреев из маленьких городов очень затруднял работу их посетителей. Во многих местах студентам из «Гилеля» приходилось убирать со столов тарелки с хлебом. В одном городе триста участников продолжали есть по ходу всего седера, хотя их и просили этого не делать. Однако, как отметила североамериканская студентка Еврейского университета Джули Крайм, возможность вновь зажечь свет иудаизма там, где его так долго подавляли, стала одной из самых ценных наград в ее жизни.

Мэрилин Тернер помогала проводить седеры для детей в Коломые. «Дети были милые, внимательные. Слушали наши объяснения, пели песни, а самое главное — задавали много вопросов. Так здорово было передавать еврейские традиции следующему поколению».

Адам Стайн знал, что его прапрапрадедушка был родом из маленького городка Изяслава на Западной Украине. В 1909 году семья перебралась в Николаев на Черном море, на юге страны, и вскоре после этого эмигрировала в Америку. За 91 год никто из родных Адама не бывал в Изяславе. К 2000 году там проживало всего 20 евреев, и Адам с группой украинских студентов поехал проводить седер для всех двадцати. Он рассказал друзьям, какое для него счастье поехать в Изяслав и замкнуть круг семейной истории. «Когда я уходил из одной из квартир, какая-то женщина сказала мне, что в жизни у меня все будет хорошо, поскольку я вернулся в город своих предков. Вот так!» Кроме того, женщина сказала студентам, что посетители не только поведали им историю Песаха и Исхода из Египта, но и вывели их из собственного духовного рабства.

Гэри Хиршберг тоже соприкоснулся с прошлым по ходу визита на Украину.

> Входить в дом для проведения седера было все равно что возвращаться вспять на сто лет. На седер к нам приходила сама история; к столу садились призраки прошлого, мы вступали в беседу с предками. Проводя церемонию, я буквально вдыхал собственное наследие.

Джейми Трокман рассказывала, как подружилась с украинскими студентами:

> Они учатся в университете, они наши сверстники, во многом на нас похожи, но совсем другие. <...> Сломав культурные преграды, мы подружились. Много разговаривали про наше и их еврейское самосознание... обсуждали свои хобби, мечты, планы на будущее. <...> Мы получили невероятное количество знаний, надежд, воодушевления, множество желаний исполнилось. Мы подарили этим людям нечто неизмеримое. А они нам и того больше.

Кара Пеппер поняла, что алия подходит не всем. «Куда важнее пытаться улучшить жизнь украинских евреев на Украине. Благодаря таким организациям, как "Джойнт", "Объединенная еврейская конгрегация" и "Гилель", жизнь украинских евреев стала куда богаче».

Иаэль Бен-Дат заметила, что украинским евреям сложно произносить ее имя, поэтому стала представляться как Йентл — так звали ее двоюродную бабушку, в честь которой назвали и ее: бабушка погибла в лагере смерти в годы холокоста. Иаэль заметила, что на «Йентл» старики реагируют словно на возвращение домой давно пропавшего родственника:

> Для них Йентл было имя из прошлого, имя матери, сестры, подружки, в нем сосредоточилась истинная близость, уют, тоска и любовь. <...> Без всяких других слов, имя Йентл приносило счастье в их жизнь на те несколько секунд, минут или часов, которые мы проводили вместе. Для меня было особой честью даровать им все это.

Адам Розенталь писал:

> Почти у всех пожилых людей, с которыми я познакомился, были неудовлетворенные потребности — физические, эмоциональные, финансовые, духовные, иные. Я познакомился с человеком, который провел юность в многочисленной еврейской общине: ее потом сожгли нацисты, а в совет-

ские времена она была практически забыта. Он слишком стар для алии, но пытается вернуть себе свет иудаизма, участвуя в деятельности общины, вспоминая иврит и возвращаясь к своему культурному и религиозному наследию. Там, где он живет, пока нет синагоги, нет официального *хесед-авота*, который заботился бы о пожилых.

Глядя на боевые награды, которые многие старики надевали на седер, Адам заметил: мы тоже достойны боевых наград за освобождение собратьев-евреев. В конец концов они могут от всей души произнести: «*Ата бней хорин*» («Теперь мы свободны»).

Рубен Джейкобсен задался вопросом:

Как я узнал, что то, что мы, молодые люди из США, делаем, полезно и важно для наших собратьев-евреев на Украине? Это просто читалось у них на лицах. Все проявляли такую благодарность. Сама мысль, что они небезразличны людям с другого конца света, что те готовы приехать к ним на Песах, стала для них залогом счастливого года — и это было видно. [Всемирное] еврейское сообщество — воистину уникальное сообщество. Тот факт, что евреи заботятся о своих собратьях по всему миру — удивительное явление, и я очень благодарен за возможность быть членом этой чудесной заботливой семьи.

Обучение лидерству

Летом 2000 года шестнадцать новых студентов — учителей «Лерхауса» приехали на полтора месяца в Иерусалим для изучения материалов, которые им предстояло преподавать, и методик, которые целесообразно было бы использовать по ходу занятий. Одновременно у них появилась возможность напитаться священной атмосферой Израиля.

Четверо русскоговорящих преподавателей обучали новоиспеченных учителей основам иудаизма. Нахум Амсель знакомил их с новаторскими методиками обучения. Мириам Кайданов из Центра Мельтона в Еврейском университете координировала работу преподавателей и выступала гидом на занимавших полдня образовательных экскурсиях по Иерусалиму.

Рабби Джо Шонвальд, исполнительный директор Фонда Авраама и Сони Рохлин, встретился со студентами-учителями по ходу подготовки. Он описал программу «Лерхауса» как воплощение его мечты 1970-х годов, когда он посещал отказников и евреев-диссидентов в Советском Союзе. Тяга к еврейским знаниям и борьба за свободу наконец-то принесли свои плоды.

Студенты-учителя неделю изучали историю холокоста в СССР в рамках специального курса (его читали на русском) в Яд Вашеме. После этого они поехали в киббуц «Лохамей хагетаот», в общину, основанную выжившими в холокосте, чтобы дополнить знания об этом периоде.

В один из дней рабби Джонатан Порат присоединился к студентам за завтраком и поведал им об особой ответственности педагогов перед своими общинами, равно как и об их обязанности «распространять иудаизм за пределы стен "Гилеля"». Программу «Лерхаус» он назвал «великим экспериментом» и рассказал о том, что уроки, которые студенты будут давать как в «Гилеле», так и на периферии, могут разительным образом изменить судьбу евреев в бывшем СССР.

Каждый студент-учитель получил библиотечку иудаистской литературы, в которую входили Библия в русском переводе, CD-ROM с книгами и статьями по иудаике, планы уроков и дополнительные материалы на русском для первого семестра занятий, материалы из Яд Вашема, видео о холокосте. Нахум Амсель и другие сотрудники иерусалимского «Гилеля» собирались в течение года проехать по всем городам, посетить занятия «Лерхауса», дать им оценку. В ноябре в каждом регионе предполагалось провести семинары для учителей «Лерхауса», а в январе все они должны были собраться в Москве, подробно проанализировать программу и пройти дополнительное обучение. Полную оценку программе предполагалось дать в июне, тогда же мы собирались составить планы на следующий год.

Вернувшись домой, учителя «Лерхауса» встретились с местными директорами «Гилеля» и наметили один-два вечера в неделю для проведения занятий. После этого они организовали встречу с местным *нецигом* из «Джойнта», чтобы решить, когда и где будет проходить обучение на периферии. В результате программа «Лерхауса» распространилась за рамки круга студентов из «Гилеля».

В своем отчете я так описывал эффективность программы «Лерхаус»:

> В общинах, где нет профессиональных преподавателей иудаизма, самый эффективный метод состоит в том, чтобы найти молодых, образованных, подготовленных людей и превратить их в эффективных лидеров. Я называю студентов своими *нерот*, свечами, — они несут свет иудаизма в те места, где еще царит тьма.

Юлия Резак, учительница из хабаровского «Лерхауса», так понимала свою роль в возрождении ее родной еврейской общины на Дальнем Востоке: «Когда единственная молодежная организация находилась под эгидой Еврейского агентства, все думали об отъезде в Израиль. С "Гилелем" мы начали строить собственную общину».

Молитвенников недостает

Координаторы осенних праздников, прошедшие подготовку на летнем семинаре, провели службы в пятидесяти общинах семи стран, от Хмельницкого на Украине до Хабаровска на Дальнем Востоке. В них приняли участие свыше 14 тысяч человек. В Москве 1400 студентов набились в самый большой отель города, вместе молились, проникались чувством общинной солидарности.

12 тысяч *махзоров*, подготовленных «Гилелем», были отпечатаны в Петербурге и распространены по ходу летних семинаров, чтобы координаторы осенних праздников могли доставить их в свои общины. В московском «Гилеле» требовалось 1400 *махзо-*

ров, но даже в небольшом ташкентском отделении понадобилось целых пятьсот экземпляров — по опыту мы знали, что на праздничные службы придет много народу.

Московский студент Михаил Горелашвили рассказал о своем участии в еврейской жизни, особенно в связи с «Гилелем» и осенними праздниками: «Я пришел в "Гилель" три года назад в канун Рош-ха-Шаны, около часа помогал развешивать украшения, потому что там были мои знакомые. С тех пор "Гилель" стал важнейшей частью моей жизни. В этом году меня сделали координатором Рош-ха-Шаны».

В Петербурге новогоднюю службу посетили свыше 600 студентов и членов их семей. Большинство отмечали осенние праздники впервые в жизни. Каждая часть церемонии, от зажигания свеч до пения *«Ха-тиквы»*, национального гимна Израиля, в конце, сопровождалась подробными пояснениями, чтобы даже новички всё поняли и приняли участие. Каждая часть церемонии произвела соответствующее впечатление.

В Екатеринбурге на Рош-ха-Шану пришли двести человек: студенты «Гилеля» показали спектакль, основанный на тексте Торы. После службы подали традиционную еду: рыбью голову, яблоки, мед, гранаты и финики. Схожие программы прошли в Уфе, Перми, Оренбурге, Ижевске, Пензе, Ульяновске, Омске и Новосибирске. *Махзор*, подготовленный «Гилелем», сильно помогал участникам постигать сущность и атмосферу праздника. Александр Чечик, новичок «Гилеля» из Омска, сказал: «Я пришел на службу, не имея никакого понятия, что такое Рош-ха-Шана. Отныне я по-другому буду относиться ко всем аспектам иудаизма».

Директор красноярского «Гилеля» Вера Кофман рассказала о трехлетнем мальчике, который не получил ни одного приза в играх, устроенных студентами для детей. Она спросила, хочет ли он получить, как и другие дети, игрушку, а он ответил — нет, он хочет «шапку» (кипу). «Он предпочел кипу игрушке! Я едва не заплакала, увидев, с какой гордостью он надел кипу размером с его собственную головку!»

Киевский «Гилель» проводил новогодние службы в местном планетарии, и искусственный закат с моделями звезд на небосклоне стал очень впечатляющим фоном для церемонии. На молитву пришло 400 человек, в основном студенты; после молитвы состоялся праздничный обед.

Бакинский «Гилель» провел первую Рош-ха-Шану в городе после падения коммунизма, присутствовали местные еврейские знаменитости. В зале собрались представители израильского посольства, «Джойнта», «Мерказ Израэли», еврейского общинного центра, «Сохнута», хеседа, пришли сефардские и ашкеназские раввины. Об этом историческом событии написали три главные бакинские газеты.

* * *

Профессор А. Ю. Милитарев, ректор московского Еврейского университета, довольно скептически относился к неформальному еврейскому образованию, принятому в «Гилеле», — ему больше нравился структурированно-формальный университетский подход. Я объяснил ему: мы придерживаемся мнения, что для построения сильной еврейской общины будущего необходимы как традиционная наука, так и проведение неофициальных общественных, культурных и религиозных программ. Профессор Милитарев после этого проявил интерес к деятельности «Гилеля» и выразил свое согласие с нашими целями.

Конгресс лидеров имени покойного Чарльза Шустермана

В конце января студенты из 46 общин бывшего СССР собрались на конгресс лидеров под Москвой — он проводился в память о покойном Чарльзе Шустермане. Во вторник утром прошла мемориальная служба по этому благодетелю «Гилеля», выступавшие говорили о глубине и масштабе помощи Чарли «Гилелю» в деле создания его отделений в постсоветских странах. «Чарльз Шустерман воплощал в себе многое, — обратился я к участникам конгресса. — Он был прекрасным мужем, отцом и дедом, талантливым инженером и бизнесменом, великодушным и чутким филантропом, общинным лидером. Но человеком особенным и редкостным его делало то, что он был прирожденным строителем». Он никогда не прекращал строить будущее — для своей семьи, для бизнеса, для международной еврейской общины в лице евреев из бывшего СССР. Хотя большинство студентов раньше никогда не слышали имени Чарльза Шустермана, к концу мемориальной службы все они ощущали, что близко знакомы с Чарли, понимали, что он изменил к лучшему жизнь каждого из них. Студенты зажгли сорок шесть свечей — по одной от каждой общины, представленной на службе, а потом вместе прочли кадиш по Чарльзу как его названые дети. После этой трогательной службы студенты в его память прошли обучение в формате бейт-мидраша.

На следующий день студенты претворили выученное в жизнь: они совершили *хесед*, поехав в Москву и оказав помощь тамошним нуждающимся. Кто-то помог в уборке квартиры, кто-то — в приготовлении еды, а с теми, кто нуждался в общении, студенты посидели и поговорили.

Вечером того же дня «Гилель» показал себя общине с очень важной стороны. Специалисты по иудаике, приехавшие на конференцию «Сефера», проходившую одновременно с нашим конгрессом, видные местные еврейские деятели и участники нашего конгресса собрались вместе — около 1200 человек. Я рассказал о «Гилеле», стоя перед переполненным театральным залом, попросил студентов встать, когда я буду произносить название их общины. Новые и новые группы студентов поднимались со своих мест, и всем присутствовавшим стало понятно, насколько масштабным движением является «Гилель» в бывшем СССР. Следующей частью программы стало пение с Моше Шуром, а в проходах начались импровизированные танцы. Все это стало вступлением к почти профессионально поставленному студенческому спектаклю «Скрипач на крыше». Эта пьеса, очень хорошо известная на Западе, в Москве ранее не исполнялась. Крайне уместно было то, что московским зрителям ее представили именно студенты-евреи, которые рассказывали своим современникам о жизни их общих предков.

В четверг речь шла о направлениях общественной работы — лидеры местной еврейской общины пришли обсудить задачи, стоящие перед студентами и общиной. Студентам представилась возможность побеседовать о делах общины с влиятельными лидерами; в результате они и сами увидели и себя будущими лидерами.

В последние годы в каждом центре «Гилеля» готовили для празднования Пурима смешной *пуримшпиль*. По ходу конгресса мы рассказали о более традиционных вариантах празднования Пурима, в том числе с чтением *мегилы* (свитка), раздачей подарков бедным, еды друзьям, с праздничной трапезой. В тот вечер мы провели тестовую программу Пурима, которую собирались внедрить во всех центрах «Гилеля»: *мегилу* на нем читали по-русски, у каждого участника был собственный отпечатанный текст, а актеры одновременно представляли его на сцене. Когда прозвучало имя Амана, все замахали трещотками, заглушая его память. Мы были уверены, что тем самым наполним программы «Пурима» в центрах «Гилеля» более традиционным содержанием.

Во время конгресса участники узнали, как взаимодействовать с самыми разными людьми и ценить уникальный вклад каждого в еврейскую жизнь: таких лидеров, как покойный Чарльз Шустерман, библейских персонажей, религиозных деятелей, нынешних общинных лидеров. Кроме того, у них проходили занятия по иудаизму, посвященные взаимоотношениям с родителями и сверстниками. Учитывая то, что студенты из «Гилеля» принимали активное участие в еврейских делах, но дела эти, как правило, не вызывали отклика у их родных и друзей, важно было научить студентов сохранять и улучшать отношения с близкими.

По ходу конгресса с успехом проходили ежедневные молитвы. Каждое утро после завтрака студенты около двадцати минут изучали часть текста молитвы, а потом произносили ее. Для студентов *тфила* была интеллектуальным и эмоциональным переживанием, а не простым повторением слов. Посещаемость была очень высокой, хотя спали студенты мало и иногда по этой причине пропускали завтрак.

Тестирование программ

Одесский «Гилель», перебравшись в новое здание, обзавелся самым удобным помещением для студентов в городе. Нахум, посетивший его в апреле 2001 года, назвал его «максимальным приближением к "идеальному" центру "Гилеля"». Он находился в центре города, что всегда хорошо. Внутри имелись просторный офис и три больших зала для различных программ, в каждом можно было усадить от пятидесяти до шестидесяти человек. Во все залы можно было заходить из коридора, не потревожив участников других программ. Здесь же имелась кухня, по стандартам бывшего СССР весьма просторная, хорошо освещенная — все выглядело очень привлекательно. При этом арендная плата оказалась невысока. Фонд семьи Розенблюм из Балтимора помог в финансировании этой программы. Студенты прекрасно понимали, что у них совершенно особенный «дом». Заполнять его нужно было каждый вечер.

Центром руководила энергичная новая директор Анна Павлова, а Осик из Киева внимательно следил за его деятельностью. Анна, специалист по иудаике, активно привлекала новых студентов, притом что ей приходилось конкурировать с более старыми и хорошо известными студенческими организациями. Нахум предложил новые программы, например вечер для выпускников школы — тогда про «Гилель» они узнают раньше, чем другие организации пригласят их к себе следующей осенью. *Нециг* «Джойнта» Мейр Ивен прибыл в Одессу недавно, однако до того очень плодотворно сотрудничал с Осиком в Киеве, и у нас были все основания полагать, что отношения между «Гилелем» и «Джойнтом» в Одессе сложатся конструктивно. Нахум видел в одесском «Гилеле» колоссальный потенциал.

У ташкентского «Гилеля» также было очень неплохое помещение: два больших зала, два малых и кабинет директора. *Нециг* «Джойнта» Мейр Зизов очень продуктивно нас поддерживал — он и по сей день остается близким другом «Гилеля».

В Ташкенте возникли две совершенно типичных проблемы — с такими может столкнуться любой центр «Гилеля». Первая была связана с распределением полномочий: может ли директор в одностороннем порядке принимать решения по найму и увольнению ключевых сотрудников? Да, мы признавали важность самостоятельности каждого директора, но при этом считали, что решения по поводу ключевых сотрудников должны приниматься только после обсуждения с региональным директором и руководством из Иерусалима. Была, например, ситуация, когда возник конфликт между директором и очень хорошим учителем «Лерхауса»: вмешался региональный директор и сделал так, что учитель смог продолжить свою работу, несмотря на натянутые отношения с местным директором.

Вторая возникшая в Ташкенте проблема касалась еврейского содержания программ, что является основой деятельности «Гилеля». Выяснилось, что из еврейских программ там на данный момент проводят только *каббалат-шаббат*, занятия «Лерхауса» и гавдалу; в танцевальной и художественной студии еврейские темы всплывали лишь эпизодически, а в видеоклубе — никогда. Нахум предложил директору местного «Гилеля» Борису добавить в существующие программы больше еврейского содержания, а еще открыть клуб «Английское чаепитие», где обсуждались бы еврейские темы.

Визит Нахума в Ташкент совпал с приездом туда Линн Шустерман и миссии «Джойнта». Студенты «Гилеля» пригласили миссию на *каббалат-шаббат* и гавдалу — оба события были тщательно подготовлены заранее, со специальной программой для гостей. Перед *каббалат-шаббат* студенты отвели гостей на пять разных мероприятий в помещениях центра, а Линн Шустерман выпала честь прикрепить мезузу ко входной двери. Нахум привез из Иерусалима подарки для центра, а студенты вручили подарки Линн — она была совершенно очарована и студентами, и центром «Гилеля». Нахум провел торжественную гавдалу, в ходе которой студентов и сотрудников миссии объединили в пары и все они встали в круг для благословения свечей. Были песни и танцы, а Линн Шустерман короновали как «*малкат* Гилель» — королеву «Гилеля». Участники миссии были крайне впечатлены масштабами ташкентского «Гилеля».

В ижевском центре «Гилеля» сформировалась очень активная команда во главе с директором Мишей Збаром, его заместителем и братом Пашей Збаром и учителем «Лерхауса» Ильей Гольдиным — его отец Марк был директором местного общинного центра и хеседа. Марк Гольдин участвовал в организации еврейской общины в Ижевске, когда это было еще опасно. Тогда не было ни «Джойнта», ни местного раввина. В одной-единственной комнате теснились хесед, «Гилель», общинный центр и «Сохнут»; все это способствовало единению общины, однако сильно сокращало возможности «Гилеля» по проведению мероприятий. Праздники в общине мог организовывать только «Гилель», наши студенты были в целом самыми осведомленными евреями в городе. Газета ижевского «Гилеля» была для многих жителей периферии единственной ниточкой, связывавшей их с еврейским миром; студенты просили бюджет на печать девятисот экземпляров, чтобы распространять ее как можно шире.

Еще одним ресурсом оказался местный американский «Корпус мира» — у него было 170 волонтеров в западной части России. Двое из них, Шэрон и Ким, находились в Ижевске и преподавали английский сразу в нескольких местах. Илья Гольдин из «Лерхауса» учился у Ким в университете и обсуждал материалы о холокосте с преподавателями-американцами. Они очень заинтересовались этими материалами, разработанными Яд Вашемом и иерусалимскими сотрудниками «Гилеля», и на их основе разработали мини-курс по холокосту для местного населения. Сам Илья вел занятия «Лерхауса» в Ижевске и соседних общинах.

Афикоман

К шестому году своего существования проект «Песах» охватил уже 37 тысяч человек в семи странах, в сравнении с без малого 30 тысячами годом раньше. В проекте участвовало свыше 900 студентов, плюс 140 из США, Канады и Израиля. Во многом это стало возможным благодаря совместной работе «Джойнта» и «Гилеля» как в Иерусалиме, так и в каждом отдельном городе бывшего СССР, а также благодаря продуманному отношению ко всем деталям и планированию.

Каждый седер уникален: они отличаются по длительности, масштабам, возрасту участников. Хотя среди участников было много восьмидесяти- и девяностолетних — они еще помнили седеры своей юности, — приводили к нам и довольно много детей трех и четырех лет. Для многих участников ритуалы седера были в новинку, им нужно было просмотреть и выслушать вступительные материалы, но были и такие, кто посещал седер в «Гилеле» уже в шестой раз; для них нужно было провести более подробную церемонию. Студенты были подготовлены к тому, чтобы найти подход ко всем членам общины.

«Гилель» поставлял студентов, которые проводили седеры, а что касается материального обеспечения праздников, оно поступало из разных источников. Иерусалимский «Гилель» прислал *эркот* для седера: бокал для вина, подсвечники, покров на мацу. Еда закупалась на местах, а свечи, мацу и вино предоставлял местный «Джойнт». Иерусалимский «Гилель» переработал нашу агаду, основываясь на отзывах студентов и сотрудников, в бывшем СССР было отпечатано десять тысяч экземпляров и распределено среди студентов и членов их общин.

Североамериканские студенты, приехавшие в бывший СССР на Песах, начали подготовку еще дома. Каждому выдали перевод на английский русского варианта нашей агады и кассету с пасхальными песнями, которые русскоязычные участники будут петь на седере. Кроме того, им выдали 150-страничную антологию, содержавшую полезные статьи по истории и задачам нашего проекта «Песах», описание деятельности «Гилеля» и «Джойнта» в бывшем СССР, практические советы касательно того, что взять с собой в поездку, основные русские фразы и материалы по истории русского еврейства в современную эпоху. Все это помогло североамериканским студентам подготовиться к поездке и по приезде в постсоветские страны действовать с максимальной эффективностью.

Студенты из-за пределов бывшего СССР, как из Северной Америки, так и из Израиля, после Песаха вернулись домой, расширив свои представления о всемирном еврейском сообществе и с желанием помогать другим евреям. Для многих эта поездка стала поворотным моментом в жизни. Студенты крепко сдружились, пока работали и путешествовали вместе, и впоследствии продолжали поддерживать связь по электронной почте.

Для проекта «Песах» мы создали общины-побратимы. Студенты из городов-побратимов были направлены в следующие места:

из Балтимора — в Одессу;
из Питтсбурга — в Кишинев;
из Торонто — в Кишинев;
из Вашингтона — в Харьков;
из Бостона — в Днепропетровск;
из Палм-Бич — в Санкт-Петербург;
из Кливленда — в Санкт-Петербург;
из Атланты и Йокнеам/Мегиддо — в Минск;
с годичной программой в Еврейском университете — на Украину;
из Нью-Йорка и Иерусалима — в Москву.

Кроме того, были еще студенты из 19 американских городов, которые участвовали в проекте «Песах» в рамках спонсируемой Объединенными еврейскими общинами программы Еврейского университета «Гилель — Объединенные еврейские общины» на Украине. В этой группе были студенты из Сан-Диего, Филадельфии, Сан-Франциско, Монреаля, Лос-Анджелеса, Ванкувера, Оттавы, Виннипега, Милуоки, Сент-Луиса и других городов.

Встречи братьев

В июне 2001 года большинство евреев по всему миру было крайне озабочено ситуацией с безопасностью в Израиле. Тем не менее студенты из бывшего СССР продолжали подавать заявки на «Таглит». «Я всегда мечтал собственными глазами увидеть Израиль», — признался один из участников. И хотя одна разволновавшаяся мама из Московской области в последний момент запретила двум своим детям ехать, тридцать восемь оставшихся участников отправились в эту незабываемую поездку.

Одним из самых ярких эпизодов поездки стало совместное мероприятие в «Бейт-Гилель» в кампусе Еврейского университета на горе Скопус, в котором приняли участие около двадцати студентов «Гилеля» из бывшего СССР, ныне проживавших в Израиле. Я пришел их поприветствовать; они поужинали, за этим последовали беседы и игры. То был своего рода *мифгаш*, соединение двух разных групп: в этом и состоит суть «Таглита», а этот *мифгаш* оказался особенно памятным для участников.

Одна из логистических проблем, с которыми пришлось столкнуться организаторам тура, состояла в том, что студентам необходимо было проговаривать, что надевать в каждый день поездки. Например, для спуска в археологический раскоп нужна была спортивная одежда, а для посещения святых мест — закрытая; студентам напомнили, что на Шаббат нужно одеться понаряднее. Они неукоснительно следовали этим предписаниям, главное, чтобы гиды сообщали им все заранее.

Как всегда, участники «Таглита» вернулись домой с яркими, незабываемыми впечатлениями. После посещения Израиля один из студентов написал мне: «После поездки я почувствовал себя частью еврейского народа, научился не стыдиться своей национальной принадлежности и с гордостью говорить о том, что я — представитель еврейского народа».

15
Анализ и оценка

В июле 2001 года «Гилель» и «Джойнт» приступили к анализу и оценке деятельности «Гилеля» в бывшем СССР. Много было поднято и рассмотрено вопросов — мы пытались добиться того, чтобы в будущем наша программа наилучшим образом соответствовала потребностям студентов из данного региона.

В одном вопросе «Джойнт» и «Гилель» сходились полностью — касательно необходимости возрождения еврейского сообщества на постсоветской территории, особенно в студенческой среде. Ашер Острин, директор «Джойнта» в бывшем СССР, писал: «Тысячи молодых людей узнают о еврейской жизни и идентичности, с гордостью и без страха демонстрируют собственную идентичность, активно взаимодействуют с более масштабным еврейским сообществом». Студенты из бывшего СССР участвуют в деятельности «Гилеля», потому что «это площадка для проявления солидарности и для общения со сверстниками в обществе, характеризующемся неопределенностью и социальным распылением». Студенты нуждались в «тепле и инклюзии» — и всё это они находили в «Гилеле».

Мы также сошлись и касательно эффективности выбранной «Гилелем» политики плюрализма. Говоря словами Острина,

> ...несомненной сильной стороной «Гилеля» является предложенный им плюралистический подход к еврейской идентичности. <...> Еврейская идентичность, которую предлагает «Гилель», стабильна, многогранна, толерантна, укоренена в местных исторических традициях. Она включает в себя локальный и интернациональный компоненты, перекрывая всю постсоветскую сферу.

Один из основных вопросов нашей общей политики был связан с тем, чтобы не навязывать наши ценности и практики, а строить «Гилель» как самодостаточное, аутентичное движение, содействуя развитию аутентичной местной еврейской культуры. Я заверил всех, что

> ...программы «Гилеля» в бывшем СССР действительно разрабатываются на местах и обладают аутентичной идентичностью... каждое отделение «Гилеля» имеет право определять собственные приоритеты внутри своих программ и соответственно распределять средства, <...> каждое отделение «Гилеля» ищет собственные пути, и то, как они выстраивают свою деятельность, отражает местные потребности и интересы.

Например, на Шаббат и праздники кишиневские студенты ставят на молитве *мехицу*, а в Петербурге молитвы читают под пианино и гитару. Важно учитывать предпочтения местных студентов — такие решения не спускаются сверху.

Что касается вопроса о том, кто запускает программы «Гилеля» в бывшем СССР, то у «Джойнта» сложилось впечатление, что это делают штатные сотрудники, истина же была гораздо более неоднозначной. В каждом центре «Гилеля» имеется собственный студенческий совет. Эти группы проводят регулярные встречи, планируют и оценивают свои программы, обсуждают новые инициативы и мероприятия. За организацию региональных семинаров полностью отвечают местные сотрудники и студенты. Я доложил, что недавно присутствовал на встрече петербургского совета, где студенты обсуждали программу предстоящего семинара. Общенациональные конференции, конгрессы и совещания сотрудников проходят под серьезным влиянием и при значительном участии международного «Гилеля», однако всегда после консультаций с сотрудниками на местах и студентами и при их содействии.

Острин предложил создать общенациональный комитет студенческих лидеров, который будет проводить консультации на общенациональном уровне и на равных обсуждать возникающие вопросы с международным «Гилелем». «Совершенно правильно, — сказал он, — что лидерами студенческого движения в бывшем СССР являются студенты из бывшего СССР». Я согласился, что нам действительно имеет смысл создать единый комитет по всему бывшему СССР. Он поможет задавать общее направление и стратегические цели деятельности всей системы центров «Гилеля» в постсоветских странах.

Обсуждался также интеллектуальный уровень программ. Студенты из бывшего СССР хотели изучать иудаизм на том же уровне, что и университетские дисциплины, а религию — на уровне, соответствующем личному развитию каждого. Острин выразил сомнение в том, что подход «Гилеля» обеспечивает интеллектуальный уровень, достаточно высокий для студентов из бывшего СССР. Я с ним не согласился и стоял на том, что учебные занятия проходят на высочайшем уровне, с учетом культурного багажа и интересов студентов. С другой стороны, «Гилелю» стоило поставить перед собой задачу привлечь к своей деятельности опытных и знающих ученых и религиозных деятелей из местных общин.

Одной из основных особенностей деятельности «Гилеля» в бывшем СССР является упор на религию. Острина несколько тревожило то, что студенты слишком много внимания уделяют религиозным обрядам и *хеседу*. По его понятиям, заучивание молитвенных формул не способствует развитию их интеллекта, а учителя из «Лерхауса» обладают ограниченным багажом знаний. Он предложил обучать студентов и выпускников «Гилеля» еврейской составляющей в рамках их основной области знаний, например литературы или истории, чтобы они активно включались в процесс и могли преподавать эти предметы на высоком интеллектуальном уровне.

Я отметил, что программа «Лерхауса» пользуется большим успехом и это свидетельствует о способности «Гилеля» подстроиться под интеллектуальные и религиозные потребности местных студентов. По нашим данным, почти все программы «Лерхауса», без единого исключения, собирали еженедельно от двадцати до пятидесяти студентов в каждом из наших центров. Если бы, заметил я, занятия не обеспечивали должного духовно-интеллектуального уровня, студенты проголосовали бы ногами и просто не явились. А по факту на занятия в «Лерхаусе» имелся такой высокий спрос со стороны других организаций и с периферии, что «Гилель» был не в состоянии удовлетворять все просьбы.

Мы также обсуждали строгие возрастные рамки членства в «Гилеле». В силу уникальности «Гилеля» многие его выпускники хотели поддерживать с ним связь, даже перестав быть студентами. Острин предложил ввести четкие возрастные рамки и разработать отдельные программы для выпускников «Гилеля». Я с этим согласился, хотя, с моей точки зрения, имело смысл оставлять выпускников «Гилеля» в его рядах, пока для них не найдется нового места приписки.

Острин предложил отправлять сотрудников «Гилеля» в бывший СССР в качестве *шлихов*: «Иностранный сотрудник, работающий в постсоветских странах, волей-неволей будет зависеть от местных студентов — значит, студентам понадобится брать на себя больше ответственности». Я возразил, что «Гилель» уже принял решение не отправлять *шлихов* в бывший СССР, сделав установку на подготовку местных лидеров. Инициатива «вкладывать ресурсы в обученных на местах профессиональных лидеров» уже принесла весьма обильные плоды. Сегодня все новые организации перенимают наш опыт. Я согласился, что лидеров нужно готовить тщательнее, причем «Гилель» постоянно прилагает усилия в этом направлении. При этом «Гилель» ничего не имеет против того, чтобы послать опытных иностранных сотрудников в его центральные отделения в бывшем СССР. Если под это найдется финансирование и подходящие люди готовы будут посвятить два-три года служению местным общинам, мы с удовольствием запустим такую программу.

Местные лидеры в действии

В середине августа 2001 года, как это происходило каждым летом, «Гилель» провел обучающие программы для разных групп своих лидеров. 230 студентов из 38 городов в семи странах встретились, как всегда, в «Конча-Заспе»; программа охватывала множество самых разных тем, и все они представляли живой интерес для участников. Притом что некоторые лекторы, которых мы ожидали, в последний момент отказались приехать, семинар прошел весело, назидательно и продуктивно.

Тема вторника звучала так: «Жизнь местечка: утраченная культура». Каждой *хавуре* было поручено разобраться в истории того или иного сообщества — например, испанских евреев XV века, сегодняшних американских евреев, общин Польши XVIII века и пр. — и подготовить для всех семинаристов яркую презентацию, посвященную соответствующему периоду.

Темой среды стал холокост; в частности, состоялась очень трогательная церемония в Бабьем Яре, где шестьдесят лет назад проводились массовые расстрелы. Профессор Левитас из Международного университета Соломона подробно рассказал о том, что там происходило; две нееврейки, в детстве ставшие свидетельницами расстрелов, поделились своими воспоминаниями. Студенты произнесли псалом, читали стихи, зажигали свечи, знакомились с местом. Потом у них было занятие в формате бейт-мидраша, посвященное памяти погибших, тому, как и почему необходимо хранить память о холокосте. Студенты получили такое сильное впечатление, что разговор вышел за пределы отведенного на него времени. В тот вечер театральная студия киевского «Гилеля» показала очень проникновенный спектакль, где воспроизводились расстрелы в Бабьем Яре.

Темой четверга мы выбрали Государство Израиль, его историю и сегодняшнюю жизнь. Эта тема казалась крайне уместной после разговоров о холокосте накануне.

В пятницу речь шла о нынешней жизни в бывшем СССР, особенно подробно обсуждалась тема христианских миссионеров. Марк Пауэрс, директор международной антимиссионерской организации «Евреи за иудаизм», и доктор Александр Лакшин, заведующий такой же организацией в Москве, провели длинное подробное занятие на тему противодействия миссионерам в бывшем СССР.

Поскольку Шаббат — день отдыха, речь на семинаре шла об этом дне как островке духовности. Кроме того, участники говорили о единстве еврейского народа.

На Шаббат студенты переставили столы в столовой в форме буквы «Хет» — так всем было друг друга видно и лучше ощущалось единение. Нахум возглавил пение *змирот* из *широна* «Гилеля», потом начались танцы, которые длились полчаса — не потребовалось ни музыкального сопровождения, ни микрофонов. Пение и танцы не прекращались, поскольку инициатива исходила от самих студентов и не требовалось ничего планировать заранее. Утренние субботние службы кажутся нашим студентам из бывшего СССР чем-то чуждым, поскольку многие из них по субботам учатся. Однако в предыдущие годы они постепенно разучили тексты этих служб (в дополнение к вечерним пятничным службам) на летних и зимних семинарах. Утренняя субботняя служба стала кульминацией всего, что они освоили на наших предыдущих семинарах. Студенты начали со знакомых им повседневных молитв, а потом спели особые субботние утренние *тфилы* на уже известные им мелодии. Самым ярким моментом службы стало чтение Торы, причем каждый желающий мог совершить к ней алию. Помимо этого, в пятницу мы вывесили списки еврейских имен (с пояснениями) и сказали студентам, что, если у них еще нет еврейского имени, можно его получить по ходу особой церемонии. Во время чтения Торы более пятидесяти студентов получили еврейские имена. Кроме того, особый смысл для них приобрела молитва за скорейшее выздоровление больных родственников и друзей.

Блистательным элементом *гавдалы* стало исполнение «Шавуа тов» на одиннадцати языках. Когда служба закончилась, участникам показали профессионально подготовленный фейерверк.

Тамара Готштейн из Фонда Рохлин приняла участие в двухнедельной программе летних семинаров под Киевом. Ее ошеломили наши программы и то, как координаторов осенних праздников обучали всему необходимому для проведения служб на Рош-ха-Шану: «Показательная служба, которую они провели, была просто изумительной».

Кроме того, Тамару сильно впечатлили учителя «Лерхауса». В отличие от других участников, которые стеснялись вставать и озвучивать свою *двар-Тора*, учителя умело и азартно погружались в текст, задавали вопросы, участвовали в обсуждении, легко и быстро готовили свое выступление. Тамара отметила, что методики преподавания, используемые «педагогами Рохлин», доказали свою эффективность и с ними надлежит познакомить весь еврейский мир.

Тамара не впервые участвовала в программах «Гилеля» в бывшем СССР. Она уже пару лет служила самым востребованным примером для подражания для наших студентов. На ее занятия на семинарах и конгрессах толпами приходили восторженные студенты, видевшие в ней едва ли не вторую мать — заботливую, чуткую, любящую. Наши сотрудники особенно ценили ее присутствие и часто обращались к ней за советом и поддержкой.

Тамара очень любила «Гилель» и в отчете написала: «Меня очень воодушевляет создание того, как бурно и стремительно происходит благодаря "Гилелю" возрождение еврейской жизни, и то, что уникальным образом это происходит в тесной связи с работой хеседов».

Сеть «Лерхаусов» в бывшем СССР

На примере разных проектов «Лерхауса» можно дать представление о том, как эта популярная и эффективная программа еврейского обучения действовала осенью 2001 года.

Саша Гринблат изучала педагогику в Хабаровске, свободно говорила по-английски. 35 местных студентов еженедельно приходили к ней на занятия. Даже в такой большой аудитории Саша вела занятия очень эффективно.

В Екатеринбурге был прекрасный учитель «Лерхауса» Дима Бруханов. Но когда Диму призвали в армию, он подготовил к проведению занятий Мишу Гринберга. Миша поначалу нервничал, но вскоре после начала года почувствовал себя увереннее.

Ирина Аленичева из Брянска была педагогом по образованию. Она умела вести занятия и держать класс под контролем. Было видно, что она тщательно готовится к каждому занятию и проявляет творческий подход. Нахум называл ее «образцовой учительницей "Лерхауса"». Он присутствовал у нее на занятии, посвященном Теодору Герцлю, и был так впечатлен, что попросил дать такое же показательное занятие для всех учителей «Лерхауса» на очередном региональном семинаре в Петербурге.

Маша Крейнина была не просто учительницей «Лерхауса» в Харькове. Она участвовала и в других программах «Гилеля», например в качестве координатора проекта «Песах», еженедельно проводила *каббалат-шаббат*. В «Лерхаусе» она преподавала первый год, тем не менее Нахум отметил, что она твердо владеет материалом и очень хорошо держится в классе.

Почти во всех центрах «Гилеля» в бывшем СССР программа «Лерхауса» проходила на высоком уровне, но были и слабые места. Учитель из Днепропетровска оказался не на высоте: он пропускал занятия, не набирал новых учащихся, не готовился к урокам, не посещал обязательные курсы подготовки, и даже после предупреждения и испытательного срока ничего не изменилось. В результате программу в Днепропетровске приостановили до конца года в надежде, что удастся найти более подходящего преподавателя.

Саша Стесин, опытный школьный учитель, отвечал за несколько направлений деятельности в своей общине в Симферополе. Саша очень тщательно готовился к занятиям: искал материал в Интернете и в библиотеках, прекрасно удерживал внимание класса, у него был великолепно поставленный голос, ученики его любили и уважали. Помимо «Гилеля» он вел занятия «Лерхауса» в семейном клубе «Мазл-тов» и для пожилых.

Анар Касумов был блестящим учителем «Лерхауса» в Баку. Он не только прекрасно владел материалом, но и умел прекрасно его подать. Анар знал, как подстроиться под нужды аудитории. Для пожилых он выбирал лекционный подход — так им больше нравилось; бакинский директор отметил, что Анару удается привести этих пожилых атеистов к вере. Анар подготовил для студентов из «Гилеля» конкурс на эрудицию — он им очень понравился: материал их вдохновил, они прекрасно его освоили.

В Тбилиси был прекрасный преподаватель «Лерхауса» Нино Мошиашвили, однако он планировал алию в Израиль и готовил себе замену в лице Вадима Альперта. Директор «Гилеля» Морис Крихели внимательно следил за передачей полномочий от старого учителя к новому. Кроме того, на следующий год они собирались взять еще одного учителя, которого «Джойнт» планировал отправить на периферию.

Вера Карасик из Казани прекрасно, творчески вела свои занятия; студентам она очень нравилась.

Директор пензенского «Гилеля» Сергей Вакуленко был профессиональным учителем, а значит, великолепно подходил для «Лерхауса». Он умел удерживать внимание учеников, прекрасно готовил и осваивал материал, интересно его подавал. Хотя он был одновременно и учителем «Лерхауса», и директором местного «Гилеля», из-за этого не возникало никакого конфликта. Студенты его очень любили, и как директора, и как преподавателя, и активно работали в классе.

Ростов-на-Дону — столица юга России, город с населением в 1,3 миллиона человек, среди них 1200 евреев. Тамошняя еврейская община типична для бывшего СССР — в ней есть представительства и офисы «Джойнта», «Сохнута», «Гилеля», хесед, общинный центр, воскресная школа, дневная еврейская школа, хабадская синагога и представительство реформистской общины. Поскольку именно в Ростове жили пятый и шестой любавичские ребе, там имеется уникальное заведение: полномасштабная иешива.

В Ростове очень сильно влияние Хабада: в частности, здесь постоянно находятся тринадцать студентов со всего мира, которые приезжают изучать Тору. Среди них был Леви, харизматичный студент довольно зрелого возраста, который свободно говорил по-русски и тесно общался с директором «Гилеля» Володей и его помощником Сашей. Леви еженедельно проводил занятия для студентов из «Гилеля». Нахум встретился с Леви, объяснил, что задача «Гилеля» — повышать еврейское самосознание студентов, при этом необязательно привлекая их к религии. У них состоялся долгий разговор о том, как Леви может помочь «Гилелю».

Центр «Гилеля» в Ростове-на-Дону официально открылся в феврале 2001 года. Первый директор потом уехала в Москву, хотя и после этого сохранила тесные связи с «Гилелем». Теперь в ростовском «Гилеле» был новый директор и новый учитель «Лерхауса», и он не говорил по-английски. Это вызвало определенные сложности у руководства из Иерусалима. Нахум посоветовал студентам из Ростова не зацикливаться на личном отношении и организовать собственный проект «Песах», в этом им помогут студенты из Лос-Анджелеса. Даже ростовский «Джойнт» плохо представлял себе, какое четкое планирование необходимо для успешного проведения проекта «Песах», поэтому пришлось усердно трудиться, чтобы наверстать упущенное. Нахум помог местным комитетам на начальном этапе и пообещал прислать к ним за неделю до Песаха Сашу Койфмана для помощи на последнем этапе.

В целом программа привлечения молодых учителей в «Лерхаус» оказалась очень успешной и стала образцом для создания системы неформального еврейского образования в бывшем СССР. Некоторые раввины из Петербурга запросили копии материалов «Лерхауса» и бейт-мидраша на русском; они даже попросили Нахума еще раз приехать в Петербург и провести семинары для русских учителей. Модель «Лерхауса», предложенная Францем Розенцвейгом в 1920-е годы, переработанная мной, запущенная Нахумом Амселем и воплощенная в жизнь одаренными молодыми студентами из «Гилеля» в бывшем СССР, оказалась гибким и эффективным способом распространения еврейских знаний.

Весть о свободе

Поскольку Ханука в бывшем СССР не принадлежала к числу широко известных еврейских праздников, мы считали своим долгом подготовить студентов к тому, чтобы они могли рассказать об этом празднике и провести его. Через обряды и истории они должны были доносить ханукальную весть о свободе, свободомыслии и долге евреев перед евреями всех возрастов.

Подготовка к Хануке 2001 года началась с трех региональных ханукальных семинаров, они прошли в Киеве, Петербурге и Тбилиси. На региональных семинарах студентов учили проводить празднование Хануки у себя в общинах и на периферии. Мы поделили всю территорию на регионы, чтобы добраться и до малых городов и дать максимальному числу студентов возможность поучаствовать в празднике.

Петербургский семинар прошел в санатории «Буревестник», вели его директор местного «Гилеля» Миша Левин и его заместитель Аня Пуринсон. Координаторы программы (или *мадрихи*) прибыли из нескольких центров «Гилеля» в регионе. Они собрались за два дня до начала семинара, чтобы выработать личный график, понять свои обязанности, поучиться у психологов эффективной групповой работе.

Участников петербургского семинара поделили на шесть *хавур*: «Тора», «Маген-Давид», «Хануккия», «Кувшин с маслом», «Хамса» и «Дрейдл». Каждая готовила и представляла скетчи, песни, представления. По характеру они были легкими и забавными, однако студенты понимали, что реальное празднование Хануки — вещь более серьезная и ответственная.

В Баку, Тбилиси и Ташкенте проживают еврейские общины, почти полностью изолированные от еврейского мира. К 2001 году там лишь зарождалось еврейское самосознание. В конце октября 68 студентов-лидеров и штатных сотрудников из восьми городов Грузии, Азербайджана и Узбекистана, а также представители Москвы, встретились в конференц-центре «Боржоми-Ликани» под Тбилиси на четырехдневный региональный семинар по подготовке к Хануке.

Директор тбилисского отделения Морис Крихели и «жираф» Ака Хухашвили, ветеран «Лерхауса» Нино Мошиашвили и новый учитель Вадим Альперт составили программу семинара. Региональный директор Женя Михалева и ее помощник Володя Палей приехали на семинар, чтобы познакомиться с профессионалами и провести тренинг по лидерству. Директор бакинского «Гилеля» Камалия Исмаилова и Борис Недосеков из Ташкента устроили вместе с Морисом, Женей и Володей мозговой штурм — они делились соображениями касательно программы и планировали развитие «Гилеля». Кроме того, семинар дал возможность «жирафам» и учителям «Лерхауса» из этого региона познакомиться, поучиться, подумать о планах на будущее.

Студенты из Тбилиси сумели четко осознать свою историческую роль в работе «Гилеля» и в поисках еврейской идентичности. В своем манифесте они написали:

> Нас, студентов из тбилисского «Гилеля», наши деды называют будущим еврейской общины Грузии. Это огромная ответственность. Чтобы их не подвести, мы должны много трудиться. Для нас очень важно соответствующее обучение. Региональный семинар лидеров стал важной фазой нашего развития в рамках «Гилеля». <...> Мы получили новые знания касательно лидерства, новую информацию касательно Хануки, узнали о важных ролевых моделях из еврейской истории. У нас появились новые друзья-евреи, сложилась подлинная еврейская община, которая, как мы надеемся, окажет содействие построению будущего евреев в Грузии.

Киевский семинар по подготовке к Хануке прошел с 1 по 5 ноября 2001 года в «Конча-Заспе» под Киевом, в нем участвовало 140 человек, в том числе 15 штатных сотрудников. Туда приехали студенты из крупнейших городов Украины, Молдовы и Беларуси, из небольших городков на периферии, а также из потенциальных центров «Гилеля», таких как Черкассы, Луганск, Севастополь, Чернигов и Конотоп. Координатором семинара выступил Осик Аксельруд, он отвечал за логистику, программу и обучение, а также руководил *мадрихами* — ветеранами «Гилеля», которые участвовали в подготовке своих сверстников. Проводить семинар помогали и новые студенты: они распространяли фотографии *мадрихов*, чтобы участникам было легче их опознавать, приготовили «Словарь "Гилеля"» для тех, кто приехал в первый раз, — там давались ответы на вопросы «Кто?», «Что?», «Почему?» относительно «Гилеля» в бывшем СССР.

По ходу семинара «жирафы» под руководством Саши Койфмана провели радиошоу под названием «Радио 7:40 ФМ» (отсылка к известной русско-еврейской песне «Семь сорок»). Вооружившись микрофоном и звуковой системой, «жирафы» по очереди вели трансляцию во время перерывов между занятиями и в обед. В программу вошли новости, объявления, интервью с участниками семинара. Все это было очень весело и для самих «жирафов», и для участников: помимо прочего, им продемонстрировали эффективный метод вовлечения.

По ходу семинара была проведена еще одна программа: «Наши соседи евреи». Участников разделили на двадцать групп по шесть человек. Каждая группа становилась «семьей», у каждого студента была своя роль: отец, мать, бабушка, дедушка, сын или дочь. Суть состояла в том, что все семьи живут рядом, по соседству, но много лет друг друга не видели. В каждой семье есть секрет, раскрыть который соседям может лишь один из членов этой семьи. После того как мы все это организовали, семьи начали общаться, перезнакомились, стали задавать вопросы о еврейской жизни в попытках выведать этот самый секрет. Для студентов это была возможность проявить свои творческие способности, продемонстрировать еврейские знания, познакомиться с тем, как раньше жили соседи-евреи.

На киевском семинаре прошла еще одна образовательная программа, «Еврейская свадьба». *Мадрихи* обучили остальных основным вещам касательно еврейских традиций знакомства и последовательных шагов к заключению брака. Закончилось все инсценировкой свадебной церемонии.

Последнее мероприятие называлось «Евреевидение» — конкурс песен наподобие «Евровидения».

Потом группы-*хавуры* подготовили презентацию «Ханука в местечке», где показывалась жизнь того или иного местечка и то, как в нем праздновали Хануку.

Обучившись проведению Хануки, студенты вернулись в свои общины и стали наставлять сверстников, которым не довелось участвовать в семинарах. Создали команды, можно было запускать проект «Ханука», который должен был принести общинам столько же пользы, сколько до сих пор приносил проект «Песах». Джоуи Лоу с семьей оказали этому проекту щедрую поддержку. Вот главные достижения проекта «Ханука» в 2001 году.

В ханукальную неделю студенты из киевского «Гилеля», совместно со студентами из Израиля и делегацией студентов из канадского Монреаля, провели 14 праздников для 600 с лишним пожилых людей, 350 студентов и нескольких сотен человек с периферии. Они объездили почти всю Украину — Чернигов, Черкассы, Хмельницкий и Житомир.

Днепропетровский «Гилель» запустил масштабную рекламную кампанию: вешали объявления в вузах и еврейских клубах, на еврейских веб-сайтах, оповещали по телевидению. Празднование прошло в молодежном клубе «Панорама»; 150 человек оставались там до полуночи — были скетчи, конкурсы, дебютное выступление рок-группы «Гилеля», дискотека. «Жираф» Ольга Румянцева пригласила еврейское телешоу «Наши дни» для съемки сюжета.

В ханукальный Шаббат в харьковском «Гилеле» вспомнили про шестидесятую годовщину приказа 1941 года о переселении всех харьковских евреев в гетто. Елена Шербова, председатель совета общества бывших узников гетто и концентрационных лагерей, а с ней — праведник народов мира, спасший ребенка-еврея, поделились своими воспоминаниями. После этого харьковские студенты посетили на дому тех, кто выжил в гетто, и справили с ними Хануку.

В московском «Гилеле» в этом году к празднованию подключили и инвалидов. Алена Абаренова и Саша Вениковецкая составили ханукальную программу для сорока глухих и слабослышащих пожилых людей. Они развесили по залу плакаты и указывали на них слова благословений, так что принять участие смогли все. Кроме того, был показан короткий спектакль об истории Хануки. Катя Бройтман и Анна Евтушенко провели похожую адаптированную программу для шестидесяти слепых пожилых людей.

В петербургском «Гилеле» к планированию Хануки подключили четыре творческих коллектива. Театральная студия, фольклорный танцевальный ансамбль, хор и ансамбль клезмеров составили программу, на которую пришли 500 человек.

В брянском «Гилеле» устроили ханукальное казино — зажигали свечи, участники играли в карты и в дрейдл. В игре по станциям участникам задавали вопросы про Хануку и за правильные ответы выдавали «деньги Гилеля». Их можно было потратить в баре при казино или получить скидку на билет на проводившееся «Гилелем» торжество в последний вечер праздника.

Студенты из «Гилеля» — чрезвычайно талантливые люди. В новосибирском «Гилеле» студенты показали спектакль по пьесе собственного сочинения «Иегуда и трое Маккавеев» по мотивам истории трех мушкетеров.

В бакинском «Гилеле» одновременно с Ханукой праздновали вторую годовщину открытия центра. Студенты встретились в аквапарке, где руководители общины зажгли ханукальные свечи, под их руководством произнесли благословения. Потом было пение, игры с призами и праздничный стол с большим именинным пирогом. Гвоздем программы стало исполнение еврейских и азербайджанских танцев.

Связанный с «Гилелем» студенческий клуб в Луганске организовал отдельную программу на каждый день праздника. Благодаря буклету с инструкциями, разработанными в «Гилеле», программу легко было адаптировать под разные слои населения. Студенты-энтузиасты проводили празднование в разных еврейских клубах и навещали пожилых на дому. Многие отмечали: для них стало открытием, что еврейские праздники можно справлять в такой дружеской и волнующей атмосфере. Организаторы программы увидели в этом важнейшее достижение — для них было очевидно, что еврейское самосознание студентов стремительно крепнет.

Проект «Ханука», безусловно, оказал на студентов сильнейшее воздействие. Мойше Мишурис, студент МГУ, сказал: «После ханукальной недели у меня появилось ощущение, что в душе зажглось новое пламя. Это результат нашей работы в проекте "Ханука"». Евгения Симес, студентка Университета славистики, отметила:

> Я вернулась домой усталой, но это была приятная усталость — я чувствовала моральное удовлетворение оттого что совершила *мицву*. Самое главное — мы чувствовали ответственность за то, что делаем. Молодые и старые люди, никогда раньше не зажигавшие ханукальные свечи, не крутившие волчка, не слышавшие историю Маккавеев, участвовали в праздновании, тем самым укрепляя свою связь с еврейской историей и наследием.

16
Каким путем мы пойдем дальше

В конце 2001 года я снова проанализировал деятельность «Гилеля» в бывшем СССР, окинув мысленным взором прошлое и настоящее и наметив планы на ближайшие годы. Вот что я написал, обращаясь к нашим сотрудникам и благотворителям:

> Последние семь лет стали выдающимися, они были полны прекрасных событий — «Гилель» в бывшем СССР рос. Это в первую очередь были годы преображения, стремительной эволюции и перемен: «Гилель» сосредоточился на своей основной задаче — принести еврейское возрождение тысячам молодых евреев из бывшего СССР, обучая, воспитывая лидеров, прививая студентам радость и гордость от того что они живут еврейской жизнью. При этом во многих общинах и сегодня остаются тысячи невовлеченных студентов. Наша задача — призвать их в свои ряды до того, как они будут безвозвратно потеряны для нашего народа.

Студенты из бывшего СССР — это мост, соединяющий нас с их отцами и дедами, которых мы можем приобщить, впервые или заново, к их еврейскому наследию.

На тот момент перед «Гилелем» стояло две основные проблемы. Первая — ограниченность ресурсов, которых едва хватало на текущие программы. Вторая — потребность в стратегических партнерах: нам было необходимо, чтобы светские лидеры и прочие поддерживали «Гилель» советами и финансами.

Я задался двумя вопросами: каким должен стать «Гилель» в бывшем СССР к 2005 году? И как выстроить его структуру, чтобы достичь этих целей? «Дальнейший путь» стал моим вариантом ви́дения будущего «Гилеля» в постсоветских странах.

Я предложил в ближайшие три года открыть 12 новых центров «Гилеля», начав с Севастополя и Ростова-на-Дону в 2002 году. Все центры должны действовать автономно, удовлетворять потребности местных студентов, но при этом вся сеть центров в бывшем СССР должна проводить в жизнь единые инициативы. В каждом центре «Гилеля» нужно создать студенческий и гражданский совет.

Во многих центрах «Гилеля» остро не хватало помещений — я предложил, чтобы «Гилель» выделил средства на аренду, что позволит этим центрам расшириться.

Одна из задач «Гилеля» состояла в организации программы для выпускников, которая позволила бы им поддерживать связи с еврейской общиной после окончания учебы.

Планировалось ежегодно проводить два совещания сотрудников для обучения и повышения квалификации в еврейских вопросах: «У всех сотрудников в бывшем СССР будут четко обозначенные должностные обязанности, сферы ответственности и система отчетности — так будет выстроен весь рабочий процесс, в итоге сотрудникам будет проще делать свое дело».

Я разработал новый проект «Еврейский профессиональный корпус "Гилеля"», в рамках которого предлагал искать, обучать и отправлять на места молодых профессионалов, чтобы заполнить страшный вакуум в области местных руководителей самых разных организаций по всему бывшему СССР. Совместно с Федерацией Лос-Анджелеса и «Джойнтом» «Гилель» намеревался готовить студентов на роль лидеров еврейских общин будущего.

Предполагалось продолжать и расширять те программы, которые уже доказали свою эффективность. «Жирафы», привлекающие к нам новых студентов, и учителя из «Лерхауса», обучающие сверстников, будут работать и дальше, отчитываясь перед руководителями программ; их деятельность будет периодически оцениваться. Также будут и в дальнейшем организовываться визиты студентов и сотрудников из бывшего СССР в Израиль и США в рамках различных программ, таких как лидерская ассамблея Шустерманов, «Таглит», совещание сотрудников под эгидой Фонда Шустерманов и общее собрание.

Я предложил в ближайшие годы ввести в «Гилеле» ряд новых программ. В 1999 году была открыта школа «Дор-гид», где лидеров из «Гилеля» обучали профессии гидов, чтобы они могли работать с приезжими миссиями, еврейскими группами, семьями и индивидуальными туристами. Эта программа изначально была запущена «Джойнтом» и Еврейским агентством в Москве: за два года там подготовили десять студентов-гидов. Я предложил распространить ее на Петербург, Киев, Минск и Одессу.

Мне также представлялось, что студенты «Гилеля» могут с большим успехом заниматься генеалогическими исследованиями по запросу семей и отдельных лиц. Я предложил запустить в 2002 году пилотный проект, «в рамках которого будут документироваться семейная история, проводиться архивные изыскания, отыскиваться места захоронения, оказываться помощь в поездках в родные города и местечки».

Расширение региональных центров в Москве и Киеве, в том числе и поиск новых директоров в два эти города, позволит региональным директорам Жене и Осику больше времени посвящать своим регионам — их перестанут обременять обязанности, связанные с местным центром.

Нужно продолжать и расширять программу подготовки лидеров. Сотрудников и студентов «Гилеля» необходимо подталкивать к тому, чтобы они становились неформальными лидерами и брали на себя ответственность за свои общины — с помощью «Джойнта» и местных общинных лидеров они должны создавать на местах неформальную инфраструктуру.

В «Гилеле» нужно готовить видеоматериалы, обучающие студентов «быть евреями». Эти материалы должны содержать инструкции для студентов, взрослых и семей, как справлять Шаббат, осенние праздники, пасхальный седер, Хануку.

Я предложил создать Еврейский «Корпус мира», в который войдут выпускники «Гилеля»: они будут содействовать построению еврейской жизни в развивающихся общинах бывшего СССР. Если найдется финансирование, представителей «Корпуса мира» можно будет отправить во все еврейские общины постсоветских стран.

Я считал, что очень важно укреплять связи между евреями бывшего СССР и остальным еврейским миром. «Электронное местечко» «Гилеля» предоставит студентам из бывшего СССР самые разные онлайн-возможности, в том числе еврейский студенческий чат и еврейские обучающие программы. Там будет русскоязычный веб-сайт «Гилеля», а кроме того, «Электронное местечко» будет содействовать налаживанию связей между общинами постсоветских стран, а также за их пределами, в Израиле и Америке, через Интернет. Проект уже запущен, но пока в крайне ограниченном масштабе.

Поскольку «Таглит» — важный инструмент еврейской самоидентификации, я считал, что «Гилель» должен отправлять в такие поездки как можно больше студентов и подвигать участников к тому, чтобы они в дальнейшем жили еврейской жизнью. На тот момент в поездках уже приняло участие свыше 400 студентов из бывшего СССР; я хотел расширить программу до 500 человек в год — если мы найдем необходимые 500 долларов на человека сверх более значительной суммы, которую «Таглит» уже тратит на эту программу.

В «Гилеле» понимали, что поездка в рамках «Таглита» должна быть отправной точкой более масштабного культурно-образовательного опыта, который, начавшись в Израиле, должен продолжаться и после возвращения участников домой. Я искал финансирование на то, чтобы расширить программу «Таглита», включить в нее интересные и оригинальные программы на период после поездки, которые по силе воздействия могли бы сравниться с самой поездкой. Если сосредоточиться на более общем смысле того, что человеку надлежит совершить по праву рождения, то интересный опыт поездки за границу можно превратить в пожизненное следование еврейскому образу жизни.

Я считал, что в бывший СССР ежегодно должна приезжать как минимум одна группа лидеров из США, чтобы оценить и поддержать деятельность местного «Гилеля». Сегодня это не менее актуально, чем двадцать лет назад. «Гилель» должен, как и раньше, призывать студентов к тому, чтобы они привносили еврейский образ жизни в свои дома: нужно не только гордиться своим еврейством, но и вести себя как еврей. Я предложил программу партнерства между центрами «Гилеля» в бывшем СССР и североамериканскими общинами, в ходе которой можно будет собирать деньги, устраивать взаимные визиты, организовывать совместные проекты. Например, можно организовать поездки студентов из Северной Америки и Израиля на еврейские праздники в бывший СССР. «Гилель» должен обращаться к семейным фондам и отдельным благотворителям и задействовать их в программах в постсоветских странах.

Ежегодно проводящиеся семинары, как региональные, так и общенациональные, содействуют подготовке лидеров, объединению центров «Гилеля» и укреплению связей между студентами из бывшего СССР. Зимние конгрессы лидеров собирают по триста человек со всей постсоветской территории — участники обучаются навыкам лидерства, узнают о еврейских образовательных программах, культурных и общественных мероприятиях. Это самое масштабное ежегодное мероприятие «Гилеля» в бывшем СССР, важный инструмент установления связей между «Гилелем» и общинами. Ежегодный *ха-атид* — Летняя ассамблея лидеров «Гилеля» — служит делу создания благоприятного будущего для постсоветских общин: в его рамках проводится два параллельных недельных региональных летних семинара. Ассамблея дает двумстам студентам возможность неделю «пожить в иудаизме» и научиться разрабатывать программы в своих общинах. Кроме того, студенты из небольших общин собираются на менее масштабные региональные семинары для интенсивной четырехдневной программы воспитания лидерских качеств и изучения еврейских вопросов.

В рамках инициативы «Периферия» я предложил программу «Шаббатон», которая должна объединить студентов из двух-трех небольших общин, в составе тридцати-сорока человек, для совместного празднования Шаббата. Тем самым мы могли бы донести подход «Гилеля» к этому празднику до многих студентов, живущих вдали от крупных городов.

Каждый год 12–15 студентов из бывшего СССР приезжали в США на Международную ассамблею студенческих лидеров, проводимую под эгидой Фонда Шустерманов, — это давало им возможность пообщаться с американскими сверстниками. Я предложил также каждый год отправлять 15 студентов из бывшего СССР на ежегодную общую ассамблею Объединенных еврейских общин:

> Они смогут вести с лидерами американской еврейской общины диалог о будущем, осмысливать суть и воздействие глобализации, универсальный характер еврейских чаяний и нужд. У студенческих лидеров из бывшего СССР появится окно в еврейский мир и связи с лидерами американских общин, которые высоко оценивают, как в бывшем СССР при содействии «Гилеля» происходит возрождение еврейской жизни.

Базовые программы, осуществлявшиеся в центрах «Гилеля» в бывшем СССР, включали в себя службы *каббалат-шаббат*, еврейские образовательные инициативы, занятия ивритом, семейный клуб «Гилеля», английское чаепитие (разговор на еврейские темы на английском), лекции, театральные и другие художественные студии, танцевальные ансамбли. Эти программы финансировались из основного бюджета «Гилеля» в бывшем СССР, но чтобы охватить всех заинтересованных в участии студентов, требовались дополнительные средства. Я собирался начать поиск партнеров, которые могли бы профинансировать эти базовые программы. Найти таких партнеров можно было в лице еврейских общин, фондов или индивидуальных благотворителей.

* * *

В большинстве центров «Гилеля» было только по одному компьютеру, использовали их по преимуществу для административных и бухгалтерских нужд. Студентам приходилось записываться в очередь, чтобы получить к ним доступ. Если бы нам удалось собрать деньги на дополнительные компьютеры, студенты могли бы их использовать для подготовки листовок и материалов к разным программам; дополнительные компьютеры были бы полезны для изучения еврейских тем, позволили бы активнее общаться с другими центрами «Гилеля» через Интернет.

Притом что в крупных общинах бывшего СССР влияние иудаизма возрастало, тысячи евреев по-прежнему были отрезаны от еврейства и от еврейских праздников — они проживали в малых городах и местечках. Да, в рамках проекта «Илия» студенты из «Гилеля» ездили отмечать Пасху, Хануку, Рош-ха-Шану и Шаббат вместе с теми евреями, которые почти ничего не знали об этих традициях. После интенсивной подготовки студенты получали необходимые навыки, чтобы проводить еврейские церемонии и празднества в сотнях мелких общин и местечек... Студенты-активисты, хорошо подготовленные и преданные своему делу, отправлялись по стопам пророка Илии, странствовали по всему бывшему СССР и несли свет иудаизма туда, где на протяжении жизней уже многих поколений не велось никакой еврейской деятельности.

Я считал необходимым расширить наши весьма успешные проекты «Песах» и «Ханука». В 2001 году поучаствовать в них приехали студенты из 15 израильских и североамериканских общин; в моих планах было удвоить это число. В Университете «Песах» студентов обучали тому, чтобы они могли проводить региональные семинары по подготовке к Песаху и Хануке по всему бывшему СССР. Удобные для использования агады «Гилеля», где тексты для седера имелись в переводе и в транслитерации, давали студентам и членам их семей возможность принять участие в церемониях.

Подобным же образом в рамках проекта «Осенние праздники» тысячи евреев из бывшего СССР получили возможность принять участие в службах на Рош-ха-Шану. В «Гилеле» студентов готовили исполнять некоторые обязанности раввинов, проводить службы в своих общинах и на периферии. В новых удобных для использования *махзорах* от «Гилеля» в осмысленной и одухотворенной форме излагались основы проведения еврейского Нового года — праздника, неведомого в бывшем СССР.

Мне хотелось запустить еще один проект — инициативу «Кехила». Хотя службы *каббалат-шаббат* являются обязательным элементом деятельности любого центра «Гилеля», большинство евреев из бывшего СССР незнакомы с духовным аспектом религии и никогда не посещали синагогу. В кишиневском «Гилеле» раз в месяц на *каббалат-шаббат* пускали всех представителей общины, и отклик оказался потрясающим. На службы приходило свыше 250 членов местной общины. Я предложил распространить ту же инициативу и на другие центры и назвать ее инициативой «Кехила» — если удастся получить финансирование.

Некоторые из моих замыслов осуществились, другие, например инициатива «Кехила», так, к сожалению, и не претворились в жизнь из-за недостатка средств.

Чтобы продвинуться в сторону реализации всех этих достойных программ, я предложил план создания трех новых должностей: координатора североамериканских праздничных проектов «Гилеля» в бывшем СССР, советника по образованию и заместителя директора по развитию студенческого лидерства.

Ам эхад

25 января 2002 года в Москву для участия в студенческом конгрессе, который проходил в гостинице «Космос», прибыло почти триста студентов. Конгресс начался после совещания сотрудников, которое провели в предыдущие три дня. Открытие состоялось в московском Музее науки, присутствовали многие видные местные евреи. Театральная студия петербургского «Гилеля» показала спектакль «Повесть о Гершеле Острополере», который был принят с большим энтузиазмом.

Тема конгресса была сформулирована как «*Ам эхад*» — наш народ. Каждый день начинался с лекции, посвященной одному из аспектов этой темы, а потом она же обсуждалась подробнее на семинаре. Рабби Штейнзальц стал почетным приглашенным лектором, он выступил перед студентами на тему «Еврейская идентичность: что у нас общего». В середине дня студенты участвовали в программах, по ходу которых те же темы подавались в творчески-развлекательном ключе. По вечерам тема дня раскрывалась в художественной форме. Я прочитал заключительную лекцию на тему «Мы — единый народ», сведя в ней воедино все темы недели и вселив в студентов дух сопричастности и целеустремленности.

Тему «*Ам эхад*» подкрепляло присутствие многочисленных иностранных гостей. Среди них были Джей Рубин, исполнительный вице-президент международного «Гилеля»; Лиза Айзен, директор программ Фонда Шустерманов; Тамара Готтштейн из Фонда Рохлин; Сара Боген, директор проектов по обновлению «Джойнта»; Игаль Котлер, директор «Джойнта» по образованию в бывшем СССР. Также присутствовали четверо русскоговорящих студентов из Бруклинского колледжа и еще четверо из Нью-Йоркского университета. Они поразились тому, насколько крепко их сверстники из бывшего СССР освоили еврейские навыки, практики и устремления. Некоторые из идей, почерпнутых в бывшем СССР, американские студенты собирались внедрить в своих кампусах в Нью-Йорке.

Мы очень эффективно поделили обязанности по планированию и организации конгресса. Иерусалимский офис разработал и осуществил формально-образовательную часть программы, а московский центр «Гилеля» разработал и подготовил все остальное. Оказалось, что это очень удачное разделение труда.

В предыдущие годы за логистику конгресса отвечали два-три человека. В этом году Алена Абаринова занималась этим одна. Всех приятно удивило, что такой подход прекрасно сработал: поскольку не было пересечения обязанностей, ничего не проглядели, как это часто случалось на предыдущих мероприятиях. Алена видела всю картину целиком и перепоручала необходимые функции компетентным сотрудникам.

Удачным оказалось и место проведения конгресса. Хотя на улице было минус двадцать, внутри хорошо топили, а все мероприятия проходили относительно компактно, в одном помещении. Кроме того, преподаватели были хорошо знакомы с расположением аудиторий, поскольку и раньше работали в этом здании.

Возникли временные трудности, связанные с определенной небрежностью некоторых *мадрихов*. Я провел с ними серьезную встречу, и ситуация выправилась — полностью включившись в работу, координаторы смогли добиться лучшей посещаемости и повысить вовлеченность.

На основании этого опыта мы предложили план подготовки *мадрихов* в будущем: вместо того чтобы проводить обучение в течение нескольких часов перед открытием каждого семинара, нужно устроить четырехдневное обучение перед началом летнего семинара в августе. Записавшись на эту программу, каждый из *мадрихов* берет на себя обязательство выступить координатором на летнем семинаре, на семинаре по подготовке к Хануке в ноябре и на конгрессе в январе. Тех из *мадрихов*, кто недобросовестно будет исполнять свои функции, отстранят от участия в последующих семинарах. В результате координаторы получат должную подготовку, перезнакомятся с другими *мадрихами* и приобретут необходимый опыт, чтобы эффективно выполнять свои функции на конгрессе в конце года. В свете этого предложения региональный координатор «Джойнта» Нина Руда организовала и провела в Киеве в ноябре 2002 года занятия для *мадрихов*. Участники демонстрировали усердие, им интересно было изучать групповую динамику и навыки лидерства.

Все больше и больше

В 2002 году проект «Песах» продолжал разрастаться. Свыше тысячи студентов из постсоветских стран были подготовлены для проведения седеров; для участия в празднованиях приехало 127 иностранных студентов из Северной Америки, Израиля и Европы, а плоды наших усилий пожали свыше 30 тысяч евреев из бывшего СССР, которые пришли на седеры «Гилеля». Радость, воодушевление и озарения, которые испытали как руководители, так и участники, сделали эти программы приятными и полезными для обеих сторон.

* * *

Еще до начала проекта «Песах» студенты из бывшего СССР прошли серьезную подготовку под эгидой Университета «Песах» и в рамках региональных подготовительных семинаров. Но как обучить иностранных студентов проводить седер? Все они говорят по-английски, поэтому подготовительные материалы мы перевели на английский и разослали в США, Канаду, Израиль и Швейцарию. Материалы включали в себя информацию об истории евреев во всех постсоветских странах и конкретно в тех городах, которые студентам предстояло посетить, плюс сведения по истории, целям и логистике как проекта «Песах», так и «Джойнта» в бывшем СССР. Дополнялось это разговорными фразами на русском и картами. Большинство студентов смогло пройти тренинг у себя в городах. Группа из Еврейского университета, поехавшая на Украину, прослушала целый семестровый курс, посвященный бывшему СССР и тамошней еврейской жизни. После прибытия группы на место студенты проходили однодневный курс-повторение — это также давало им возможность подружиться с местными сверстниками.

То, что седеры проводили смешанные студенческие группы из бывшего СССР, Северной Америки, Израиля и Европы, придавало празднованиям международный характер. Например, среди студентов, поехавших в Киевскую область, были молодые люди из Швейцарии, Беер-Шевы (Бней Шимона), Монреаля и Еврейского университета (их поездку спонсировал американский Объединенный еврейский совет). В Кишиневе седер проводили студенты из Израиля, Питтсбурга и Торонто. Местные участники своими глазами видели, что международному еврейству есть до них дело, ведь его представители приезжают в гости к своим заграничным собратьям.

Одна из самых трогательных историй, связанных с проектом «Песах», произошла по ходу посещения на дому, в рамках проекта «Илия», больной двенадцатилетней девочки из Киева. Вика страдала неизлечимым заболеванием, почти полностью ее обездвижившим, однако, несмотря на болезнь, оставалась замечательным человеком. Визит участников проекта «Илия Песах» стал ее первым еврейским опытом. Когда студенты запели еврейские песни, Вика попросила разучить с ней мелодии и к концу проведенного специально для нее седера стала подпевать.

Восьмидесятилетний Яаков Райхман из Симферополя рассказал о том, какую роль Песах сыграл в его жизни. Еще до его рождения забрали на службу в армию его брата, и тот участвовал в Первой мировой войне. Родителям его на тот момент было 47 лет. Других детей в доме не осталось, поэтому отец спросил раввина: «А кто же будет на седере задавать четыре вопроса?» Раввин посоветовал отцу пойти домой и «заняться этим вопросом». Через год родился Яаков. Он выучил *Ма-ништана*, четыре вопроса, в четырехлетнем возрасте, однако в советские годы ему не выпало счастья посещать седер. «Я до сих пор их помню и очень рад был спеть их сегодня опять по ходу седера, пусть я давно уже не ребенок».

В разных местах

В Красноярске происходило второе рождение «Гилеля»: новое помещение, новый директор (Маргарита Кашпур), новый учитель «Лерхауса», новый «жираф». Марго было целых семнадцать лет, и она очень старалась стать хорошим директором. Одна из основных задач в Красноярске состояла в том, чтобы привлечь новых студентов и составить ядро активистов «Гилеля».

В Новосибирске «Гилель» также переживал этап мучительного взросления. Поскольку здесь не нашлось ни хороших лидеров, ни подходящих помещений, регулярных программ не проводилось, а число участников было невелико. По ходу визита в Новосибирск Нахум встретился с местными лидерами «Гилеля», «Джойнта» и Хабада в попытке активизировать работу центра.

В московском «Гилеле» появился новый директор, Евгений Удлер, — раньше он руководил центром в Брянске. В результате Женя Михалева смогла заняться проблемами всего региона. Центр в Москве был гораздо больше, чем в Брянске, Евгению пришлось приспосабливаться. Он оказался замечательным лидером и очень нравился студентам.

В Уфе, расположенной на Южном Урале, проживает около 1,4 миллиона человек, в том числе 4–6 тысяч евреев. Это один из российских центров ислама. В местном «Гилеле» работали целеустремленные, чуткие, заботливые сотрудники. Директор Алена Перельман, учитель «Лерхауса» Регина Махмутова, «жираф» Саша Нестеров регулярно проводили мероприятия в весьма плохо приспособленном помещении. У них был небольшой зал, а в нем — всего десять стульев; им очень на хватало стульев, телефона, компьютера, доступа в Интернет, телевизора и видеомагнитофона, но денег на это пока не было. По счастью, рабби Дэнни Крачефски занимался строительством нового еврейского центра, где предполагалось разместить еврейскую школу, синагогу и все еврейские организации города, включая и «Гилель».

В ижевском «Гилеле» появился новый директор, Наташа Лапинер, новый учитель «Лерхауса» (Голда/Ольга Жученко) и новый «жираф» (Борис Корчевский). Поскольку их предшественники очень ответственно относились к своей работе, процесс передачи полномочий прошел гладко. В Ижевске не было ни раввина, ни синагоги, но раз в несколько месяцев приезжал раввин из Перми. В 2002 году в Ижевске прошла первая за семьдесят лет *брит-мила*, первый урок по подготовке к бат-мицве пяти девочек, первая бар-мицва. Евреи из Ижевска с удовольствием пригласили бы к себе лекторов, если бы у них были на это средства.

В еврейской общине Ульяновска основная проблема была связана с антисемитизмом. Вторая — с общим отсутствием средств. У общины не было ни одной синагоги. В Ульяновске, как и в Ижевске, чувствовался живой интерес к лекциям, которые могли бы принести еврейские знания в эти достаточно изолированные общины. Студенты из «Гилеля» проводили в общине почти все религиозные обряды.

17
В экзотических краях

Пожалуй, самые экзотические еврейские общины бывшего СССР проживают в Азербайджане и Грузии — этот регион часто называют Закавказьем. В Азербайджане по большей части живут горские евреи, или таты, — древняя община с собственной культурой и традициями. Не исключено, что это потомки евреев, которых в V или VI веке переселили из Персии на Кавказ, чтобы основать там воинские колонии для защиты региона от нападений с севера. Некоторые из татов полагают, что принадлежат к десяти утраченным коленам Израилевым, изгнанным после разрушения в древности Первого храма. Горские евреи говорят на южно-иранском татском языке, хотя в годы советской власти официальным их языком был русский.

Основными центрами проживания горских евреев в Азербайджане являются Баку и Куба, в других частях региона также есть небольшие общины. Большинство горских евреев происходят из Кубы: до Октябрьской революции там было 13 синагог, Куба славилась своей еврейской ученостью. Сегодня официальной религии там почти не существует, хотя дух традиции и обрядовости по-прежнему силен. Еврейские молитвы горские евреи произносят на странной смеси сефардской и ашкеназской фонетики. У них собственный кадиш, взятый из древнего арамейского. Что касается погребальных обрядов, существуют особые традиции *шивы, шлошима* и первой годовщины: все эти события предполагают совместную трапезу для родных и друзей. У горских евреев сильна традиция браков только внутри общины. «Мы не любим брать в семью чужих», — отметил один из них, имея в виду даже и других евреев. «Мы уважаем стариков. Хорошо воспитываем детей». В семьях горских евреев женщины традиционно не работают вне дома. Эта община — составная часть общей жизни кавказских народов, притом что их религия отличается от религии остальных. Горские евреи внешне похожи на соседей-мусульман: у них смуглая кожа; к сожалению, это создает для них трудности — их дискриминируют, когда они пытаются найти работу в Москве (а так поступают многие молодые люди).

Бакинское отделение «Гилеля» мы создали в 1998 году, назначив директором Каму Исмаилову, горскую еврейку. Мейр Зизов, представитель «Джойнта» в регионе, оказал нам большую поддержку. С Мейром я познакомился в 1995 году во время поездки в Киев — я оценивал потенциал создания центра «Гилеля» в местной общине. Киевское общинное руководство считало, что им хватает уже существующих молодежных организаций, в том числе «Макора» — инициативы местного раввина (она не пользовалась среди студентов особой популярностью) — и «Авива» — программы, аффилированной с Международным институтом Соломона, которая скорее напоминала студенческое братство: строгие требования к приему, а не открытая, доброжелательная и увлекательная студенческая программа, такая как в «Гилеле». Мейр Зизов оценил значимость и потенциал «Гилеля» и стал нашим ключевым партнером и соратником. Впоследствии я не раз сравнивал усилия Мейра с деятельностью библейского персонажа Нахшона, сына Аминадава, который вошел в воды Красного моря: его неколебимая вера заставила море расступиться, и сыны Израиля смогли его пересечь. Мейр аналогичным образом сумел заглянуть в будущее, поддержал многие важные организации и программы, в том числе и «Гилель». Впоследствии Мейр стал нашим партнером в деле основания центров «Гилеля» в Баку и Тбилиси.

Посещения Баку и Тбилиси и по сей день остаются в числе самых ярких воспоминаний всей моей жизни. В Баку я прибыл прямым рейсом «Азербайджанских авиалиний» из Тель-Авива, меня тут же провели в вип-салон, там представители властей занялись выдачей мне визы в страну. У Азербайджана тогда не было посольства в Израиле, соответственно, получить визу можно было только по прибытии. Я прождал почти два часа, после чего мне сообщили, что на обработку моего заявления уйдет еще часа два. Представители «Гилеля» и «Джойнта» — они к этому времени уже находились рядом со мной в салоне — смогли уговорить официальных лиц позволить мне покинуть терминал без паспорта и визы, пообещав, что за документами мы вернемся вечером.

По дороге из аэропорта в город я видел повсюду минареты мечетей — я явно находился в мусульманской стране и поначалу чувствовал себя довольно неуютно. Потом мне стало понятно, что, хотя большинство азербайджанцев — мусульмане-шииты, здесь очень толерантно относятся к другим религиям: их представителей уважают, понимают, живут с ними в относительном мире.

Заселившись в гостиницу, я посетил центр «Гилеля» — двухкомнатную квартиру в неблагополучном районе города, где со стен облезала краска, а перила на лестнице были сломаны. Однако это никак не смущало оживленных, радостных, полных энтузиазма студентов, набившихся в эту квартиру. Ветхое и унылое помещение превратилось в место еврейской радости и праздника. Сотрудники и студенты приветствовали нас песнями, танцами и скетчами, одновременно очень веселыми и насыщенными смыслом: они служили иллюстрациями к традициям и фольклору азербайджанских евреев. Со мною вместе приехали Осик Аксельруд, недавно назначенный на должность директора «Гилеля» на Кавказе, его сотрудница Даша Привалко — координатор по вовлечению и Юлия Беликовская, координатор образовательных программ. Студенты преподнесли мне замечательный ковер ручной работы, я же, в свою очередь, подарил им шофар, сборник псалмов с переводами на русский и *хамсу* в рамке, притягивающую удачу, а также домашнюю молитву *тфила ха-байит*.

Вечером нас отвезли в Старый город и накормили настоящим традиционным ужином. Студенты не забыли заказать мне рыбу, завернутую в серебристую фольгу, — она оказалась вполне съедобной и даже вкусной. На столе стояли самые разные сорта мяса (его я есть не мог — оно было некошерное), овощи, фрукты. Но самой интересной частью вечера стало выступление огнеглотателя, который, помимо прочего, лежал на кровати, утыканной острыми клинками, а потом, в завершение вечера, положил на грудь доску, на которую встали я и еще двое мужчин. Местные музыканты играли азербайджанскую музыку, мы все хлопали и даже танцевали. Когда же музыканты поняли, что мы — евреи, они исполнили «Хава нагилу» и несколько хасидских песен; опять же, все посетители ресторана, и евреи, и азербайджанцы, начали подпевать. Меня особенно умилило то, что азербайджанцы так же охотно танцевали под хасидскую музыку, как и под свою собственную, делая правильные движения руками и ногами. Вечер прошел просто замечательно.

Чей выкуп больше

На следующий день мы два с половиной часа ехали в видавшем виды микроавтобусе по дороге, которую, судя по виду, недавно бомбили с воздуха, при этом на скорости в сто двадцать с лишним километров в час. Бо́льшую часть времени сердце мое провело в пятках. Однако оно того стоило — мы целыми и невредимыми добрались до Кубы, древнего города с населением примерно в 800 тысяч человек. Город этот уникален тем, что стоит перейти через мост прямо за городской чертой — и ты оказываешься в небольшой компактной деревне с полностью еврейским населением.

Первый магазин за мостом, продуктовый, принадлежал семье Ниссимов, дом их стоял тут же. С господином Ниссимом я познакомился еще в январе в Москве. Он, кроме прочего, музыкант и выступал на конгрессе «Гилеля». Теперь я был его гостем, сидел в гостиной. Семья состоит из мужа, жены и нескольких детей, в их числе — девятнадцатилетняя дочь, которая через месяц должна была выйти замуж в Москве. Родители очень радовались предстоящей свадьбе.

Меня заинтересовали свадебные традиции горских евреев. Чтобы сохранять свою культуру и образ жизни, они должны придерживаться строгих запретов на браки за пределами своей общины. Отцы невесты и жениха вместе выросли в Кубе, учились там в школе и недавно решили, что детей стоит поженить. Жених некоторое время назад уехал из Кубы в Москву и открыл там собственное дело. Родители познакомили молодых людей, и те согласились пожениться.

По традициям горских евреев, свадьбу играют два дня: в первый на праздник приглашают друзей и родных жениха, во второй — родных и друзей невесты. На эту свадьбу в каждый из дней ждали примерно по четыреста человек.

Обычай требует, чтобы родители жениха заплатили родителям невесты выкуп. Я спросил о его размере, мне ответили: «Десять тысяч долларов наличными». Невеста была красавица, с длинными темными волосами, с виду очень умненькая и воспитанная. Я сказал в шутку, что у меня дома два холостых сына: Ронен, которому 24 года, и Ави — ему 21, и я готов поднять выкуп до пятнадцати тысяч. Отец на полном серьезе извинился: мол, сделка уже заключена, а кроме того, я не горский еврей, так что даже начинать переговоры бессмысленно. Я ответил: он ошибается, на деле я — горский еврей. Он усомнился, а я пояснил, что живу в Иерусалиме на вершине горы. Ответом мне был громкий смех по всей комнате, «лехаим», благословения жениху с невестой и всему семейству Ниссимов.

Еврейский дом

Благодаря финансовой поддержке семьи Познеров, благотворителей из Питтсбурга, в Баку построили Еврейский дом, где проходят мероприятия общинного центра, программа хеседа по помощи пожилым людям, расположены центр «Гилеля» и еще несколько местных еврейских организаций. На момент моего визита строительство как раз завершалось, и я видел, что это будет крайне полезное и нужное добавление к жизни еврейской общины. «Гилелю» выделили два помещения, а также открыли доступ к пространству общего пользования — было ясно, что здесь можно будет проводить куда более масштабные и многогранные мероприятия, чем раньше.

Кама, директор «Гилеля», была предметом особой гордости общины горских евреев. Она сопровождала меня на встречи с местными представителями и светскими лидерами. Познавательно было слушать диалоги между Камой и этими людьми, которых она называла «дядя такой-то», «брат такой-то» и т. п. Они в свою очередь расцветали от радости и приветствовали ее объятиями.

Тбилиси

Следующей нашей остановкой стал Тбилиси, столица Республики Грузия. Принимали нас тут с особым теплом и лаской. Кавказские евреи умеют сделать так, чтобы вы чувствовали себя как дома, и не жалеют на это сил. Меня поразило местное гостеприимство, и на одной из официальных встреч с лидерами общины я процитировал Талмуд, где сказано, что Всевышний даровал миру десять мер красоты, девять из которых достались Иерусалиму. Оттолкнувшись от этого, я продолжил: «А когда Всевышний даровал миру десять мер тепла и гостеприимства, девять из них достались кавказским евреям». Это справедливо не только в отношении евреев — тех же принципов придерживаются и другие народы, и я почувствовал это на себе сразу же по приземлении в Тбилиси. Самолет вырулил с полосы, остановился. Мы перешли в автобус, ожидавший у трапа. Автобус довез нас до терминала — до него было метров семь. Можно было и дойти, но нам старались обеспечить максимальный комфорт (хотя на самом деле садиться и вылезать было скорее неудобством…).

Притом что обе страны считаются кавказскими, Грузия во многом отличается от Азербайджана. Начнем с того, что Грузия по преимуществу христианская, Азербайджан же мусульманский.

В Грузии нет полезных ископаемых, как в Азербайджане, богатом нефтью. В Грузии прохладный климат и очень красивая природа. Однако на момент моего визита в Грузии была убийственная безработица — 67 %. После того как в апреле 1991 года, через несколько месяцев после распада СССР, страна объявила о своей независимости, она на долгие годы погрузилась в гражданскую войну и межэтнические конфликты.

Столичный город Тбилиси — экономический центр республики с населением свыше миллиона человек. Над Тбилиси высится статуя, символизирующая собой свободолюбие и гостеприимство грузинского народа. Статуя смотрит вдаль, в одной руке держит меч, направленный против врагов, в другой — чашу с вином, которым угощает гостей. Грузины — едва ли не самые гостеприимные люди на земле, у них сильны традиции дружелюбия и кодекс чести. Дружба ценится очень высоко. Грузины — люди темпераментные и страшные индивидуалисты, но при этом чувствуют глубинную связь друг с другом за счет принадлежности к одному народу.

Помимо прочего, в Тбилиси проживает самая большая еврейская община в Грузии. Грузинские евреи сумели сохранить больше элементов еврейской жизни, чем какая-либо другая еврейская община в СССР. Они не заключают смешанных браков и тщательно оберегают свою еврейскую идентичность. После падения коммунизма еврейская община самоорганизовалась и развила активную деятельность: открылись синагоги, были наняты раввин и шойхет, основаны еврейские школы и культурные центры. В Грузии можно купить кошерную еду. Антисемитизма почти не существует — между христианами и евреями сложились теплые отношения.

Из аэропорта нас отвезли в Еврейский дом в Тбилиси — пятиэтажное здание, недавно построенное на деньги семьи Познеров. Община очень гордится этим центром. На первых двух этажах находится хесед, помогающий пожилым. На третьем этаже — общинный центр, а на четвертом две небольшие комнатки выделены «Гилелю», еще несколько — общинной газете «Менора» и другим организациям. Пятый этаж еще не отделали, там предполагалось разместить кофейню.

Увидев помещения, предоставленные «Гилелю», я сразу понял, что их недостаточно, хотя директор «Джойнта» Мейр Зизов заверил меня, что «Гилель» может использовать для своих надобностей все общее пространство в здании. Однако студентам нужно собственное пространство, а то, что под их регулярные мероприятия выделили только две небольшие комнатки, давало понять, что студентов здесь не слишком ценят и об их благополучии не пекутся. Когда мы встретились со студентами, все они жаловались на недостаток места в их новом доме, говорили, что на прежнем месте, в перестроенной квартире, было куда просторнее, а еще имелись кухня, туалет и т. д. После этого мы с Осиком провели встречи с Мейром и Сергеем Власовым, представителем «Джойнта» в Грузии и Армении, и обсудили этот вопрос.

На Кавказ я, собственно, приехал по просьбе Мейра, Осика и Мориса Крихели, директора тбилисского отделения, которые надеялись, что я помогу им разобраться с серьезными проблемами и напряженностью в отношениях, из-за которых сотрудничество между «Джойнтом» и «Гилелем» стало невозможным. Нам нужно было привести в порядок финансовую отчетность «Гилеля», решить проблему с помещениями; имелись также вопросы касательно работы «Гилеля» с пожилыми людьми, касательно студентов-лидеров. По ходу моего визита мы проводили многочасовые встречи, пытаясь распутать все проблемы. К концу моего пребывания в Тбилиси возникло ощущение, что мы многого достигли: вроде как были решены почти все вопросы. «Предсказания — вещь непростая, особенно если речь идет о будущем» — это знаменитая фраза Йоги Берра. Однако у нас сложилось впечатление, что поводов для оптимизма теперь больше, чем раньше, что отношения выравниваются, что и «Джойнт», и «Гилель» достигли определенного консенсуса по поводу своих договоренностей и действий.

Морис Крихели — стоматолог, но он оставил профессию, чтобы посвятить свою жизнь еврейскому народу. Он отличный профессионал, знаток еврейской истории, человек харизматичный, соблюдающий верующий еврей, он всем сердцем болеет за будущее грузинского еврейства. Деятельность «Гилеля» в Тбилиси многогранна, здесь богатый ассортимент учебных, досуговых и культурных программ. Студенты обожают и уважают Мориса. Кроме того, он вовлечен во все дела общины, поддерживает работу местного хеседа и недавно помог главному раввину Грузии уладить вопрос с некоторыми довольно неприятными и опасными действиями Хабада. В общине его прекрасно знают и очень уважают.

Визит в Тбилиси завершился несколькими экскурсиями. Мы съездили в древнюю столицу Грузии Мцхету. В Гори, где родился Сталин, посетили обветшавший музей Сталина, который в коммунистическую эпоху был гордостью СССР. Это удивительно красивое здание, но когда мы приехали, свет был выключен, туалеты выглядели так, будто их бомбили, и вообще все разваливалось. В Гори мы обедали в местном хеседе, нам подавали великолепную кошерную еду. Мы посетили местную синагогу, где в *шаббатон* и на праздники с трудом собирали *миньян*: нам сказали, что раньше в Гори было три действующих синагоги, но теперь почти все евреи уехали — либо совершили алию в Израиль, либо отправились еще куда-то. Остались одни старики.

Кутаиси

Мейр пригласил меня, а также некоторых видных тбилисских евреев на празднование по поводу открытия нового хеседа в Кутаиси, в западной части Грузии, которая носит название Имеретия. Раньше Кутаиси был промышленным городом, крупным центром металлообработки, однако почти все заводы закрылись. Выглядел город запущенным, обветшавшим — ржавый металл, грязь на улицах, безработица, повсюду нищие. Мне сказали, что накануне к директору хеседа пришли мафиози и потребовали откат. Директор спросил у них, почему они хотят обобрать центр, который оказывает помощь пожилым людям. Те ответили: «Потому что больше почти никаких предприятий не осталось».

Раньше Кутаиси, расположенный примерно в 350 километрах от Тбилиси, был одним из центров еврейской учености и духовности на Кавказе: там находилось более 50 синагог и иешив;

именно отсюда были родом многие знаменитые и высокоуважаемые религиозные деятели. На момент моего визита в Кутаиси осталось всего 800 евреев, продолжали действовать три синагоги. Лишь один человек в городе умел читать Тору, поэтому — как мне сказали — евреи произносили утреннюю молитву *шахрит* в своих синагогах, а на чтение Торы и *мусаф* собирались в одной синагоге, каждую неделю в новой, чтобы не обидеть никого из единоверцев. В общине практически не осталось молодежи; почти все евреи были пожилыми.

В честь открытия хеседа в оперном театре состоялся концерт воспитанников еврейского детского сада и первоклассников. Как мне показалось, большинство детей не были евреями, но праздник все равно получился веселый. Сцену украсили большим израильским флагом. Но сильнее всего меня поразило то, что в полуторачасовой программе только десять минут было отведено под еврейские песни и танцы; все остальное исполнялось на грузинском или русском.

Бесконечная трапеза

После концерта вип-гостей пригласили отметить открытие хеседа традиционной грузинской трапезой, которая длилась пять с лишним часов. Так я еще никогда не ел. Нас было человек тридцать. Перед каждым стояли, одна на другой, три тарелки. Стол уставили блюдами с овощами, фруктами, мясом и рыбой всевозможных сортов, каждые десять минут приносили новые блюда и ставили поверх старых. Еды были целые горы. Вся она была кошерной. Из Тбилиси специально приехал шойхет, чтобы проследить за приготовлениями, теперь он и сам сидел за столом напротив нас. Еда была отменно вкусной, меня познакомили с самыми разными грузинскими национальными блюдами: хашламой, шашлыками, чакапули, шемцвари, бадриджани нигвзит — все это я попробовал, и мне очень понравилось. Еще на столе стояли сложенные в стопки лепешки сантиметров тридцать в длину, в форме звезд — очень вкусные.

Мне сказали, что у грузинских евреев еда по ходу застолья — вещь важная, но еще важнее произнесение тостов. Прежде чем сесть за стол, выбирают тамаду. Он должен обладать определенным статусом, положением в общине и ораторскими способностями. В нашем случае тамадой выбрали Анзора Балоашвили, заместителя главного прокурора Грузии. Он встал, держа в руке рюмку водки, и обратился к одному из гостей, восхваляя его добродетели, описывая его семью, профессиональные и общественные достижения, а завершил благословлением; в завершение, разумеется, рюмку выпил. А потом сделал то, что здесь называется «алаверды»: передал подразумеваемый микрофон другому человеку, и тот тоже произнес хвалебный тост в адрес того же гостя. Так все и продолжалось, пока тосты в адрес гостя не сказали все, кто его знал. Потом перешли к тостам в честь других участников: все должны были сказать тосты всем. Поэтому-то застолье и длилось пять часов. Я думал, оно не закончится никогда. Мейр мне рассказал, что существует древняя грузинско-еврейская поговорка: «Человеку решать, хочет ли он садиться за стол с грузинским евреем. А вот когда он сможет встать, решает хозяин». Через пять часов мне хватило, хотелось подняться и уйти. Мне ответили — ни в коем случае. Впрочем, мне оказали особую честь и через полчаса все свернули.

Грузинские евреи — очень гордые люди. *Кавод* — честь и достоинство — для них крайне важен. Однако к чести добавляются искренняя теплота и радушие, и я чувствовал себя как дома. По возвращении в Тбилиси я встретился с группой студентов и полушутя сказал им, что не отказался бы поселиться в Тбилиси. Одна из студенток предложила: «Моя бабушка с удовольствием вас примет. У нее в доме много свободного места». Я знал заранее, что на это скажет моя жена.

Эпилог

В ноябре 2019 года мы с Джонатаном Поратом приехали в Москву на празднование 25-й годовщины основания «Гилеля» в России. Событие было очень яркое, там мы вспомнили о четвертьвековой истории деятельности «Гилеля» в Москве и бывшем СССР. В программу вошли песни, танцы, театрализованные представления, истории из прошлого. А самое главное, на празднование пришли бывшие и нынешние активисты «Гилеля». По ходу вечера многие подходили ко мне, делились историями из прошлого. Говорили, что «Гилель» кардинальным образом изменил их жизнь. Я был очень обрадован и тронут.

За день до отлета в Москву мне выпала честь провести бар-мицву Даниэля Велковица у Стены плача. Его родители Сима и Алекс встретились и полюбили друг друга на конгрессе «Гилеля» в Москве пятнадцатью годами ранее. Сима была из Москвы, Алекс — из Кишинева. Они поженились и через год совершили алию в Израиль, там родились двое их детей. Оба они работают в Музее холокоста «Яд Вашем» в Иерусалиме. Попросив меня провести бар-мицву, Сима и Алекс объяснили, что всей душой признательны «Гилелю» и мне лично за то, что мы их познакомили, укрепили их еврейское самосознание и тем самым повлияли на их желание совершить алию.

Два этих события — бар-мицва и празднование двадцать пятой годовщины, а также все, что они собою символизируют, наполнили мое сердце радостью, удовлетворением и гордостью.

Для тысяч молодых людей из бывшего СССР «Гилель» все эти годы служил важным связующим звеном с еврейской жизнью и еврейским народом. Многие совершили алию, другие меняют жизнь многочисленных еврейских общин в бывшем СССР и во всем мире. Будущее евреев выглядит лучезарнее из-за того, что они живут еврейской жизнью и растят детей-евреев. По счастью, наше влияние на студентов-евреев сохраняется и поныне — «Гилель» в бывшем СССР достигает все новых высот.

Поскольку в последующие годы я работал в «Гилеле» за пределами бывшего СССР, я закончу свой рассказ кратким описанием нашей деятельности в Израиле и Европе.

Начиная с 1993 года и весь ранний период существования «Гилеля» в бывшем СССР во главе его центров стояли местные евреи, а руководство и контроль осуществлялись из иерусалимского «Гилеля». К 2003 году пришло время передать бразды правления всеми 27 центрами «Гилеля» в постсоветских странах двум очень опытным профессионалам: Ане Пуринсон из Москвы и Осику Аксельруду из Киева. Под их руководством было создано два региональных объединения, и процесс передачи программ «Гилеля» в местные руки пошел еще активнее.

Наш упор на расширение и рост программ в бывшем СССР никак не повлиял на наше убеждение, что и в Израиле студенты тоже нуждаются в «Гилеле». Чтобы мечта эта стала реальностью, нужно было предпринять конкретные шаги; держа это в уме, мы с коллегами в конце 1990-х годов разработали амбициозный план расширения деятельности «Гилеля» в Израиле.

История «Гилеля» в Израиле началась в 1951 году, когда организация-предшественник «Бнай-брит» получила от Еврейского университета в Иерусалиме предложение разработать программы и мероприятия для его студентов. Затея оказалась успешной, и через несколько лет такую же программу запустили и в Хайфе.

Оставив «Гилель» в бывшем СССР в надежных руках Осика и Ани, я принял предложение Авраама Инфельда, в 2002–2006 годах — президента международного «Гилеля», сосредоточиться на расширении и укреплении деятельности организации в Израиле. В последующие годы мы открыли центры в Тель-Авивском университете, Университете Бен-Гуриона в Негеве, Университете Хайфы, «Технионе», городском колледже Сапира, Академическом колледже в долине Иезреель, в междисциплинарном центре «Герцлия» и в Академическом колледже Тель-Хай.

Мне часто задают вопрос: зачем нужен «Гилель» в Израиле, и ответ таков: хотя все молодые израильтяне говорят на иврите и следуют еврейскому календарю, для многих из них иудаизм — просто религия. Еврейские традиции они считают устаревшими, недоступными, не имеющими отношения к их жизни. Израильский «Гилель» стремится подчеркнуть значимость еврейской жизни для сегодняшних израильских студентов и молодых специалистов, подталкивает их к осмыслению своей еврейской идентичности и развивает в них чувство принадлежности к «еврейскому народу во всем мире».

В августе 2010 года, проведя в «Гилеле» 24 очень плодотворных и полезных года, я вышел на пенсию. Я надеялся, что буду посвящать больше времени семье и заживу спокойно. Не получилось...

Пришедший мне на замену новый директор израильского «Гилеля» уволился через полтора года, и совет израильского «Гилеля» потребовал, чтобы я вернулся к работе, пока не найдут нового человека. Я согласился, полагая, что это не заставит себя ждать. Через семь месяцев на это место пришел Алон Фридман, и я снова стал пенсионером. И опять ненадолго...

Через несколько месяцев с начала второй попытки пожить на покое я получил от Эрика Фингерхута, президента международного «Гилеля» в 2014–2019 годах, предложение возглавить проект создания «Гилеля» в Европе. Должен признать, долго меня уговаривать не пришлось: получив одобрение и поддержку своей жены Джуди, я согласился.

История европейского «Гилеля» заслуживает нескольких глав или даже отдельной книги — может, я ее еще напишу. А пока дам лишь краткий обзор.

Я решил начать с Германии — тамошняя еврейская община растет стремительнее всех остальных на континенте. Немецкое правительство открыло свои двери для евреев из бывшего СССР, и они переезжали в Германию десятками тысяч. Открытие «Гилеля» в Германии оказалось очень сложным и трудоемким процессом, на это ушло два с лишним года.

После этого мы запустили программу «Гилеля» в Будапеште. Инициатива исходила от двух молодых венгерских евреев, Арона Мазеля и Эстер Рубин, которые своими стараниями и преданностью делу довели проект до конца.

Вскоре «Гилель» открылся и в Польше, при поддержке Элизы Либерман, рабби Майкла Палея и главного раввина Польши Михаэля Шудриха. Директором варшавского «Гилеля» стала Магда Дорож, директором краковского — Марцьяна Кубала.

На создание «Гилеля» во Франции ушло пять с лишним лет встреч и консультаций. Во Франции проживает самая многочисленная еврейская община в Европе, но там не было ни одной программы для студентов. Это изменилось, когда усилиями рабби Жоэля Бенаму, харизматичного и проницательного французского лидера, и его коллег был создан местный «Гилель». Во французском «Гилеле» есть два «квартирных» центра, в Париже и в Марселе, там молодым евреям предлагают всевозможные программы.

В августе 2018 года я вышел на пенсию (в третий раз), после того как посвятил работе в «Гилеле» 32 года.

Мой покойный отец — да будет благословенна его память — учил меня: лучший способ предсказывать будущее — создавать его. Я всегда пытался следовать этому наставлению и жить соответствующим образом. Оглядываясь назад, я понимаю, что жизнь прожил со смыслом и не без пользы. Мое жизненное странствие было бы иным, не будь рядом со мною Джуди, моей потрясающей жены и моей спутницы на протяжении почти пятидесяти лет, наших замечательных детей и внуков — и не воплоти мы тридцать пять лет тому назад в жизнь нашу прекрасную мечту о жизни в Иерусалиме.

Мне повезло — и за это я благодарен Всевышнему, — что рядом со мною на всем протяжении пути были надежные партнеры. Это особый *зехут*, привилегия, — работать бок о бок с талантливыми коллегами и тысячами студентов-евреев из бывшего СССР, Израиля и Европы: вместе нам довелось строить и определять будущее еврейского народа.

Йосси Гольдман

Иерусалим, 2020

Приложение

Центры «Гилеля» в бывшем СССР

Количество центров «Гилеля» в бывшем СССР в 1993 году: ни одного
Количество центров «Гилеля» в бывшем СССР в 2004 году: 27

Баку (Азербайджан)
Брянск (Россия)
Днепропетровск (Украина)
Екатеринбург (Россия)
Ижевск (Россия)
Казань (Россия)
Киев (Украина)
Кишинев (Молдова)
Красноярск (Россия)
Львов (Украина)
Минск (Беларусь)
Москва (Россия)
Новосибирск (Россия)
Одесса (Украина)
Омск (Россия)
Пенза (Россия)
Пермь (Россия)
Ростов-на-Дону (Россия)
Санкт-Петербург (Россия)
Севастополь (Украина)
Симферополь (Украина)
Ташкент (Узбекистан)
Тбилиси (Грузия)
Ульяновск (Россия)
Уфа (Россия)
Хабаровск (Россия)
Харьков (Украина)

Глоссарий

Авину малкейну — еврейская молитва, которую читают во время служб на Рош-ха-Шану и Йом-Кипур, а также по ходу десяти дней покаяния между Рош-ха-Шаной и Йом-Кипуром.

Авадим хаину — песня, текст которой состоит из одной фразы: «Мы были рабами фараона Египта, теперь мы свободны».

Агада — молитвенник, которым евреи пользуются на праздник Песах. Написана на иврите; в ней перечислены пасхальные обряды: что следует употреблять в пищу, какие песни петь, какие истории рассказывать, как праздновать освобождение.

Адон олам — короткое литургическое стихотворение.

Алия (иврит: «восхождение») — иммиграция евреев из диаспоры в Землю Израиля (на иврите — Эрец-Исраэль). Также называется «путем вверх», то есть в сторону Иерусалима; «совершить алию», переселившись в Землю Израиля, — один из основных заветов сионизма. Кроме того, «алия» — это призыв к одному из членов еврейской общины выйти прочитать отрывок из Торы (Пятикнижия).

Алейну — на иврите означает «на нас возложено», «это наша обязанность или долг» «восхвалять Господа». «Алейну» — еврейская молитва, содержащаяся в сидуре (еврейском молитвеннике).

Ам Исраэль хай — «Народ Израиля жив». Это клич еврейского народа, в котором воплощена его воля к выживанию.

Амида — «стояние», молитва, также называемая «*Шмоне эсре*», основная молитва еврейской литургии.

Афикоман — кусочек мацы, который разламывают пополам в начале пасхального седера и откладывают в сторону, чтобы в конце трапезы съесть в качестве десерта.

Балей-тфила — лица, которые ведут синагогальную службу.

Бал-чува — еврей, живший светской жизнью и обратившийся к религии.

Бейт-мидраш — еврейский зал учения, где многочисленные присутствующие изучают священные тексты за одним столом, группами по два-три человека.

Бима — возвышение в синагоге, на котором стоит раввин или человек, ведущий службу.

Биркат-амазон — «благословение пищи», молитва после трапезы.

Биркот ха-шахар — на иврите «утреннее благословение», или «благословение на рассвете», ряд благословений, которые читают в начале утренней синагогальной службы. Благословения служат благодарностью Богу за обновление дня.

Брит-мила — на иврите «завет обрезания»; религиозная церемония обрезания евреев-мужчин, проводимая моэлем (резником) на восьмой день после рождения.

Брогез — ссора, досада.

Видуй — шаг в процессе покаяния, по ходу которого еврей сознается перед Богом в своих грехах.

Гавдала — еврейский религиозный обряд, символически маркирующий конец Шаббата и начало новой недели. Включает в себя зажигание специальной свечи с несколькими фитилями, благословение чаши с вином и вдыхание аромата специй.

Галаха — совокупность еврейских законов и предписаний, которые с библейских времен регулируют как религиозные, так и бытовые практики еврейского народа.

Галахический — соответствующий Галахе (еврейскому закону и традиции).

Гиюр — переход в иудаизм, церемония для неевреев, которые хотят стать иудеями и частью еврейского народа.

Дайену — песня, исполняемая на еврейскую Пасху. Слово можно приблизительно перевести как «этого должно было быть довольно».

Давенен — «молиться» на идише.

Двар-Тора — беседа на темы, связанные с тем или иным *парашахом* (фрагментом) Торы — как правило, недельным отрывком.

Дрейдл — четырехугольный волчок, в который играют на еврейский праздник Хануку.

Змирот — застольные гимны, которые поют по ходу Шаббата или сразу после.

Иешива — еврейское образовательное учреждение, где в основном изучают традиционные религиозные тексты, Талмуд и Тору, а также Галаху (еврейский закон).

Каббалат-шаббат — субботние службы начинаются вечером пятницы с *каббалат-шаббат*, мистической прелюдии к субботней службе; её сочинили каббалисты в XVI веке. Буквальный перевод с иврита — «прием Субботы».

Кавод — слово из иврита, обозначающее «почесть и уважение». В еврейском языке обладает особой важностью и силой.

Кадиш — гимн, восхваляющий Бога, который исполняют по ходу еврейских служб. Центральная тема кадиша — возвеличивание и прославление имени Бога. Кадиш — молитва, которую традиционно читают по усопшим.

Кашрут — свод пищевых предписаний, регламентирующий, какую пищу разрешается есть евреям и как ее надлежит готовить в соответствии с еврейским законом.

Киддуш — на иврите — «освящение»: благословение, которое читают над вином или виноградным соком в ознаменование начала Субботы и еврейских праздников. Кроме того, тем же словом называют небольшую трапезу праздничным или субботним утром, после молитвы и перед основным приемом пищи.

Кипа — ермолка; вязанная спицами или крючком шапочка, которую носят религиозные евреи.

Клал-Исраэль — синоним еврейского народа.

Клей-кодеш — на иврите — «священные сосуды»; этим словом часто называют священнослужителей, например раввина и кантора.

Кол-нидре — арамейская молитва, с помощью которой аннулируются клятвы Богу; евреи читают её в начале службы Судного дня, в канун Йом-Кипура.

Ламед-вавники — 36 праведников; представление, укорененное в мистических изводах иудаизма.

Латкес — картофельные оладьи, которые евреи-ашкеназы традиционно выпекали на Хануку. Латкес едят в праздник в память о чуде: при повторном освящении Храма лампада, в которой масла было на один день, горела в течение восьми.

Лехаим — тост на иврите, означает «за жизнь». После помолвки будущие супруги устраивают праздник для друзей и родных. Поскольку они пьют «за жизнь», праздник тоже носит название «лехаим».

Маарив — еврейская вечерняя (ночная) молитва.

Маген-Давид — еврейский символ, сочетание двух взаимоналоженных равносторонних треугольников, которые образуют шестиконечную звезду. Его изображают на синагогах, еврейских надгробиях, он же помещен и на флаг Израиля.

Мадрихи — специально подготовленные лица, персонально ответственные за благополучие рядовых участников той или иной образовательной программы, за подготовку и проведение неформальных образовательных мероприятий.

Махзор — молитвенник, который евреи используют на осенние праздники — Рош-ха-Шану и Йом-Кипур.

Маца — бездрожжевой хлеб, характерный для еврейской кухни; важная часть празднования еврейской Пасхи.

Мегила — «свиток»; слово используется применительно к Книге Эсфирь; *мегилу* зачитывают вслух по ходу празднования Пурима.

Мезуза — коробочка, которую в еврейских домах прикрепляют справа к дверной коробке. Внутри находится свиток пергамента со стихом из Торы.

Мелаха — действия, запрещенные евреям по ходу Субботы.

Местечко (*штетл*) — городок со значительным еврейским населением; местечки существовали в Центральной и Восточной Европе до холокоста.

Мехица — на иврите — «разделение»; преграда, отделяющая женщин от мужчин в ортодоксальных синагогах и на некоторых религиозных действах.

Мешугас — на сленге — безумие, глупость, чепуха. Слово, используемое в идише для обозначение глупого или неподобающего поведения.

Мидраш — библейская экзегеза, написанная древними еврейскими учеными, по прообразу толкования, принятого в Талмуде. Само по себе слово означает «толкование текста», «изучение».

Миква — еврейская ритуальная купальня.

Миньян — кворум из десяти взрослых мужчин, необходимый для совершения определенных ритуалов в иудаизме.

Мифгаш — встреча с другими людьми.

Мишеберах — одна из основных молитв в иудаизме, за страждущих, оправляющихся от болезни или несчастных случаев.

Мишпаха — еврейская семья, или ячейка общества, в которую входят близкие и дальние родственники.

Нерот — свечи. В еврейской традиции зажигание свечей в пятницу на закате (*хадлакат-нерот*) — последнее действие рабочей недели.

Нетилат ядаим — ритуал омовения рук перед едой.

Нециг — представитель организации или фирмы.

Нусах — вариант еврейской религиозной службы, принятый у ашкеназов; происходит из Центральной и Восточной Европы.

Ой-вей — выражение недовольства или огорчения на идише.

Онег Шаббат (на иврите — «Радость Субботы») — неформальная встреча евреев (в Субботу или вечером пятницы) в синагоге или частном доме для выражения радости, сопряженной с празднованием Субботы.

Отказник — неофициальное название лиц, которым представители советской власти не позволяли эмигрировать, прежде всего в Израиль.

Пайот (пейсы) — височные локоны. Их носят мужчины и мальчики из ортодоксальных еврейских общин, согласно толкованию библейского предписания, воспрещающего брить «углы» головы.

Пареве — в кашруте — своде диетических предписаний иудаизма: классификация съедобных вещей, в которых не содержится ни мясных, ни молочных составляющих.

Паршат ха-шавуе — глава Торы (Пятикнижия Моисеева), которую зачитывают в ту или иную неделю по ходу еврейской литургии.

Псукей де-зимра — на иврите — «стихи прославления»: хвалебные молитвы, которые читают ежедневно по ходу утренней службы.

Пуримшпиль — на идише — «пурим-пьеса»; название совокупности праздничных практик, связанных с Пуримом. Обычно состоит из спектакля по мотивам Книги Эсфирь — основного текста, в котором описаны события, связанные с Пуримом, и разъяснено, почему он является важным еврейским праздником.

Руах — ивритское слово «руах» означает «дыхание», «ветер» или «дух». Со временем приобрело значение «дух», «одухотворение», «душа» и ее выражение через пение и танец.

Седер — ритуал, совершаемый в общине или в семье в присутствии нескольких поколений; в него входит рассказ об освобождении израильтян из плена в Древнем Египте.

Сеуда-мафсекет — «отделяющая трапеза» перед постами на Йом-Кипур и Тиша-бе-Ав. Трапеза перед Йом-Кипуром — праздничная, на нее могут подавать мясное.

Сидур — еврейский молитвенник, включающий в себя полный набор ежедневных молитв.

Симаним — в наше время по ходу седера на Рош-ха-Шону (седер — это программа, которую проводят в начале праздничной трапезы) евреи едят ряд имеющих особый смысл продуктов (*симаним*), вкушение каждого сопровождается отдельным благословением. *Симаним* (буквальное значение — «знаки» или «указатели») как бы указывают путь к более благополучной жизни.

Смахот — «празднование» на иврите.

Суфганиот — пончики, которые в Израиле едят на Хануку; символизируют чудо горящей лампады в древнем Иерусалимском храме.

Талит — шаль с каймой, традиционный предмет одежды религиозных евреев.

Ташлих — молитва, которую читают в «Дни трепета» (дни между Рош-ха-Шаной и Йом-Кипуром) у проточной воды. Символизирует сбрасывание грехов прошедшего года.

Треф — слово из идиша, обозначающее любую некошерную пищу.

Трещотка — инструмент, которым пользуются в синагоге по ходу чтения Книги Эстер на Пурим каждый раз, когда упоминается имя злого Амана.

Тфила — одно из многочисленных (но наиболее употребительное в Библии) обозначений молитвы. Ивритский корень означает «думать, просить, судить, заступаться», в возвратном залоге — «судить себя», «молиться».

Тфила ха-байит — благословение дома — краткое благословение, которое вешают на стену, благопожелание и благословение обитателей и гостей.

Тфила ха-дерех — молитва за странствующих, молитва, которую евреи читают, отправляясь в путешествие на самолете или судне, и даже по ходу длинных поездок на автомобиле.

Хавура — небольшая группа евреев-единомышленников, которые собираются для содействия в проведении Шаббата и праздничных служб, делятся важными сведениями касательно событий жизненного цикла или еврейской учености.

Хаврута — традиционный подход к изучению Талмуда, в рамках которого небольшие группы учеников (обычно от двух до пяти) анализируют и обсуждают один и тот же текст.

Хала — особая выпечка в еврейской кухне, обычно в виде плетенки; подается по особым случаям, например на Шаббат и основные еврейские праздники.

Халуц — первопроходец; в частности, так называли первых еврейских эмигрантов в Палестину. Этим словом также могут именоваться первопроходцы в каком-то деле или начинании.

Хамса — изображение раскрытой правой ладони; во многие периоды человеческой истории опознавалась и использовалась как оберег; у многих, особенно у мусульман и евреев, считается защитой от сглаза.

Хамец — любая пища, содержащая дрожжевой компонент; запрещена ко вкушению по ходу еврейской Пасхи.

Хамоци — произнесение благословения над хлебом перед трапезой.

Ханукия — светильник с девятью свечами, специально изготавливаемый для праздника Хануки.

Хесед — проявление любви, добра и внимания, но имеет и более широкое значение: милосердие, благотворительность, благодать.

Хесед авот — поминание предков, обретение их благодати.

Хол ха-моэд суккот — фраза на иврите, означающая «будни праздника» (буквальный перевод — «светская (не священная) часть праздника»), имеются в виду промежуточные дни Песаха и Суккота.

Хупа — балдахин, под которым в иудаизме стоят жених и невеста по ходу свадебной церемонии.

Цдака — еврейское слово, означающее «справедливость» или «праведность», как правило, употребляется в значении «благотворительность».

Цицит — специальным образом завязанная ритуальная бахрома или кисти; в древности их носили израильтяне, сегодня носят соблюдающие евреи.

Чува — одна из составляющих покаяния в грехах в иудаизме.

Шавуа-тов — «хорошей недели».

Шаббат шалом — фраза на иврите, означающая благопожелания во время или по ходу еврейской Субботы.

Шаббатон — слово, которым часто обозначают событие или образовательную программу, а также празднования, происходящие по ходу Шаббата (еврейской Субботы). Иногда *шаббатон* растягивается на все выходные, но центральным событием остается Суббота.

Шана-това — поздравление, обозначающее «хорошего года», которое используется по ходу всех еврейских новогодних праздников.

Шахрит — утренняя *тфила* (молитва) в иудаизме, одна из трех ежедневных молитв.

Шеэхияну — еврейская молитва, которая произносится в ознаменование особых событий. Является благодарностью Богу за новый или неожиданный опыт или дарование той или иной вещи.

Шива — в иудаизме — недельный траур по ближайшим родственникам. Об обряде говорят «сидеть *шиву*».

Шидух — процедура сватовства, в рамках которой одиноких евреев представляют друг другу с целью заключения брака. Может также относиться к любому событию, где люди знакомятся.

Широн — сборник песен.

Шлихи — посланники из Израиля в еврейские общины по всему миру.

Шлошим — тридцать дней. Тридцать дней после похорон (включая *шиву*) называют *шлошим*. По ходу *шлошим* скорбящим запрещено вступать в брак, посещать *сеудат-мицвы* (религиозные праздничные трапезы). Мужчины в этот период не бреются и не стригут волосы.

Шма — декларация основных принципов еврейской веры, утверждение абсолютного единства Бога.

Шойхет — человек, имеющий дозволение раввина или еврейского суда забивать скот для употребления в пищу с выполнением всех предписаний еврейского закона.

Шофар — священный рог, обычно — бараний, который используется по ходу еврейских религиозных обрядов, особенно на Рош-ха-Шану (еврейский Новый год) и при завершении Йом-Кипура (Судного дня).

Эйха — Книга Плача, пророчество Иеремии касательно разрушения Первого Иерусалимского храма.

Эйцер-хара (на иврите — «злой умысел») — природная наклонность к злу и нарушению воли Господа.

Эркот — наборы религиозных предметов.

Именной указатель

Абаренова Алена 225
Абрамович Григорий (Гриша) 106
Абрамович Эстер 37, 132, 155, 172
Абрамсон Зев 104
Аврум Александр 106
Айзен Лиза 235
Акаев Аскар 184
Аксельруд Йосеф (Осик) 10, 66–68, 80, 85, 109, 114, 152, 222, 242
Александр II 12
Алексеев Павел 168
Аленичева Ирина 218
Альперт Вадим 220, 222
Амсель Нахум, рабби, доктор 11, 177, 184, 186, 187, 238
Антонова Наталья 134, 195
Асташкевич Ирина 49, 95

Бабель Исаак 119
Байрамов Ринат 140
Балоашвили Анзор 250
Белиловская Юлия 242
Белкинд Израэль 107
Бен-Дат Иэль 198
Бенаму Жоель, рабби 254
Берра Йоги 247
Блейх Яаков, главный раввин Киева 66, 94, 144, 167, 182

Боген Сара 235
Бродский Виктор 172
Бройтман Екатерина 225
Бронфман Чарльз 189
Бруханов Дмитрий 218
Буцкая Лиана 188
Бялик Хаим Нахман 186

Вакуленко Сергей 220
Вайнер Юджин (Джин), рабби, профессор 121, 145, 151, 182
Варшавски Наоми 103
Велковиц Даниель 251
Вениковецкая Александра 225
Вигдорова Мила 91, 142
Визель Макс 79
Визель Эли 20, 180
Власов Сергей 247

Гаврилова Элеонора 188
Гельстон Ирина 153, 162
Гельфман Леонид 95
Герцль Теодор 32
Геффен Питер 145, 167, 182
Гительман Цви 119
Гитлер Адольф 21
Глейзер Израэль 196
Глозман Владимир 70
Гойхман Арие 37

Гольдин Илья 208
Голдберг Мордехай, рабби 91, 126
Гольдман Ависар 22
Гольдман Белла 30
Гольдман Джуди 22-24, 51, 253
Гольдман Йонит 22, 51
Гольдман Ральф 56
Гольдман Ронен 22, 51
Гольдман Эдмунд 30
Гольдман Эйяль 22
Гольдман Энди 21, 30
Горбачев Михаил Сергеевич 77
Горелашвили Михаил 202
Готштейн Тамара 217
Гринберг Михаил, профессор 36-39, 218
Гринблат Саша 218
Гудман Марк 102

Давиташвили, Коба 172
Дворкин, Илья 35
Джейкобсен Рубен 199
Джоель, Ричард 10, 98
Дорож, Магда 254
Достоевский Федор Михайлович 19

Евтушенко, Анна 225
Ельцин Борис Николаевич 120

Жаботинский Зеев 186
Жириновский Владимир Вольфович 120

Загофски, Тара 102
Зайончковский, Александр 172
Заславский Ростислав 188
Збар Михаил 208
Зизов Меир 66, 67, 70, 206, 241

Зихарман Адель 24
Зилверберг Варда 163
Золотник Евгений 104, 149, 151, 156, 170

Ивен Мейр 206
Илюхин Виктор Иванович 120
Инфельд Авраам 252
Исмаилова Камалия 222, 241

Кайданов Мириам 199
Камьян Анита 29
Карасик Вера 220
Каргер Галина 186
Кардин Сэнди 98, 155
Карпов Давид 151
Касумов Анар 195, 219
Кахалани Авигдор 49
Кацен Геннадий 107, 108, 185
Кашпур Маргарита 238
Клугерман Лев 53
Коган Игорь 115
Коган Инна 88
Коган Юлия 115
Койфман Александр (Саша) 70, 82, 84, 190, 221
Корицински Брэд 142, 157, 166, 169, 181
Корчевский Борис 239
Костин Сергей 162
Котлер Игаль 138, 186, 235
Кофман Вера 202
Коэн Майя 82
Коэн Джек, рабби 28
Коэн Хавива 103
Крайм Джули 197
Крачефски Дэнни 239
Крейнина Маша 219

Крихели Морис, доктор 91, 229, 222, 247
Кубала Марцьяна 254

Лакшин Александр 216
Лапинер Наталья 239
Леви Алла 40
Левина Татьяна 106
Левин Михаил (Миша) 35, 37, 71, 106, 149, 152, 157, 182, 222
Левитас Феликс 216
Либерман Элиза 254
Людный Артем 83

Мазель Арон 254
Марковиц Габи Шайн 190
Махмутова Регина 239
Меир Голда 68
Милитарев Александр Юрьевич 203
Михалева Евгения (Женя) 10, 18, 37, 85, 95, 109, 131, 145, 152, 159, 222, 238
Миченер Джеймс Элберт 27
Мишурис Мойше 226
Мойхер-Сфорим Менделе 187
Монастырский, Аркадий 66, 67, 94
Москович Давид 102
Мошиашвили Нино 220, 222
Мухин Константин 194

Наполеон I 53
Недосеков Борис 222
Нестеров Александр 239
Ниссимы 243, 244

Окунь Роберт 172
Осерин Джоэл, рабби 43

Острин Ашер 31, 37, 45, 51, 79, 98, 164, 212, 213

Палей Майкл, рабби 254
Павлова Анна 207
Пауэрс Марк 216
Певзнер Менахем-Мендл, главный раввин Петербурга 182
Пеппер Кара 198
Перельман Алена 239
Попиченко Евгения 194
Порат Джонатан, рабби 9, 10, 30, 31, 33, 37–39, 48, 52, 83, 98, 105, 113, 155, 157, 160, 163, 174, 200, 251
Потоцкая Юлия 169
Прайс Ларри 57, 58
Привалко Дарина (Даша) 71, 242
Пуринсон Анна (Аня) 73, 149, 150, 157, 172, 182, 222
Пушкин Александр Сергеевич 18

Райхман Яаков 238
Ратманская Светлана 172
Резак Юлия 201
Рейхман Александр 27
Рейхман Ольга 27
Ричман Скотт 98, 100
Розенталь Адам 198
Розенфельд Александр, профессор 67, 68, 70, 81
Розенцвейг Франц 128, 137, 176, 221
Рубин Джей 235
Рубин Эстер 254
Руда Нина 236
Рудин Бет 30
Рудин Билл 30

Рудин Льюис 82
Рудин Рейчел 82
Румянцева Ольга 225
Русицки Розанна 196
Руцкой Александр Владимирович 120

Самойлова Мария 50, 55, 132, 166
Сегал Давид 138
Сегал Эстер 138
Симес Евгения 226
Синельников Александр 54
Смирнов Алексей 118
Сокол Ури 26
Стайн Адам 197
Сталин Иосиф Виссарионович 10, 14, 15, 99
Стейнхардт Майкл 189
Стесин Саша 219

Тартаковский Геннадий 186
Тененбаум Галина 115, 149, 186
Тернер Мэрилин 197
Тирасик Яна 106
Трокман Джейми 198

Удлер Евгений 238
Урис Леон 27

Файнберг Шауль, рабби, доктор 26
Фингерхут Эрик 253
Флейнер Рейчел 1946
Фрайман Лора 155
Фридер Клара 23, 24
Фридман Алон 253

Хец-Охана Йосси 37
Хиршберг Гэри 197
Хокинг Стивен 33
Хрущев Никита Сергеевич 136
Хухашвили Ака 222

Чейс Памела 177
Чейс Стэнли 177

Шапиро Владимир 120
Шапшович Роман 80
Шаташвили Лули 147
Шербова Елена 225
Шектер Лиза 146, 187
Шкляр Дмитрий 147
Шойхет Григорий 88, 89
Шолом-Алейхем 68, 119, 158
Шонвальд Джо, рабби 92, 93, 177, 200
Штейнер Михаил 149
Штейнзальц Адин, рабби 36, 234
Шудрих Михаэль, главный раввин Польши 254
Шур Моше, рабби 204
Шустерман Линн 44–46, 51, 86, 155, 164, 207
Шустерман Чарльз 44, 46, 51, 86, 155, 164, 203–205

Эбстайн Давид 11, 84, 85, 150, 151, 155, 166
Эдельштейн Григорий 121
Эдельштейн Юлий 121
Энгель Эллиот 186
Эпстайн Сеймур 93, 157

Янковский Ян 159, 161

Содержание

Строители 9
Краткая историческая справка 12

1. Зарождение 18
2. «Гилель» 28
3. Начало 42
4. Скучать не приходится 61
5. Держись, Наполеон! 65
6. Период становления 77
7. Расширение 87
8. Трудности и достижения 109
9. Как учить *тфиле* 129
10. Продолжение 148
11. Реструктуризация 152
12. Промежуточная оценка 163
13. Вовлечение и обучение 171
14. Еще один год 181
15. Анализ и оценка 212
16. Каким путем мы пойдем дальше ... 227
17. В экзотических краях 240

Эпилог 251

Приложение 256
Глоссарий 257
Именной указатель 266

Научное издание

**Рабби Йосси Гольдман
И В ПУТИ НАРОД МОЙ
«Гилель» и возрождение еврейской жизни
в бывшем СССР**

Директор издательства *И. В. Немировский*
Заведующая редакцией *А. Пахомова*

Ответственный редактор *И. Белецкий*
Дизайн *И. Граве*
Редактор *Р. Рудницкий*
Корректоры *А. Филимонова, Е. Гайдель*
Верстка *Е. Падалки*

Подписано в печать 23.02.2022.
Формат издания 60 × 90 $^1/_{16}$. Усл. печ. л. 17,0.
Тираж 500 экз.

Academic Studies Press
1577 Beacon Street, Brookline, MA 02446 USA
https://www.academicstudiespress.com

ООО «Библиороссика».
190005, Санкт-Петербург, 7-я Красноармейская ул., д. 25а

Эксклюзивные дистрибьюторы:
ООО «Караван»
ООО «КНИЖНЫЙ КЛУБ 36.6»
http://www.club366.ru
Тел./факс: 8(495)9264544
e-mail: club366@club366.ru

Книги издательства можно купить
в интернет-магазине: www.bibliorossicapress.com
e-mail: sales@bibliorossicapress.ru

*Знак информационной продукции согласно
Федеральному закону от 29.12.2010 № 436-ФЗ*

www.ingramcontent.com/pod-product-compliance
Ingram Content Group UK Ltd.
Pitfield, Milton Keynes, MK11 3LW, UK
UKHW051045220326
4878IPUK00010B/1